本书出版得到国家社会科学基金重大招标项目"高质量发展视阈下创新要素配置的统计测度与评价研究"（19ZDA121），国家社会科学基金项目"金融资本服务我国制造业高质量发展的统计测度与评价研究"（20BTJ008），国家自然科学基金项目"数字赋能视阈下创新要素配置促进制造业高质量发展的机制研究"（72163008）、"制造业高质量发展视阈下创新要素的再配置机理及优化策略研究"（71973055），教育部人文社会科学研究一般项目"创新要素配置对制造业高质量发展的影响机制研究：基于数字赋能视角"（21YJA790069），江西省高校人文社会科学研究项目"绿色金融服务制造业高质量发展的统计测度与评价研究——以江西赣江新区绿色金融创新改革试验区为例"（TJ20201）、"数字技术驱动下要素市场新变化引领江西制造转型升级研究"（TJ22102），南昌工程学院校一级学科"应用统计学"项目的资助。

创新要素配置推动
经济高质量发展的机制研究

赵金凤◎著

RESEARCH ON THE MECHANISM OF
INNOVATION ELEMENTS ALLOCATION PROMOTING
HIGH-QUALITY ECONOMIC DEVELOPMENT

经济管理出版社
ECONOMY & MANAGEMENT PUBLISHING HOUSE

图书在版编目（CIP）数据

创新要素配置推动经济高质量发展的机制研究/赵金凤著.—北京：经济管理出版社，2022.12

ISBN 978-7-5096-8907-3

Ⅰ.①创… Ⅱ.①赵… Ⅲ.①中国经济—经济发展—研究 Ⅳ.①F124

中国版本图书馆 CIP 数据核字（2022）第 253143 号

组稿编辑：郭丽娟
责任编辑：魏晨红
责任印制：黄章平
责任校对：曹　魏

出版发行：经济管理出版社
　　　　　（北京市海淀区北蜂窝 8 号中雅大厦 A 座 11 层　100038）
网　　址：www. E-mp. com. cn
电　　话：（010）51915602
印　　刷：北京市海淀区唐家岭福利印刷厂
经　　销：新华书店
开　　本：720mm×1000mm/16
印　　张：15
字　　数：221 千字
版　　次：2022 年 12 月第 1 版　　2022 年 12 月第 1 次印刷
书　　号：ISBN 978-7-5096-8907-3
定　　价：78.00 元

前　言

　　2017 年，党的十九大首次提出了"高质量发展"一词，意味着我国经济进入了新的发展时代。2020 年 3 月，中共中央、国务院发布的《关于构建更加完善的要素市场化配置体制机制的意见》将数据要素作为生产要素，特别强调要推动要素市场化改革、促进要素有序流动进而推动经济实现质量变革、动力变革、效率变革。新冠肺炎疫情的暴发又让我们看到了数据要素对数字经济的巨大贡献，以及生产要素内涵的深入拓展对我国生产力与生产关系的深刻变革产生的显著影响。2021 年，中央经济工作会议强调，实现碳达峰碳中和是我国推动经济高质量发展的内在要求，而碳达峰碳中和目标的实现对我国创新资源的合理利用和创新要素的有效配置提出了新要求。

　　因此，在经济高质量发展背景下，通过生产要素的发展演变，以要素升级和培育为核心，在"三大变革"——质量变革、效率变革、动力变革与新发展理念（创新、协调、绿色、开放、共享的发展理念，以下简称新发展理念）指导下构建创新要素配置与经济高质量发展指标体系，可以丰富和完善创新要素配置与经济高质量发展的理论研究，为推进我国经济高质量发展提供理论基础和新的素材。同时，了解创新要素配置与经济高质量发展匹配现状，立足于经济增长理论厘清创新要素配置对经济高质量发展的贡献程度、影响机制和影响效率，有助于各级政府部门研判自身创新要素配置适配经济高质量发展现状，明确当前的工作重点、任务和目标，有效促进各级政府相关部门工作效率的提高，为优化创新要素配置、促进经济高质量发展提供参考建议。

　　本书立足于经济增长理论，依托产业经济学、新供给经济学、新制度经济学和政治经济学等相关理论，以创新要素配置与经济高质量发展的内在联系为主线，从统计学测度到经济学分析、从外部耦合特征到内在因果关系依次梳理、探究创新要素配置与经济高质量发展的耦合特征、单一创新要素配置对经济高质量发展的作用效应、综合创新要素配置对经济高质量发展的影响机制、经济高质量发展目标下创新要素配置效率测度与评价，最后从创新要素增量提质层面提出创新要素配置推动经济高质量发展的政策建议。

本书的主要创新之处在于：

第一，从统计学测度层面基于系统论视角测度了创新要素配置与经济高质量发展的耦合水平并分析其空间分异特征。

第二，采用统计核算方法估算各创新要素存量水平，测度了各创新要素产出弹性及对经济高质量发展的贡献程度。

第三，将创新要素配置与经济高质量发展纳入统一框架构建"多投入—多产出"随机森林回归树模型测度创新要素指标权重，从政治经济学生产力与生产关系视角将创新要素细分为生产力和生产关系系统，探究创新要素生产力系统在生产关系系统调节下对经济高质量发展的影响程度和空间效应。

第四，将创新要素"五维"子系统作为投入、经济高质量发展"五维"子系统作为产出，测度了创新要素配置效率的 EBM－MetaFrontier－Malmquist－Luenberger 指数，探究了创新要素配置效率增强的内在驱动力和外部环境影响因素。

本书出版得到国家社会科学基金重大招标项目"高质量发展视阈下创新要素配置的统计测度与评价研究"（19ZDA121），国家社会科学基金项目"金融资本服务我国制造业高质量发展的统计测度与评价研究"（20BTJ008），国家自然科学基金项目"数字赋能视阈下创新要素配置促进制造业高质量发展的机制研究"（72163008）、"制造业高质量发展视阈下创新要素的再配置机理及优化策略研究"（71973055），教育部人文社会科学研究一般项目"创新要素配置对制造业高质量发展的影响机制研究：基于数字赋能视角"（21YJA790069），江西省高校人文社会科学研究项目"绿色金融服务制造业高质量发展的统计测度与评价研究——以江西赣江新区绿色金融创新改革试验区为例"（TJ20201）、"数字技术驱动下要素市场新变化引领江西制造转型升级研究"（TJ22102），南昌工程学院校一级学科"应用统计学"项目的联合资助。

由于个人水平和精力有限，本书难免有错误和不足之处，恳请读者批评指正。

赵金凤

2022 年 10 月

目　录

1

绪 论

1.1 背景及意义

1.1.1 研究背景

2017 年，党的十九大首次提出了"高质量发展"一词，意味着我国经济进入了新的发展时代。2018 年，中央经济工作会议进一步将高质量发展明确为"新时代我国经济发展的基本特征"。在第九届中国经济前瞻论坛上，有学者指出，改革开放以来，我国经济依靠传统要素投入驱动获得了 40 多年的高速增长，成功解决了"有没有"的问题。新时期强调高质量发展，根本在于解决"好不好"的问题。传统的经济高速增长在保障居民收入水平上升和就业率稳定的同时，在数量上也解决了人民日益增长的物质文化需求。然而，这也诱发了地方政府债务负担加重、居民收入差距拉大、生态环境破坏严重、城乡发展不平衡以及产业结构失调等经济社会问题。随着中国特色社会主义迈入新时代，经济从高速增长转为中高速增长的"新常态"，经济社会发展的重心也由"有没有"和"富不富"的问题转为"好不好"和"强不强"的问题。

目前，人工智能、大数据、互联网等新一代信息技术与传统经济的深度融合将我国经济推向了新的发展时代，同时也让我们看到了数据要素对数字经济的巨大贡献，以及生产要素内涵的深入拓展对我国生产力与生产关系的深刻变革产生的显著影响。2020年3月，中共中央、国务院发布的《关于构建更加完善的要素市场化配置体制机制的意见》特别强调，要推动要素市场化改革、促进要素有序流动，进而推动经济实现质量变革、动力变革、效率变革。2021年，中央经济工作会议强调，实现碳达峰碳中和是我国推动经济高质量发展的内在要求，而碳达峰碳中和目标的实现又对我国创新资源合理利用和创新要素有效配置提出了新要求。2021年12月，国务院办公厅印发的《要素市场化配置综合改革试点总体方案》要求在要素市场化配置关键环节上实现重要突破。2022年3月，《中共中央、国务院关于加快建设全国统一大市场的意见》要求促进创新要素有序流动和合理配置。这一系列政策措施的出台意味着创新要素在我国经济高质量发展新时代起着至关重要的作用，因此要求我们在实际工作中坚持新发展理念，以供给侧结构性改革为主线推动经济高质量发展，加快构建"双循环"新发展格局，激发经济新潜能。

高质量发展意味着高质量的创新要素配置和高质量的创新要素投入产出，即用有限的资源创造更多的财富，实现成本最小化或产出最大化，这是衡量发展质量高低的重要标准。创新要素配置是否有效，意味着将有限的创新要素投入边际生产率最高的部门能否带来显著成效。世界经济合作与发展组织2021年发布的 *Main Science and Technology Indicators* 显示，我国的研发资本投入量占GDP的比例逐年上升，但瑞士洛桑国际商学院发布的 *IMD Word Competitiveness Yearbook* 指出，我国企业绩效整体排名和效率指标排名依然处于世界中等水平，表明我国创新要素投入较高，但产出效率较低。由此可见，提升创新要素配置效率，对促进我国产业结构升级、推动经济高质量发展具有重要作用。

习近平在中央财经领导小组第三次会议上强调，造成"供给侧结构性矛盾的原因是要素配置扭曲，是体制机制障碍"，结合2021年提出的碳达峰碳中和目标以及2022年提出的积极培育数据要素市场的新要求，推进要素的市场化改革、优化创新要素配置、最大限度地激发创新要素潜能是实现经济高质量发展的关键。为此，界定经济高质量发展阶段创新要素配置内涵、把握创新要素配置系统与经济高质量发展系统的外在相互关系、探究创新要素驱动经济高质量发展的内在机理、掌握创新要素配置对经济高质量发展的作用效应和影响机制以及创新要素作用于经济高质量发展的效率并探究其影响因素，将有助于探索如何更好地激发创新要素潜能、更好促进创新要素自由流动和集聚，也将有助于推动形成区域协调平衡发展的经济高质量发展新格局,最终实现碳达峰碳中和"双碳"目标下的经济高质量发展,为建设全国统一大市场提供基础理论支撑。

1.1.2 研究意义

当前我国经济发展面临着较严峻的形势。一方面,国外经济进入深度调整期,有效需求下降,再工业化、产业回流本土的进口替代效应增强;另一方面,我国经济过度依赖基础要素投入,随着老龄化程度日益加深、人口红利逐渐消失,资源转换效率低下,创新驱动力明显不足。面对复杂的国内外环境,推动全国统一大市场建设,关键是要优化创新要素配置、改善创新要素配置效率,推动我国经济实现高质量发展。但目前对创新要素配置到底是如何作用于经济高质量发展的、其对经济高质量发展的影响程度如何的研究还较少,因此本书研究具有重要的理论和实践意义。

(1)理论意义。①在经济高质量发展背景下,通过提升创新能力进一步促进经济高质量发展是必然选择,激发创新要素潜能是实现经济高质量发展的必然选择。通过总结创新要素的发展演变特征,结合有限创新要素投入实现最大化的经济效益和经济高质量发展的目标,以创新要素升级和培育为核心,丰富创新要素配置理论成果。在"三大变革"与新发展理念的指导下构建创新要素配置与经济高质量发展的指标体系,可以丰富和完善创新要素配置与经济高质量发展的理论研究,为推进我国经济高质量发展提供理论基础和新的素材。②基于高质量发展视阈下的新要求,构建并细化创新要素配置指标体系,完善创新要素配置的统计测度。本书在界定创新要素配置内涵的基础上设计了与之相匹配的测度方法。结合高质量发展新要求,从微观层面的"三大变革"角度测度创新要素投入情况,借助宏观层面的新发展理念测度创新要素的效益情况。③基于统计核算角度探讨各创新要素核算边界,采用统计核算方法估算创新要素存量水平,为创新要素的统计核算提供参考体系。

(2)实践意义。立足于经济增长理论,创新要素的合理配置是促进经济高质量发展的突破口和有效途径,本书力求从理论高度提出优化创新要素存量配置、挖掘创新要素配置与经济高质量耦合发展潜力、增强创新要素配置效率的政策建议,有助于明确各级政府、相关部门优化创新要素配置的方向,为政府制定"经济高质量发展战略"提供支持。①根据耦合协调发展理论,测算各地区创新要素配置系统与经济高质量发展系统的耦合程度，设计出提升创新要素配置与经济高质量耦合发展的政策机制，为各地区政府部门研判自身创新要素配置与经济高质量耦合发展水平提供参考。②根据统计核算理论和经济增长理论，核算各创新要素存量、了解各创新要素在各地区分布状况、测度各创新要素对经济高质量发展的贡献，以期为政府部门优化创新要素配置提供理论参考。③通过测度创新要素配置效率了解创新要素投入产出情况，及时发现创新要素配置中存在的问题。探究创新要素配置效率的影响因素，有助于各级政府、相关部门了解当前的工作重点，明确自己当前的工作任务和目标，能够有效地促进各级政府、各相关部门工作效率的提高。因此，对创新要素配置评价的研究，有助于各级政府高质量发展工作顺利、高效地展开。

1.2　研究架构及创新之处

1.2.1　研究内容

本书以"创新要素配置推动经济高质量发展的机制"为主要研究对象，立足于经济增长理论梳理解释我国创新要素配置与经济高质量发展的关系。首先，从实现经济高质量发展这一最终目标出发，界定创新要素配置与经济高质量发展的内涵，建立创新要素配置与经济高质量发展的指标体系；其次，将创新要素配置与经济高质量发展作为我国经济中的两大经济系统，从外围系统层面探究创新要素配置系统与经济高质量发展系统的耦合关系，打开研究创新要素配置与经济高质量发展关系的大门，在厘清两个系统相互关系的基础上，立足于经济增长理论研究创新要素配置系统对经济高质量发展系统的内在因果关系，分别解析单一创新要素对经济高质量发展的作用效应、创新要素生产力系统在生产关系系统调节下对经济高质量发展的影响机制；最后，从创新要素综合系统和经济高质量发展系统层面测度创新要素配置效率、探究创新要素配置效率的影响因素，并从创新要素增量提质层面提出创新要素配置推动经济高质量发展的政策设计。本书的逻辑框架如图 1-1 所示。

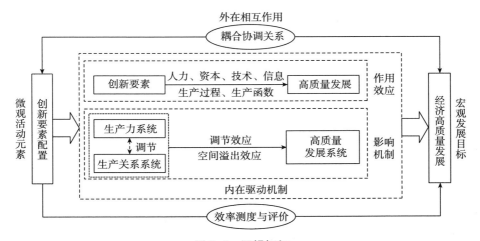

图 1-1 逻辑框架

本书既厘清了创新要素配置系统与经济高质量发展系统的组成成分，又解析了两系统间的相互关系，其中耦合协调关系支撑了两系统的相互作用关系，认为两系统在经济发展中是互为支撑的，创新要素的优化配置是支撑经济高质量发展的必要条件，而经济高质量发展又会对创新要素配置提出新要求，以促进创新要素的优化配置。创新要素是促进经济高质量发展的内在动力，创新要素配置效率的测度及影响因素探究则从系统层面解析了创新要素配置对经济高质量发展的作用效应，从效率分解中探究了创新要素配置效率的内在驱动力及外部环境影响因素。

本书的主要研究内容从六个方面展开，主要通过三个阶段完成。

第一阶段，在明确创新要素配置与经济高质量发展内涵的基础上建立创新要素配置系统与经济高质量发展系统指标体系。

第二阶段，在第一阶段研究的基础上，首先从系统层面基于统计学测度方法探究创新要素配置与经济高质量发展的耦合关系；其次从理论和实证角度研究创新要素配置对经济高质量发展的因果关系，从单一创新要素到创新要素综合系统逐一梳理、解释创新要素对经济高质量发展的作用效应、影响机制和效率测度与评价，并基于效率分解理论探究创新要素配置效率的内在驱动力和外部环境影响因素。

第三阶段，在上述两个阶段研究的基础上，根据创新要素配置与经济高质量发展的耦合关系、单一创新要素配置对经济高质量发展的作用效应、综合创新要素配置对经济高质量发展的影响机制及创新要素配置效率得出的具体结论，有针对性地提出创新要素配置推动经济高质量发展的策略。

本书的研究内容框架如图1-2所示。

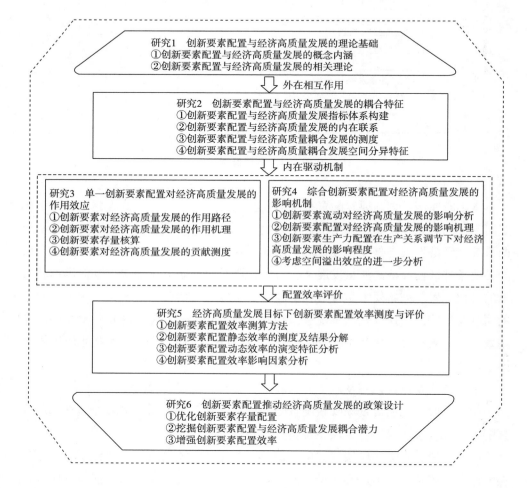

研究1 创新要素配置与经济高质量发展的理论基础
①创新要素配置与经济高质量发展的概念内涵
②创新要素配置与经济高质量发展的相关理论

外在相互作用

研究2 创新要素配置与经济高质量发展的耦合特征
①创新要素配置与经济高质量发展指标体系构建
②创新要素配置与经济高质量发展的内在联系
③创新要素配置与经济高质量耦合发展的测度
④创新要素配置与经济高质量耦合发展空间分异特征

内在驱动机制

研究3 单一创新要素配置对经济高质量发展的作用效应
①创新要素对经济高质量发展的作用路径
②创新要素对经济高质量发展的作用机理
③创新要素存量核算
④创新要素对经济高质量发展的贡献测度

研究4 综合创新要素配置对经济高质量发展的影响机制
①创新要素流动对经济高质量发展的影响分析
②创新要素配置对经济高质量发展的影响机理
③创新要素生产力配置在生产关系调节下对经济高质量发展的影响程度
④考虑空间溢出效应的进一步分析

配置效率评价

研究5 经济高质量发展目标下创新要素配置效率测度与评价
①创新要素配置效率测算方法
②创新要素配置静态效率的测度及结果分解
③创新要素配置动态效率的演变特征分析
④创新要素配置效率影响因素分析

研究6 创新要素配置推动经济高质量发展的政策设计
①优化创新要素存量配置
②挖掘创新要素配置与经济高质量发展耦合潜力
③增强创新要素配置效率

图1-2 研究内容框架

根据上述三个研究阶段，结合主要的研究内容，本书主要分为七章，具体的内容安排如下：

第1章绪论，主要介绍创新要素配置推动经济高质量发展机制的研究背景及研究意义，本书的主要研究内容、研究方法、技术路线及创新之处。

第2章文献综述与理论基础，主要对当前关于创新要素配置、经济高质量发展、创新要素配置与经济高质量发展的相关文献进行跟踪梳理，在现有文献的基础上厘清创新要素配置与经济高质量发展的概念，界定创新要素配置与经济高质量发展的内涵，并且就经济高质量发展背景下创新要素配置的相关理论进行阐述，为下文探讨创新要素配置、推动经济高质量发展的机制奠定理论基础。

第3章创新要素配置与经济高质量发展的耦合特征，将创新要素配置与经济高质量发展作为我国经济发展中的两大经济系统。首先，建立创新要素配置与经济高质量发展的指标体系，探究创新要素配置与经济高质量发展的内在联系；其次，从统计学测度层面，基于系统论视角构建耦合协调模型，测度全国及四大区域创新要素综合系统及各子系统与经济高质量发展系统的耦合度；最后，考虑到创新要素配置与经济高质量耦合发展存在区域差异性，基于 Dagum 基尼系数法及核密度估计法对各区域创新要素配置与经济高质量发展系统耦合水平的区域差异、差异来源及分布动态进行分析。

第4章单一创新要素配置对经济高质量发展的作用效应，从创新要素配置与经济高质量发展的外围相互关联转到内在驱动机制，基于内生经济增长理论，从单一创新要素角度探讨创新要素对经济高质量发展的作用路径及作用机理，构建多部门内生经济增长模型解析创新要素对经济高质量发展的作用机理，采用统计核算方法根据创新要素内涵从创新要素生产力系统中析取创新要素并对其进行核算测度，将作为生产关系的制度创新要素归入剩余要素，核算各创新要素存量水平，采用生产函数方法测度各创新要素的产出弹性并依此计算其对经济高质量发展的贡献程度。

第5章综合创新要素配置对经济高质量发展的影响机制，基于创新要素流动性特征通过知识空间溢出影响创新生产技术水平的角度探究综合创新要素配置对经济高质量发展的影响机制及空间溢出效应。在基于政治经济学视角进一步区分创新要素生产力系统和生产关系系统的基础上，将创新要素生产力系统与经济高质量发展系统纳入统一框架，应用随机森林方法测算创新要素指标权重，结合 TOPSIS 和灰色关联度测度两系统发展指数。首先，从综合层面应用面板计量模型探究创新要素生产力系统在生产关系系统调节下对经济高质量发展系统的影响程度；其次，利用修正引力模型构建创新要素配置空间关联网络，进一步探讨了空间溢出效应，以揭示有向无权网络的整体演化趋势、探讨各省份在网络中的地位，将有向加权网络作为空间权重矩阵，运用空间杜宾模型研究创新要素生产力系统在生产关系系统调节下对经济高质量发展的空间溢出效应。

第6章经济高质量发展目标下创新要素配置效率的测度与评价，从综合层面测度经济高质量发展目标下创新要素配置效率，并探究创新要素配置效率的影响因素。首先，采用包含非期望产出的非导向、超效率EBM（Epsilon-Based Measure）模型测度我国各省份创新要素配置静态效率并对其进行分解，以了解我国创新要素配置对经济高质量发展作用的综合效果；其次，采用包含非期望产出的超效率EBM模型、Malmquist-luenberger指数及MetaFrontier模型相结合的方法测度创新要素配置效率的变化情况，基于区域同质和区域异质视角将创新要素配置效率进行分解，探究创新要素配置效率增强的内在驱动力，并从全国和区域视角探究创新要素配置效率的时空演化特征；最后，采用面板Tobit模型探究影响创新要素配置效率的内在驱动力因素和外部环境因素。

第7章创新要素配置推动经济高质量发展的政策设计，在上述研究的基础上，明晰了目前我国创新要素配置系统与经济高质量发展系统的耦合现状，以及创新要素配置对经济高质量发展的作用效应、影响机制和创新要素配置效率，结合上述研究结论，从创新要素配置增量提质层面提出创新要素配置推动经济高质量发展的政策建议，以期为政府相关部门制定推动经济高质量发展政策提供理论指导。

1.2.2　研究方法

本书在具体研究中主要使用以下方法：

（1）文献分析法。首先，通过查阅国内外期刊网、图书、报告文献、著作文献及学位论文等多方面的文献，系统梳理经济高质量发展的背景意义和基本特征、生产函数中生产要素和创新要素的发展演变，深入、全面地界定创新要素配置与经济高质量发展的内涵；其次，全面梳理国内外现行创新要素配置与经济高质量发展系统指标体系，发现其不足之处，在现有研究的基础上构建更加系统、科学、全面的创新要素配置与经济高质量发展系统指标体系。

（2）统计测度法。根据创新要素配置与经济高质量发展构建的指标体系，从系统层面探究创新要素配置与经济高质量发展的关系，在厘清其内涵的基础上，根据指标体系进行测度，采用耦合协调模型从统计分析角度测度创新要素配置系统与经济高质量发展系统的耦合程度，利用随机森林方法构建了"多投入—多产出"随机森林回归树模型来测度创新要素指标权重，结合TOPSIS和灰色关联度方法测度创新要素配置系统与经济高质量发展系统的发展指数，利用统计核算方法确定创新要素核算边界并估算创新要素存量，结合计量方法测度创新要素对经济高质量发展的贡献程度，从创新要素综合层面以创新要素各子系统为投入、以经济高质量发展为产出，采用数据包络分析方法测度经济高质量发展目标下的创新要素配置效率。

（3）理论建模法。将多种创新要素同时纳入内生经济增长模型，在明晰各创新要素尤其是信息创新要素对经济高质量发展作用路径的基础上，解析各创新要素对经济高质量发展的促进机理。基于创新要素流动性特征，结合知识空间溢出效应，解析创新要素配置影响经济高质量发展的空间溢出效应。

（4）规范分析。采用统计测度法测算出创新要素配置效率后，本书进一步使用规范分析法评价了创新要素配置效率，并探究了其内在驱动力和外部环境影响因素的作用机制和作用机理。采用归纳演绎、对策分析法提出了创新要素增量提质、促进经济高质量发展的政策建议。

（5）实证研究。数理模型只能从理论层面解析创新要素配置对经济高质量发展的作用机理，并不能更细致地解析创新要素配置对经济高质量发展的影响程度。因此，本书使用实证研究方法针对创新要素配置对经济高质量发展的影响程度进行了深入探究，构建了普通面板计量模型、空间杜宾模型探究创新要素生产力系统在生产关系系统调节下对经济高质量发展系统的影响程度及空间溢出效应。

1.2.3 技术路线

本书依托产业经济学、新供给经济学、新制度经济学、政治经济学和内生经济增长相关理论，以创新要素配置与经济高质量发展的内在联系为主线，由外部耦合关联到内在因果驱动、从统计学测度到经济学解析，逐层深入剖析创新要素配置与经济高质量发展的耦合关系、创新要素配置推动经济高质量发展的促进机制。首先，明晰了经济高质量发展背景下创新要素配置的内涵，在"三大变革"与新发展理念的指导下构建创新要素配置与经济高质量发展指标体系；其次，厘清了创新要素配置与经济高质量发展的内在联系；再次，按照从要素到系统的（从单一创新要素到创新要素生产力系统和生产关系系统再到创新要素各系统）逻辑顺序依次以内生经济增长理论为依据解析单一创新要素配置对经济高质量发展的作用效应、综合创新要素配置对经济高质量发展的影响机制、经济高质量发

创新要素配置推动经济高质量发展的机制研究

展目标下创新要素配置效率测度与评价；最后，基于上述理论分析与实证检验和测度的结果，从优化创新要素存量配置、挖掘创新要素配置与经济高质量发展耦合潜力、增强创新要素配置效率等方面提出了创新要素配置、推动经济高质量发展的政策建议。具体的技术路线如图1-3所示。

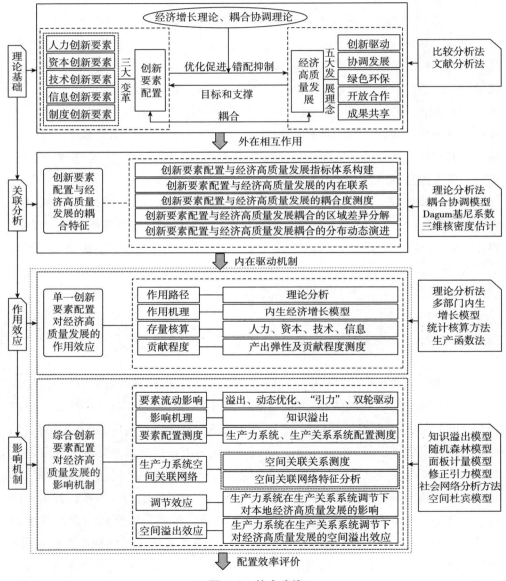

图1-3　技术路线

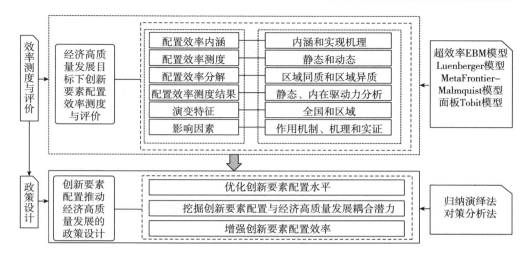

图 1-3 技术路线 （续）

1.2.4 主要创新之处

本书从"三大变革"与新发展理念出发界定创新要素配置与经济高质量发展的内涵并构建指标体系，基于政治经济学生产力与生产关系视角将创新要素细分为生产力系统和生产关系系统，从外部系统耦合到内在因果关系、从统计学测度到经济学解析层层深入剖析创新要素配置与经济高质量发展的内在联系。创新之处主要体现在以下几个方面：

（1）基于系统论视角从统计学测度层面利用耦合模型探究创新要素配置与经济高质量发展的耦合状况，为探索创新要素配置与经济高质量发展的内在联系打开了新的视野。现有文献多从单一角度分析创新要素配置与经济高质量发展的关系，本书从系统论视角测度创新要素配置综合系统及各子系统与经济高质量发展的耦合度，并基于 Dagum 基尼系数法及核密度估计法对各区域创新要素配置与经济高质量发展系统耦合水平的区域差异、差异来源及分布动态进行分析。

（2）提出数据密集型产品概念，将数据要素纳入内生经济增长模型并进入中间品生产部门解析单一创新要素影响经济高质量发展的内在机理，从统计核算角度测算各创新要素存量水平并测度其对经济高质量发展的贡献程度，为创新要素的核算提供参考核算体系。在采用统计核算方法测算各创新要素存量水平基础上，应用生产函数方法测算各创新要素弹性系数并进一步测度其对经济高质量发展的贡献程度。

（3）将创新要素配置与经济高质量发展纳入统一框架，构建"多投入—多产出"随机森林回归树模型测算创新要素指标权重；基于政治经济学原理将创新要素区分为生产力系统和生产关系系统，并基于全网络视角，应用社会网络分析方法探究创新要素生产力系统的空间关联网络特征，采用知识溢出模型将制度环境和邻近地区的创新要素配置水平引入创新生产技术水平分解项，以探究创新要素流动的空间溢出效应，为探究创新要素配置对经济高质量发展的影响机制提供了新的视角。现有文献多从传统空间计量角度研究创新要素的空间分布，本书利用修正引力模型构建创新要素配置空间关联网络，运用社会网络分析方法，从有向无权网络角度探究创新要素生产力系统的空间关联网络特征，并将创新要素生产力系统的空间关联的有向加权网络作为空间权重矩阵，运用空间杜宾模型研究创新要素生产力系统在生产关系系统调节下对经济高质量发展的空间溢出效应。

（4）从投入产出视角将创新要素"五维"子系统作为投入、将经济高质量发展"五维"子系统作为产出来测度创新要素配置效率，探究创新要素配置效率的内在驱动力和外部环境影响因素。本书测度了创新要素配置效率的 EBM－MetaFrontier－Malmquist－Luenberger 指数，既综合考量了创新要素配置效率中的非期望产出问题，又准确评估了我国各省份创新要素配置效率的技术同质性和技术异质性，动态反应了各区域创新要素配置效率在时间维度的变化，在此基础上，通过核密度估计方法分析了我国创新要素配置效率的时空演化特征。通过效率分解技术差距理论探究创新要素配置效率的内在驱动力，研究发现，"追赶效应"是我国创新要素配置效率增强的主要动力来源，金融发展水平、经济发展水平、交通发展水平、创新氛围和环境规制对创新要素配置效率具有正向促进作用，能源消耗强度对创新要素配置效率具有负向影响。

2

文献综述与理论基础

本书拟对新发展格局背景下创新要素配置推动经济高质量发展的机制展开研究，一方面从系统层面探讨创新要素配置与经济高质量发展的耦合现状；另一方面研究创新要素配置是如何作用于经济高质量发展的，其对经济高质量发展的作用机理是什么、作用程度如何。因此，本章从创新要素配置、经济高质量发展、创新要素配置与经济高质量发展的关系三个方面对相关的研究现状进行总结与评述。

2.1　文献综述

2.1.1　创新要素配置研究

2.1.1.1　创新要素的内涵

创新要素的概念界定是研究创新要素配置内涵的基础，因此本书首先对创新要素的概念进行梳理。

对生产要素的研究始于亚当·斯密，其于 1776 年提出，凡是影响生产活动的因素都可归为要素，从此便开启了有关要素投入的研究（亚当·斯密，2001）。古典经济增长理论的要素禀赋论便是研究要素投入对经济增长影响的开端，受制于科技水平等原因，当时人们对要素的认识还处于初级阶段，认为影响经济增长的因素主要为土地、劳动力和资本等有形要素，但随着工业化水平提高及科技进步，经济学家对要素投入的认识不断深入，一些"看不见"的要素进入了经济学家的视野，如 Marshall（1890）首先考虑到企业组织要素，Solow（1957）则将技术要素纳入生产模型，生产要素的内涵和范畴得到不断拓展。创新要素的概念源于 Schumpeter（1934）的创新理论，1912 年其在《经济发展理论》一书中就曾提到经济发展是创新的结果，并将创新定义为将生产要素和生产条件的新组合引入生产体系的过程（Schumpeter，1934）。创新要素的概念界定根据研究目的和研究视角的不同分为广义创新要素与狭义创新要素。

广义创新要素一般包括与创新活动有关的各类资源。例如，Bessarabov 等（2012）认为，创新要素就是指完成创新活动所使用的全部要素资源，同时创新要素也可指所必需的科技创新基础，包括人才、资本、科学仪器以及技术要素等（陶晓丽等，2017）；李培楠等（2014）从内部资金、外部技术、人力资本和政府支持四个要素角度对创新要素进行了研究；欧伟强和朱斌（2018）认为，创新要素包含赋能要素、资源要素、障碍要素、驱动要素及收益要素；Blazek（2012）认为，地区知识创造力和人力资本等决定某区域的创新能力；Kaasa（2013）认为，文化亦可作为一种可能的创新要素；Hall（2014）指出，创新资本、人力资本、创新政策和创新基础设施共同构成了创新要素；刘凤朝等（2011）认为，创新要素是指创新生产过程中的人力资本、知识和机器设备等。

狭义创新要素主要指创新生产函数中的人力、资本等。Crepon 和 Duguet（1997）认为，研发资本是创新方程的重要因素。陈兵（2007）认为，创新要素包括人才、技术和资本等；傅晓霞和吴利学（2013）认为，创新要素包括机器设备、人员以及技术等；马艳（2019）认为，创新要素包括资本、劳动和土地等；韩江波（2019）认为，普通劳动力、自然资源、土地和资本等属于创新活动过程中的基本要素。而绝大多数文献均认为创新要素包括研发人员和研发资本（吕忠伟、李峻浩，2008；Sharma & Thomas，2008；史修松等，2009；余泳泽，2011；余泳泽、刘大勇，2013；白俊红、蒋伏心，2015；赵增耀等，2016；王钺、刘秉镰，2017；卓乘风、邓峰，2017；王欣亮、刘飞，2018；董直庆、胡晟明，2020；李晓峰、卢紫薇，2021）。吕海萍（2019）认为，创新要素包括人力、资本和技术创新要素；Wang 和 Yang（2020）将创新要素分为人力创新要素、资本创新要素和固定资产；陶长琪和徐茉（2021）、徐晔和赵金凤（2021）将创新要素进一步细分为人力、知识、技术、数据和制度创新要素。

从创新要素发展的定义来看，学者对创新要素内涵的理解不断深入，创新要素的内涵也得到不断丰富和完善。

2.1.1.2 创新要素配置的内涵

既有文献对创新要素配置内涵的研究主要体现在两个方面：一是基于过程视角。王蓓和陆大道（2011）认为，人们基于要素稀缺性而按照一定规则或机制分配创新要素的过程即为创新要素配置。戚湧等（2013）认为，创新要素配置是创新资源的整合与高效配置，将创新资源优势转化为创新能力的过程。二是基于结果视角，将创新要素配置理解为各创新要素所占的比重（逯进、周惠民，2013；张杰，2016；李荣杰等，2016；陶长琪、徐茉，2021）。

2.1.1.3 创新要素配置的测度

现有文献对创新要素配置的测度研究相对较多，本节主要聚焦于单要素即人力资本要素、金融资本要素、技术要素与数据要素等展开文献梳理。

（1）人力资本要素。自从 Schultz（1961）和 Becker（1964）提出人力资本概念以来，关于人力资本的研究越来越丰富。经济合作与发展组织（OECD，2001）将人力资本定义为个人拥有的能够为个人及社会创造经济福祉的知识、技能、能力和素质。现有文献关于人力资本的测度主要从人力资本存量和劳动生产率两个方面展开。一方面，关于人力资本存量，现有学者分别从成本法、收入法和教育指标法对其进行了测度（Kendrick，1976；李海峥等，2010；乔红芳、沈利生，2015；李萌等，2007）。乔红芳和沈利生（2015）利用融合成本法与教育成果法的成本加权法测度我国人力资本存量，研究发现，我国人力资本存量增长较快，但在 2008 年金融危机后产出效率下降较快；李海峥等（2010，2013）、Li 等（2013）采用 Jorgenson-Fraumeni 终生收入法分别测算了我国国家层面和省级层面的人力资本存量；李萌等（2007）利用人口受教育程度来衡量我国的人力资本，研究发现，我国省际人力资本差异相对较大；周云波等（2010）、钱雪亚（2012）、陈斌开和张川川（2016）、Caselli 和 Ciccone（2019）等则采用教育和健康相对综合指数、高中文化程度及以上人员占总人口的比重等相对教育指标的形式研究了人力资本存量；张琼和张钟文（2021）通过对适龄人口加权求和方法并以人均受教育年限和综合 Mincer 系数为标准估算了人力资本存量。此外，边雅静和沈利生（2004）认为，一个地区中每个人所具有的知识、能力以及健康等构成人力资本，并通过构建测量模型测度了我国各地区人力资本存量水平，研究发现，相比东部地区，我国西部地区的人力资本存量不足是经济发展落后的主要因素。另一方面，在测算人力资本存量的基础上，一些学者对劳动生产率的测算也做了相关研究。例如，王家庭等（2019）采用核密度法对我国各省份劳动生产率进行了估算；邹薇和袁飞兰（2018）应用产出弹性法测算了劳动生产率；而大多数文献均将产出与劳动人口数的比值或全要素生产率作为劳动生产率（Eswaran & Kotwal，2002；Gopinath et al.，2004；梁婧等，2015；陈心颖，2015）。

（2）金融资本要素。现有文献对金融资本现状测度的研究主要聚焦于互联网金融、普惠金融、科技金融三个方面。关于互联网金融现状的研究，部分学者针对互联网金融的发展现状进行了探讨（Berger & Udell，2010；谢平、邹传伟，2012；王达，2014；刘忠璐，2016）。关于普惠金融现状测度的研究，主要集中于对普惠金融发展水平的测度，但尚未形成统一的观点。大多学者认为，主观赋权法对最终评价结果的影响很大，不同的专家所得出的权重系数也不尽相同，所以在对普惠金融的发展水平进行测度时选择采用因子分析法、主成分分析法、变异系数法、熵值法等客观赋权法（高沛星、王修华，2011；陆凤芝等，2017）。关于科技金融的测度研究，多采用赋权法对科技金融发展现状进行测度。如曹颢等（2011）构建了涵盖贷款、产出、经费和资源指数四个一级指标的指标体系，测算了我国31个省份2001～2008年的科技金融发展水平指数；张玉喜和张倩（2018）从生态视角构建了科技生态系统，并构建了指标体系对其进行测算，研究发现，我国科技金融发展水平呈现东部、中部、西部地区依次递减的特征。

（3）技术要素。现有文献关于技术资本的研究主要体现在两个方面：一是技术资本存量测度；二是技术资本配置情况。一方面，技术资本同劳动力要素或物质要素一样，也是一种微观可测度的要素资本，而技术要素的存量与企业竞争力、技术成果和转化速度之间存在函数关系（罗福凯，2010；许秀梅，2017）。Mcgrattan和Prescott（2009）则从企业层面定义了技术资本，即技术资本是企业所具有的在研发、品牌和组织资本上投资的独特知识，与其他要素资本不同的关键在于技术资本具有共享性特征，其他企业可在不同地点同时享用。然而也有一些文献由于数据问题而采用R&D投入占总资产比重、IT投资支出等模糊的替代变量来衡量（张之光、蔡建峰，2012；焦高乐、严明义，2017）。另一方面，在测度了技术资本存量后，部分学者又通过企业的R&D投入指标与技术产出指标测算了企业的技术资本配置效率，研究发现，非效率情况是目前我国企业技术投资行为普遍存在的问题（孙菁等，2016；魏秀梅、潘爱玲，2017）。

（4）数据要素。Chadefaux（2014）指出，数据要素如劳动和资本一样属于生产要素。与传统生产要素不同，数据要素具有共享性、非竞争性、外部性、非排他性等特征（蔡跃洲、马文君，2021）。Farboodi 和 Veldkamp（2021）认为，作为生产要素的数据要素是以比特形式写进计算机设备存储信息的。现有文献关于数据要素的测度问题少有研究，多数文献均从定性层面描述数据要素的概念，并认为数据要素具有关键外部性特征和重大潜在价值，通过融合可以产生新价值，从而给测量带来了前所未有的挑战（Wendy et al.，2019；Bergemann & Bonatti，2019），同时数据可移植性可以促进创新和竞争，从而增强数字经济中消费者的整体能力（Florez & Blind，2020；Vezzoso，2021）。

2.1.1.4　全要素生产率测度研究

关于全要素生产率测度研究，根据其研究目的不同，可分为绿色全要素生产率、全要素能源效率和技术创新效率三个方面。

（1）绿色全要素生产率。既有文献测度绿色全要素生产率的方法主要有索洛残差法、DEA-Malmquist 指数模型法、Levinsohn-Petrin 半参数法和随机前沿生产函数法（SFA）等。例如，丰晓旭等（2017）基于 SBM-DDF 方法测算了四川省 21 个市 2005～2014 年不同产业的绿色全要素生产率；Chung 和 Fare（1997）基于方向性距离函数及 Malmquist 指数在全要素生产率的测算框架中加入了污染排放进行测算；随后，Tone（2001）对其进行了改进，在松弛变量的基础上建立了距离函数（SBM-DDF），有效地降低了测算偏误的问题；原毅军和谢荣辉（2015）则在 SBM-DDF 基础之上结合 Luenberger 指数测算了我国工业绿色全要素生产率。目前，国内大多数研究采用数据包络法（DEA）和随机前沿分析法进行测算（肖攀等，2013；谌莹、张捷，2016）。郭海红和刘新民（2021）利用全局 GML 指数测算了我国农业绿色全要素生产率，研究发现，农业绿色全要素生产率增长的动力为绿色技术进步，但不具有绝对 σ 收敛态势。

（2）全要素能源效率。现有文献关于全要素能源效率的测度主要有两种方式（Hu & Wang，2006）：一是能源强度测算；二是全要素能源效率测算。能源强度测算仅仅考虑单产出与能源投入的关系，如史丹（2006）利用国民生产总值与能源消耗总量的比值计算了单要素能源效率，研究发现，我国能源效率较高的省份为东南沿海地区，内陆煤炭资源丰富地区的能源效率反而较低。全要素能源效率是多个产出与要素投入之间的关系。部分学者通过在单要素框架中加入资本、劳动、能源消耗等生产要素来测算全要素能源效率（Honma & Hu，2008）。但是，这种全要素能源效率的测算仅将能源消耗考虑其中，而企业在实际生产过程中不可避免地会带来环境污染。因而，有学者将非期望产出纳入分析，构建了全新的全要素能源效率框架（Hu et al.，2011；林伯强、刘泓汛，2015；杨恺钧等，2018；郭海红、刘新民，2021）。

（3）技术创新效率。技术创新效率代表现有科技资源的最优利用能力，其测算主要分为参数法和非参数法两类。关于参数法的应用，现有研究多采用投入产出函数的具体形式测度生产要素函数曲面与由总样本所决定的最大可能生产曲面的接近程度。例如，戚湧和郭逸（2015）基于 SFA 方法对全国和江苏省技术创新效率进行了测度；Zamanian 等（2013）分别采用数据包络分析和随机前沿分析方法测算了中东和北非国家农业部门的技术效率水平，研究发现，两种方法测得的技术效率排名相同。非参数方法则测度总体样本构成的实际生产曲面向生产前沿面的扩展程度，由于其估计不受具体参数形式的限制，因而被广泛采用。范斐等（2013）利用改进的 DEA 方法测算了我国城市的科技资源配置效率，并用探索性空间数据分析方法研究发现，我国科技资源配置效率存在显著的空间自相关；陈国生等（2014）将三阶段 DEA 模型和 Bootstrap-DEA 方法相结合对中国技术创新效率空间差异进行了分析，发现 Bootstrap 纠偏后的各区域技术创新效率有所下降；马玉林和马运鹏（2021）利用至强有效前沿最近距离（MinDS）模型测算了我国科技资源配置效率，并采用 Dagum 基尼系数和核密度估计方法探讨了其空间差异和分布状态，研究发现，我国科技资源配置效率的地区差异主要来源于区域间差异，绝对差异经历了先上升后下降的过程。

2.1.1.5 创新要素配置的空间分布状态

方远平和谢蔓（2012）通过 Moran's I 全局分析发现，创新要素存在正向空间相关性；Innocenti 等（2020）认为，知识存在溢出效应并探讨了知识网络结构对创新能力的影响，研究发现，知识网络结构和创新经济集聚能够提升区域创新能力；陶长琪和徐茉（2021）研究发现，我国创新要素空间分布重心呈偏东北—偏西南走势，并呈高—低形空间集聚模式。

2.1.1.6　社会网络分析方法

社会网络分析方法（Social Network Analysis，SNA）最早是由社会科学家在100多年前创建并应用起来的（Freeman，2004），经过多年的发展，目前社会网络分析方法在许多领域均有应用，如社会科学、物理学、信息科学等。但社会网络分析一直没有受到主流经济学家的重视，虽然在经济学领域对社会网络分析方法的应用最早可追溯到1899年美国经济学家Veblen对"炫耀性消费"、Dussen-bery对"相对性消费"理论进行的研究（徐振宇，2013），但直到1980年经济学领域仍然忽视社会关系与人际关系的角色。20世纪90年代之后，随着信息通信技术的不断发展、电子数据库的普及以及新经济社会学、社会资本和网络理论的兴起，同时叠加新制度经济学的渗透，非正式制度与社会关系才正式登上了经济学研究的舞台。国外有关社会网络在经济学中的研究主要应用于劳动经济学、产业组织和产业经济学，如Rees（1966）对劳动力市场中的信息网络进行了深入研究；Fafchamps和Minten（2001）研究了农产品贸易与社会网络的关系；In-nocenti等（2020）通过对2001~2016年意大利各省共同专利活动的网络进行研究发现，发明人的网络结构（凝聚力和外部联系）和集聚经济对专利的生产具有重要而积极的影响，而网络的单纯连通性却并非如此。

我国学者对社会网络分析方法的关注起源于20世纪90年代，但在经济学界鲜有响应，主要包括钱锡红等（2010）、杨汝岱等（2011）对国内现实经济问题的研究。将社会网络分析方法应用于经济增长的空间关联，始于李敬等（2014），其研究发现，我国区域经济增长的空间关联网络具有稳定性和多重叠加性，并且东部发达的沿海城市是我国经济增长的"发动机"，我国经济增长存在明显的"梯度"溢出效应。随后，社会网络分析方法在经济学领域的应用越来越广泛，且大多数研究聚焦于我国区域经济增长、创新发展领域（潘文卿，2012；张战仁，2013；李琳、牛婷玉，2017；宋旭光、赵雨涵，2018；邵汉华等，2018；刘兰剑、葛贝贝，2019）。另外，陈婷玉（2019）通过分析世界创新网络发现，我国制造业对创新网络中技术关联的控制力较弱，并且形成了度数中心度和接近中心度较高、中介中心度低的特征；刘华军等（2015）、刘佳和宋秋月（2018）则分别采用社会网络分析方法探究了我国能源消费、旅游产业的绿色创新效率的空间关联网络，研究发现，我国能源网络紧密程度逐渐提高、等级结构逐渐被打破；刘世锦等（2020）基于投入产出表，应用社会网络分析方法研究了新冠肺炎疫情对经济的冲击路径，研究发现新冠肺炎疫情对湖北省内部的冲击大于对省外的冲击。

2.1.2 经济高质量发展研究

2.1.2.1 高质量发展内涵的起源

2017 年，党的十九大首次提出"高质量发展"的新表述，但是，在学术界关于高质量发展的相关研究可以追溯至对经济增长质量的研究。现有文献对经济增长质量的研究主要基于以下两种观点：一是从狭义上来理解，认为经济增长效率即为经济增长质量（武义青，1995；王积业，2000；刘亚建，2002；康梅，2006；俞安军等，2007）；二是从广义上来理解，认为经济增长质量是相对于数量而言的，属于规范价值判断，包括经济协调性、发展可持续性以及社会公平正义等多维度的内容（刘树成、张晓晶，2007；李荣富等，2014；程虹、李丹丹，2014；曹麦，2017；朱子云，2019）。关于经济发展质量的实证研究主要集中在新增长理论中，Antras 和 Helpman（2004）认为，依靠技术进步和创新，通过提高技术效率和资源配置效率来实现经济增长才是可持续的。《中国经济增长质量发展报告 2019》指出，经济发展的质量反映经济增长的效率，经济资源运用效率就决定经济质量的高低。

2.1.2.2 高质量发展内涵的延展

以往文献普遍从量的角度来衡量经济增长水平，突出的是数量和规模，经济质量能够在一定程度上从质的角度揭示经济增长质量的优劣，但是"增长"这一概念的范围远小于"发展"的概念范围，在广度与深度上，高质量发展的概念更加广阔（魏敏、李书昊，2018），具体可从以下三个视角对高质量发展的内涵进行延展。

一是新发展理念。金碚（2019）认为，高质量发展作为一种新提法、新模式、新要求，其侧重点在于"质量"一词。师博和任保平（2018）认为，高质量发展是体现创新、协调、绿色、开放、共享新发展理念的发展，也是生产要素投入少、资源配置效率高、资源环境成本低、经济社会效益好的发展；谢伏瞻（2019）指出，只有坚持开放和多边主义，才能共享工业革命的红利，实现高质量发展；鲁继通（2018）认为，高质量发展本质是涉及产业升级、结构优化、动力转换、生态建设、区域协调等方面的重大变革和战略调整；韩君和张慧楠（2019）认为，经济高质量发展是创新、协调、绿色、开放、共享发展的有机统一，并从五个维度进行了测度；陈景华等（2020）基于新发展理念构建了创新、协调、可持续、开放及共享性五个子系统，探讨了高质量发展的区域差异及分布动态。

二是"社会主要矛盾"。张军扩等（2019）认为，高质量发展的本质内涵是以满足人民日益增长的美好生活需要为目标的高效率、公平、绿色、可持续的发展，高质量发展是绝对与相对、质量与数量的统一，相对于经济高速增长，高质量发展意味着更加全面的发展要求，代表着高效、公平、可持续的发展目标；李金昌等（2019）从"人民日益增长的美好生活需要"和"不平衡不充分发展"两个方面探讨了高质量发展的内涵。

三是基于当前社会问题及高质量发展的新要求，高质量发展的实现路径包括各层面的供给侧结构性改革。王一鸣（2018）指出，高质量发展在微观层面体现为产品和质量提升、在中观层面体现为产业价值链升级、在宏观层面体现为国民经济整体质量增强和效率提升；Antras 和 Helpman（2004）认为，可持续的高质量增长需要依靠技术进步和创新，通过提高技术效率和资源配置效率来实现；汪同三（2018）指出，高质量发展体现为微观、结构、动力、整个经济社会等多层面的发展；魏敏和李书昊（2018）从经济结构优化、创新驱动发展等 10 个方面对高质量发展进行了总结并构建了指标体系进行测度；马茹等（2019）认为，高质量发展主要体现在经济发展方式的转变、经济结构的优化以及经济增长动力的转换等方面。

2.1.2.3 经济高质量发展测度研究

由于当前我国经济正处于转型发展时期，对发展质量的测度直接影响发展理念和发展目标的落实，所以越来越多的学者开始聚焦于经济高质量发展的测度研究。现有研究主要因测度视角的不同，集中体现于新发展理念、经济增长高质量、社会主要矛盾与宏观中观微观、全要素生产率五个视角。

（1）新发展理念视角。新时代高质量发展是在新发展理念引领下逐步实现的，所以有学者尝试利用新发展理念来多维度测度高质量发展水平。以新发展理念为逻辑依据，师傅和任保平（2018）系统地阐述了创新、协调、绿色、开放、共享与高质量发展的逻辑关系，并构建了 5 个维度 42 个指标的中国高质量发展指标体系；在此基础上，张怡康（2018）进一步以新发展理念为指导，设立了创新驱动、产业升级、经济活力、绿色发展和共享发展五个方面的指标；马茹等（2019）从高质量供给、高质量需求、发展效率、经济运行和对外开放五个维度测度了高质量发展水平；郭芸等（2020）认为，发展动力是高质量发展的源泉，发展结构和发展方式是高质量发展的着力点，发展成果是经济社会发展的结果。

（2）经济增长高质量视角。有学者认为，应该重点关注经济高质量发展状况。例如，李旭辉和朱启贵（2018）提出了由动力变革、产业升级、结构优化、质量变革、效率变革和民生发展 6 个方面共 62 项指标组成的评价指标体系；刘惟蓝（2018）构建了由产出效益、绿色生态、开放合作、结构优化、科技创新 5 个方面 30 多项指标构成的评价指标体系。

（3）社会主要矛盾视角。有学者认为高质量发展最终应以满足人民日益增长的美好生活需要为根本目的。例如，李金昌等（2019）从"人民日益增长的美好生活需要"和"不平衡不充分发展"两个方面着手，构建了由经济活力、创新效率、绿色发展、人民生活、社会和谐 5 个部分共 27 项指标构成的高质量发展评价指标体系；魏敏和李书昊（2018）利用熵权 TOPSIS 法对新时代高质量发展水平进行了测度，构建了涵盖经济结构优化等 10 个方面的测度体系。

（4）宏观中观微观视角。高质量发展在宏观、中观、微观视角下的表现各不相同，所以有学者尝试测度不同尺度下的高质量发展。鲁继通（2018）构建了包含微观维度、中观维度、宏观维度在内的高质量发展评估系统。

（5）全要素生产率视角。李华和董艳玲（2021）基于绿色全要素生产率测度了我国经济高质量发展水平，研究发现，我国包容性绿色全要素生产率呈现稳步提升态势；当然也有从其他角度研究经济高质量发展的，如杨耀武和张平（2021）通过理论模型探讨发现了影响经济高质量发展的因素，从而构建了高质量发展指标体系，研究发现，我国经济高质量发展水平呈稳步提升趋势，但不同阶段的提升速度不同。

2.1.3　创新要素配置与经济高质量发展的关系研究

现有文献对创新要素配置与经济高质量发展的关系研究，主要从以下三个方面展开：

（1）创新要素配置对经济高质量发展的影响。经济增长理论始终将要素作为经济增长的源泉和动力（Solow，1956，1957；Romer，1986，1990）。由于要素以及要素配比是动态变化的，受要素自身质量升级和流动机制的影响，创新要素配置对经济高质量发展的影响是双向的。一方面要素的优化配置会促进高质量发展。Denison 和 Institution（1974）认为，要素数量、质量的改善、知识进展、技术进步、资源的优化配置和规模经济是促进经济增长的主要因素；赵春雨等（2012）认为，通过要素再配置可提升生产效率进而实现产业结构变迁；冯俏彬和贾康（2017）认为，劳动力、土地、资本、技术、制度等要素的优化配置是从供给侧推进经济发展的动力；程名望等（2019）发现，人力资本提升、技术进步、制度改革等推进的要素优化配置促进了中国经济可持续增长；唐荣和黄抒田（2021）认为，要素优化配置可推动技术进步和价值链升级；Müller 等（2018）应用普通面板模型研究发现，大数据能够提升企业创新绩效；刘思明等（2019）应用普通面板模型研究发现，科技创新和制度创新"双轮驱动"通过正向影响全要素生产率进而影响高质量发展；谢康等（2020）借助链式中介模型和结构方程模型研究发现，大数据作为"桥梁型"要素，通过促进现有要素的密切配合而推动经济高质量发展；郑万腾等（2021）采用空间计量、面板门槛和结构方程模型研究发现，数字金融通过创新激励效应助力经济实现新旧动能的转换；白俊红和蒋伏心（2015）、宛群超和袁凌（2021）采用空间计量模型研究发现，创新要素的区际流动促进知识溢出、产业技术创新能力进而影响经济增长。另一方面，要素错配会抑制高质量发展，一般认为要素错配会带来经济效率和全要素生产率的损失进而影响高质量发展（Hsieh & Klenow，2009；Brandt et al.，2012；罗德明等，2012；Restuccia & Rogerson，2013；陈诗一、陈登科，2017）。当然也不乏其他观点，如蔡跃洲和马文君（2021）认为，比特数据是数字经济的新生产要素，一方面其低成本、共享性等特征有助于提升企业生产率；另一方面其数据垄断、隐私泄露等问题又对经济增长产生了负面影响。

（2）经济高质量发展对创新要素配置的影响。潘雄锋和张维维（2013）认为，经济发展水平较高的地区能够为创新提供丰富的人力资本、外商投资、研发投入等物质条件；张萃（2019）、Diebolt 和 Hippe（2019）均认为，经济发展可增加人力资本的含量；贺晓宇和沈坤荣（2018）认为，高质量发展需要坚持市场化改革、增强创新引领，以提升全要素生产率为切入点，完善要素市场改革，优化要素配置；韩先锋等（2019）认为，经济发展能够提升互联网等基础设施水平，进而提升数据资源配置。

（3）创新要素配置与经济高质量发展的相互影响。张延平和李明生（2011）基于协同理论构建了区域人才结构与产业结构升级复合系统模型并测算了其协调适配水平，研究发现，我国 30 个省份的协调适配水平均较低；逯进和周惠民（2013）基于两系统的耦合原理构建了人力资本与经济增长交互作用的耦合模型，系统阐述了人力资本与经济增长的耦合及跃迁原理，认为二者能够在相互作用中彼此促进、耦合发展；何喜军等（2016）测算了自然资源、劳动要素、资本要素、技术要素等要素禀赋与制造业的协同度，发现区域要素禀赋与制造业的协同发展正由中度协同向高度协同过渡；葛鹏飞等（2020）探讨中国创新系统与经济发展系统的耦合协调性，研究发现，我国创新与经济发展的耦合协调性相对较低并存在区域差异和空间相关性。

2.1.4 文献评述

从以上文献综述分析可以看出，国内外学者在创新要素配置统计测度与评价方面取得了大量有价值的研究成果。特别是近年来，随着"经济高质量发展"概念的提出，一些学者在理论与实践研究等方面取得了一系列研究成果，这为后续学者的研究奠定了坚实的理论基础，也为本书研究提供了重要的理论参考。

（1）关于创新要素配置的内涵及测度研究。已有研究证明，要素的配置状况对于经济高质量发展具有重要的影响，其中创新要素配置的作用尤为重要。但同时也应该注意到，为了充分发挥创新要素配置的作用，进而提升经济高质量发展水平，摆在首位的任务就是对创新要素配置进行准确的界定和测度，因此需要在高质量发展视角下建立创新要素配置指标体系并对其进行测度，才能够为制定高质量发展有关政策提供最具有针对性的指导意见。现有文献中关于创新要素内涵及配置问题的研究日趋成熟，但缺乏经济高质量发展背景下创新要素的新内涵，尤其是关于信息等新型创新要素的量化问题。从创新要素的演变过程来看，现有文献对创新要素的关注逐步由传统的人力、资本要素过渡到信息、技术、数据要素，尤其是近年来关于数据要素的研究日渐丰富，但大多聚焦于定性层面，关于数据要素的定量测度则鲜有研究。关于创新要素配置的测度问题，现有文献主要采用指标合成法，但均基于创新要素投入单方面，忽视了在当前阶段经济高质量发展才是衡量创新要素重要性的参考，更鲜有文献将创新要素配置与经济高质量发展纳入统一的框架来确定各创新要素指标的权重。

（2）关于经济高质量发展的内涵及测度研究。现有文献关于经济高质量发展的研究已经较成熟，多数文献均从"三大变革"和新发展理念角度理解经济高质量发展的内涵，并从多个维度探讨了经济高质量发展的测度问题，但存在投入和产出指标交叉重叠问题。

（3）关于创新要素配置的空间关联问题研究。综观现有文献的研究结论，多数均支持创新要素配置存在空间关联，但主要从创新要素的传统空间计量角度进行探讨，鲜有文献从社会网络角度展开研究。而创新要素配置对经济高质量发展的影响研究主要基于普通面板等模型和经济距离权重矩阵下的空间模型，鲜有从全网络角度构建空间权重矩阵展开的研究。

（4）关于创新要素配置与经济高质量发展的关系研究。通过梳理国内外学者关于创新要素配置与经济高质量发展相互关系的既有文献发现，绝大多数文献均支持创新要素优化配置能够促进经济高质量发展，而错配则会抑制经济高质量发展，经济高质量发展对创新要素配置具有支撑作用，并会对创新要素配置提出新要求进而促进要素市场化配置改革，优化创新要素配置。通过梳理国内外学者关于创新要素配置与经济高质量发展的既有文献发现，绝大多数文献均从单向角度分析二者之间的关系，较少文献研究二者之间的相互作用，更鲜有文献从创新要素配置综合系统及子系统角度研究创新要素配置与经济高质量发展的耦合关系。这些研究成果为本书研究创新要素配置与经济高质量发展的耦合关系提供了理论指导。但关于创新要素到底是如何作用于经济高质量发展的、具体路径如何，现有文献多从单个要素角度进行分析，且主要集中于传统要素升级形成的创新要素，对于新时代背景下的创新要素尤其是信息创新要素对经济高质量发展的作用如何，一些文献从定性角度探讨了信息创新要素对经济高质量发展的作用路径，鲜有文献从定量角度展开分析。

上述关于创新要素配置与经济高质量发展研究的不足，恰恰是经济高质量发展阶段从供给侧构建新发展格局、实现供给侧结构性改革的关键出发点，也是本书进一步研究的基础。基于创新要素是经济高质量发展的源动力，创新要素在经济高质量发展阶段呈现哪些新的特征、其对经济高质量发展的影响程度如何，这些都是我国政府在当前背景下推进经济高质量发展亟须了解的关键，目前学界对上述问题的研究尚显不足。而这些问题又是回答当前我国巨量的要素投入与创新能力低下、创新能力不适应经济高质量发展的关键。鉴于此，测度创新要素配置与经济高质量发展的耦合特征、明晰创新要素配置作用于经济高质量发展的路径、掌握当前阶段我国创新要素配置对经济高质量发展的影响程度及空间效应、综合效率及影响因素对我国政府优化创新要素配置、推动经济高质量发展具有重要的指导意义，同时这也是本书进一步研究的方向。

2.2 理论基础

2.2.1 创新要素配置的内涵

2.2.1.1 生产要素的内涵

生产要素是指进行社会生产活动时所需要的各种社会资源，是维系国民经济所必需的基本要素，是经济学领域的基本范畴。经济学家对生产要素种类的划分经历了一个逐步深化的过程。William Petty 首先提出了土地和劳动二要素理论，马克思也认为土地和劳动是形成财富的两个重要原始资源。1803 年，Say 就指出能够产生价值或扩大人类财富的要素主要为劳动、资本和自然力，并提出了土地、劳动、资本三要素论。Marshell（1890）在沿袭三要素论的基础上，首次将组织看作生产活动中的一个独立要素。最开始人们在研究经济生产活动中的投入时，只是将劳动力和资本视作投入要素，随着经济学的不断发展，人力资源逐渐从劳动力资源中分离出来，成为广大学者的研究对象。索洛（Solow，1956）提出的索洛增长模型，认为技术是作为生产力中的一个独立要素发挥作用。随着研究的深入，逐渐有学者认为经济增长的主要动力应该是技术进步而不是资本积累，并在新经济增长理论中将技术进步内生化，明确提出了技术进步是经济增长的决定性因素（Romer，1990）。随着知识经济和信息化时代的到来，信息、技术等开始成为驱动经济增长的要素（Krugman，1994；Young，2003）。Acemoglu 等（2002）在探究欧洲殖民地国家相对收入逆转原因时发现了制度因素的"至关重要性"，并将制度纳入新制度经济学的研究范畴。

美国经济学家迈克尔·波特在《国家竞争优势》① 中将经济增长分为投资驱动、要素驱动、财富驱动和创新驱动四个阶段，在要素驱动经济增长阶段，要素的投入和生产环境两者相辅相成，要素投入直接影响经济增长，生产环境作为要素的载体对经济增长起到辅助作用。随着我国经济进入新的发展阶段，经济增长由要素驱动和投资驱动转向了创新驱动，有些生产环境（最初的土地、技术、信息等）逐渐演化成了要素。新古典经济学家熊彼特在《经济发展理论》中提出的"创新理论"将创新视为"把一种从来没有过的关于生产要素的'新组合'引入生产体系"。从这个角度来看，创新要素正是这个"新组合"。经济高质量发展视阈下，经济生产中起主要作用的投入除了基本的必备生产要素（简单劳动力和一般资本）外，就是创新要素，因此，本书认为创新要素驱动的经济增长即为经济高质量发展。

2.2.1.2　创新要素的内涵

综观生产要素的演变过程可以发现，创新要素并未形成统一的界定标准。但究其本质，创新要素是推动和促进创新发生的条件，是创新生产活动中必不可少的组成元素。美国管理大师彼得·德鲁克说过："知识已经成为真正的资本和首要财富，随着知识地位的提升，世界经济已进入知识经济时代。"随着现代信息通信技术及数字化技术的迅猛发展，人们在生产和消费过程中所产生的数据被大量采集并成为企业做出决策的重要资源，数据要素逐渐成为生产的关键要素。虽然创新要素涵盖范围不同，但究其本质，创新要素主要由人力、资本、技术、信息和制度五类要素构成。

在经济高质量发展阶段，经济由传统要素驱动转换为创新驱动，而其本质则为质量变革、动力变革和效率变革，同时这"三大变革"也对创新要素的内涵界定提出了新要求。针对经济高质量发展的"三大变革"，借鉴陶长琪和徐茉（2021）依托"三大变革"界定的创新要素内涵，本书认为质量变革是主体，主要指传统生产要素升级而形成的创新要素，包括人力创新要素和资本创新要素；动力变革是基础，主要是指基于技术环境变化生成的新要素，包括技术创新要素和信息创新要素；效率变革是主线，主要是指制度政策在相互作用过程中形成的推动经济高端化发展的系统动力，包括制度创新要素。

---

① 迈克尔·波特. 国家竞争优势 [M]. 李明轩，邱如美，译. 北京：中信出版社，2007.

推动质量变革、动力变革、效率变革是高质量发展阶段对创新要素提出的必然要求，是转变发展方式、优化经济结构、转换增长动力攻关期的重要内容。三者相互依托，是有机联系的整体，由此形成了创新要素质量效益明显提高、稳定性和持续性明显增强的高质量发展的新局面。因此，基于创新要素概念的演变，依托经济高质量发展"三大变革"的新要求，本书将创新要素界定为以新发展理念为指导、以实现经济高质量发展为目标进行创新活动或作为创新活动支撑条件推动创新的相关资源和能力的组合，主要包括人力创新要素、资本创新要素、技术创新要素、信息创新要素和制度创新要素。创新要素演变如图 2-1 所示。

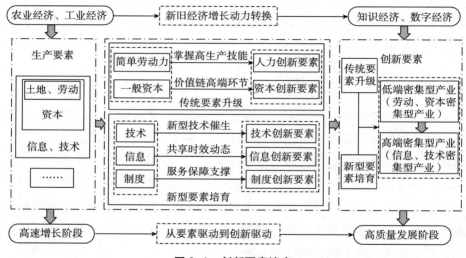

图 2-1　创新要素演变

资料来源：笔者整理。

基于马克思主义政治经济学理论中生产力与生产关系的内涵及相互作用，本书认为制度创新要素与其他创新要素具有本质区别。为了进一步厘清创新要素之间的关系，把握创新要素推动经济高质量发展的内在逻辑，本书在上述理论的基础上将创新要素进一步区分，认为人力创新要素、资本创新要素、技术创新要素和信息创新要素属于生产力的要素范畴，而制度创新要素则属于创新要素发挥作用的生产关系范畴。

2.2.1.3　创新要素的特征

创新要素是创新主体与创新活动连接的载体，是创新活动的基础条件，是一切与创新活动有关的资源和能力的组合。创新要素有以下四个特征：

（1）流动中的外溢性。创新要素是开放和不断流动的资源，在市场经济条件下，创新要素总是流向创新最活跃及效益更大的地方。一个国家或地区如果本身创新要素不集中，可以通过提高配置能力等途径吸引其他地区创新要素流入而实现高质量发展。

（2）系统中的协同性。创新的实现离不开创新要素的投入，然而创新要素投入规模扩大并不一定能产出更多的创新成果，在创新系统中，创新要素之间并非孤立存在，而是具有协同关系，创新要素间的有效协同是发挥创新要素效能的重要基础。

（3）使用中的长效性。从创新要素的投入到发挥作用并产出创新成果是一个长期的过程，创新要素凝结了人类的智慧，相较一般的生产要素，创新要素的产生和使用产生的影响具有长效性。

（4）运动中的动态性。创新要素会伴随时间进行更迭，创新要素和非创新要素之间也会相互转化，创新要素的创新属性可能会剥离并退化为非创新要素，非创新要素伴随新技术的发展也可能会演变成创新要素。

2.2.1.4　创新要素配置内涵

创新要素配置分为宏观和微观两种基本类型。宏观创新要素配置是指以高端化、绿色化、集约化发展为导向，创新要素在不同创新过程、不同领域、不同时间和不同空间上的分配。微观创新要素配置是指具体某一创新主体以实现高效率创新产出为目标，在其内部进行各类创新要素的分配。本书认为创新要素配置是合理化创新要素的流动，用有限的创新要素投入创造最大化的经济效益和发展质量的途径，是通过科学的规划减少生产力浪费的过程，其最终表现为各创新要素在时间上和空间上的分布状态。

2.2.2　经济高质量发展的内涵

2.2.2.1　经济高质量发展的背景及意义

改革开放以来，我国经济取得了令人瞩目的成绩，然而在这一发展过程中，却面临着环境污染加剧、结构失衡、效率低下、人民收入差距拉大等外延式和粗放式发展问题，大而不强、质量不高是当前我国经济建设面临的事实。党的十九大提出新时代我国社会主要矛盾已经转化为人民日益增长的美好生活需要和不平衡不充分的发展之间的矛盾，同时也提出了"高质量发展"一词，这意味着我国经济进入了高质量发展的新时代。

高质量发展是基于当前我国经济发展阶段和社会主要矛盾的变化对我国经济发展的方向、重点和目标做出的战略调整，是适应引领我国经济社会发展新时代、新要求的战略选择。高质量发展战略是我国经济发展的综合性新战略，是对现行各种经济发展战略的统领和提升，与其他各项战略一起，旨在推动由中国速度向中国质量转变，由中国制造向中国创造转变，中国产品向中国品牌转变，产业链中低端向中高端跃升，实现我国经济发展质量、水平、层次的全面跃升，更好地满足人民日益增长的美好生活需要，给人们带来更大的获得感、幸福感、安全感。推动经济高质量发展是适应我国社会主要矛盾变化的基本要求，是建设社会主义现代化国家的关键路径，也是遵循我国经济实践规律的根本所在，对真正实现国家富强至关重要。

2.2.2.2　经济高质量发展的概念界定

作为发展行动的先导，发展理念决定了发展目标、政策举措的根本方向。从数量型增长到质量型发展的历史性变迁，是马克思主义唯物辩证法质量互变规律和矛盾对立统一规律作用于我国特定发展时期的动态反映。诸多学者从不同视角探讨了高质量发展的内涵，认为高质量发展是经济发展质量的高水平状态，是以新发展理念为根本理念，是创新、协调、绿色、开放、共享缺一不可的综合层面的发展（师博、任保平，2018；李金昌，2019）。

高质量发展是我国经济发展的宏观目标，是经济发展的升级版，表现为生产要素投入低、资源配置效率高、生态环境成本低和经济社会效益好的质量型发展。我国经济发展进入新时代，意味着必须扬弃数量型经济发展模式，探索高质量发展道路，而新时代高质量发展是在新发展理念引领下逐步实现的，创新驱动是高质量发展路径生成的核心依托。党的十九大报告指出，创新是引领经济发展的第一动力，是建设现代化经济体系的战略支撑。因此，创新作为新发展理念之首，对经济高质量发展具有举足轻重的作用。协调是高质量发展稳定路径的内在要求。习近平总书记指出："协调既是发展手段又是发展目标，同时还是评价发展的标准和尺度。"因此，对经济高质量发展的评价离不开协调发展。绿色环保是高质量发展路径规划的普遍形态，是人与自然和谐共处的目标取向。开放是经济高质量发展路径实现的必由之路。共享是高质量发展路径目标的价值导向。

经济高质量发展是宏观发展目标，创新要素是微观活动元素，微观层面的高质量发展主要体现在企业层面的创新要素上，关键是提高全要素生产率和经济发展动力，本质就是质量变革、动力变革、效率变革（付文飙，2018）。在理论层面，马克思主义政治经济学理论也从供给侧对经济发展质量提出了发展动力的新要求，认为新动能对经济高质量发展的支撑作用日趋显著，即由要素驱动转向了创新驱动，创新驱动是现阶段我国经济增长的新动力，不同于原先以要素驱动为主的经济增长旧动力，创新驱动是通过人力、资本、技术、信息、制度等要素的升级提高全要素生产率，通过技术进步提高劳动生产率从而形成高质量的发展基础。

依托马克思主义政治经济学理论，结合新发展理念，本书认为经济高质量发展是以创新为第一动力、协调为内生特点、绿色为普遍形态、开放为必由之路、共享为最终目标这新发展理念为指导，体现为创新要素成为发展新动能的经济发展状态。

2.2.3　熊彼特的创新理论

有关创新理论的研究最早起源于经济学家熊彼特的创新理论，在《经济发展理论》[①]中首次提出了创新的概念，详细阐述了创新主体、创新对经济发展的影响，之后经过对该创新理论的发展、演绎和深化应用，并对其进行补充和完善的基础上形成了创新的理论体系。熊彼特的创新理论体系主要包括以下四个方面：

（1）从生产函数角度对创新进行阐释，认为创新就是"把一种从来没有过的有关生产要素和生产条件的'新组合'引入生产体系"，经济发展则是指不断实现"新组合"的过程，也就是说，人们在从事生产活动的过程中由于新产品的引入、新技术的发明、新市场的开发等措施的实施而形成的经济变动。熊彼特在创新理论中明确指出，"创新""新组合""经济发展"包括开辟新的市场、采

---

① 熊彼特. 经济发展理论［M］. 邹建平，译. 北京：中国画报出版社，2012.

用新的生产方法、引进新产品、实现企业的新组织、控制原材料的新供应来源，后来人们把它概括为市场创新、技术创新、产品创新、组织创新和资源配置创新。

（2）创新是一种"创造性的破坏过程"，强调生产技术变革对经济发展的影响，并认为创新对经济发展过程中的经济结构变革是"创造性破坏"的过程。在竞争经济中，"新组合"意味着需要通过竞争的方式将原来旧的组织消灭，并用新技术、新产品代替旧技术、旧产品、旧工艺。在竞争性经济中，生产效率低、创新能力差的企业将被创新能力强、生产效率高的企业挤出市场。因此，创新和毁灭一般同时在经济发展过程中发生并不断地推动经济发展壮大，因而经济发展依靠创新来实现，同时转化为经济内部的改革和更新。

（3）创新的主体是企业家，在经济发展不断引入"新组合"的过程中，企业家是实现"新组合"并把"生产要素和资源引向新用途"、将"生产指向新方向"的创新主体，企业家的职能即为在追逐利润的过程中实现"新组合"。在追逐利润的过程中，企业家试图通过将技术和资本等生产要素重新组合进行创新，推动经济发展并在该过程中获得利润。

（4）创新是经济发生周期性波动的最主要的原因。熊彼特认为，创新或生产要素新组合的出现并不是连续的或均匀分布的，而是时高时低、时断时续，呈现"周期性"波动的特点。他认为，资本主义在发展过程中经历着长期波动、中期波动和短期波动三种经济周期。

熊彼特的创新理论将创新看作一种内在因素，强调经济发展是"来自内部自身创造性"的一种变动，肯定了创新对经济发展的重要作用，并且也强调了社会经济制度作为"内在因素"的作用。熊彼特的创新理论与马克思主义政治经济学理论中生产力与生产关系的相互关系成为本书开展研究的重要基础理论。

2.2.4 空间经济学发展理论

空间经济学是研究资源的空间配置以及经济活动的空间区位问题的经济学理论。人类经济社会的发展离开时空是不可想象的，经济活动的时空特性是促进创新要素动态优化配置推动经济高质量发展的基本条件。新经济地理学是空间经济学的新发展，其将运输成本、空间集聚、外部性、贸易的分工等纳入主流经济学的研究范畴和分析框架，使经济活动空间分布的内生机制和原因得到了很好的解释，为研究要素流动与空间经济增长提供了有效的分析工具。

2.2.4.1 创新要素配置空间效应理论

从空间结构角度来看，一个国家的经济体系由于各地经济发展水平不同、经济资源分布不均以及社会分工在地域上的不同等，创新要素分布也具有地域性特征。20 世纪 50 年代之后，空间动态集聚理论逐渐兴起并将区域经济增长与发展作为该理论的核心，如逐渐出现了增长极理论、循环累积因果理论以及核心—边缘理论等。法国经济学家佩鲁作为经济增长极理论的代表人物，首次引入了"经济空间"的概念并将其界定为"各种不同经济关系的集合"。增长极理论认为各个地区的经济增长并不是均质的，而是具有极点特征并呈现出不同的增长强度，同时依赖不同渠道向外扩散，从而对经济整体产生不同程度的影响。经济学家冈纳缪尔达尔基于循环累积因果理论来探讨增长极对区域经济发展的影响，他认为区域经济发展具有非同步性，人力、资本、信息、技术、制度等要素在不同区域间流动及溢出，从而带动要素向周边地区流动转移，并逐渐辐射至周边腹地从而带动周边腹地产业的发展，而周边的产业发展又反过来作用于增长极，使之极化作用不断得到强化和放大，进而形成循环累积因果机制，缩小区域经济增长的差异化程度。在区域经济增长过程中，核心与边缘之间存在着不平等的发展关系。根据核心—边缘理论，经济增长最快的核心区域将会在集聚效应作用下汇聚创新要素，促使该地区的经济处于飞速增长趋势。

2.2.4.2 局部溢出理论

奥塔维诺、鲍德温和马丁于 2001 年在资本创造模型中引入了技术和知识的外溢效应进而提出了局部溢出模型，该模型分析了溢出效应对经济内生增长的影响和对空间分布的影响。局部溢出模型是全域溢出模型向现实的进一步延伸，该理论认为知识传播会受到空间距离的影响，空间距离越近知识溢出效应越强，因此外地流入的知识资本会随空间距离的增大而对本地溢出效应逐渐减弱。基于此，知识溢出便具有了本地化特征，而正是因为本地化特征的存在，局部溢出模型便额外地具有了一种"集聚力"，而区际之间的知识溢出便成为一种促进区域从非均衡发展变为均衡发展的力量。当贸易自由度达到突破点时，通过市场拥挤和竞争效应形式表现出来的分散力、通过本地市场放大效应形式表现出来的集聚力，以及以本地溢出效应形式表现出来的集聚力共同作用，如果在总的集聚力开始大于分散力时受到外力冲击，则某个区域的资本生产过程会开始加速，而另一个区域开始减速，资本的空间分布就会开始变化，这种动态的调整过程可能会一直持续到所有资本集聚于某一个区域，最终形成稳定的核心—边缘均衡。局部溢出模型结果表明，集聚经济中的创新成本因知识和技术的溢出而显得较小，由此均衡经济格局下的增长率要小于核心—边缘经济格局下的经济增长率。区际知识和技术的溢出效应成为促使经济分散的力量，而促进经济均衡的离心力则是知识和技术的本地外溢的力量。

2.2.5 经济增长理论

近年来，随着我国经济发展进入新时代，后发优势逐渐消失，创新要素配置的市场体制和制度还不尽成熟，再加上受人口老龄化、投资效率下降等因素的影响，潜在的经济增长率出现了趋势性下滑，资源约束的不断增强和生态环境保护压力的日益加大也对高质量发展战略的纵深实施提出了严峻挑战。经济增长理论随着经济社会的发展进步也不断地演变，从早期经济增长依靠普通劳动、劳动分工、财富积累的驱动到外生的技术进步思想与技术进步内生化的模型，不同历史时期形成了不同的经济增长理论。从某种意义上说，经济增长理论的演进过程就是经济学家不断寻求经济增长动因的过程，鉴于我国经济已由高速增长阶段转向高质量发展阶段，依靠传统增长动能难以维持其长期持续增长，新常态下传统生产要素的升级与新型创新要素的培育是高质量发展的关键，本节按照经济增长理论的发展历程，依次梳理古典经济增长理论、新古典经济增长理论以及内生经济增长理论，有助于找出进一步优化创新要素配置的切入点，为实现高质量发展背景下的创新要素合理配置提供科学的理论依据。经济增长理论演变过程如表 2-1 所示。

表 2-1　经济增长理论演变过程

基本信息	古典经济增长理论	新古典经济增长理论	内生经济增长理论
代表学者	哈罗德、多马	马歇尔、瓦尔拉斯	Romer、Lucas
要素对象	土地、劳动力、资本	资本、劳动、技术进步	人力资本、知识、创新要素
发展阶段	高速增长阶段	高速增长阶段	高质量发展阶段

2.2.5.1 古典经济增长理论

古典经济增长理论作为经济学学科的基石，其主要关注如何促进经济长期稳定有效增长。古典经济增长理论经过代表人物哈罗德和多马等，其模型化而逐渐成为经典的经济增长模型，成为现代经济增长理论的主体。首先，哈罗德进一步扩展了凯恩斯的收入决定论，在凯恩斯的短期收入中加入了经济增长的长期问题，英国学者多马之后也提出了相似理论。古典经济增长理论认为，所有要素在经济生产过程中的投入都是必要的，而且不同要素在经济生产过程中的作用不同且不同要素在生产中可以相互转换，古典经济学家亚当·斯密及大卫·李嘉图对资本积累的重视贯穿二人经济增长理论的始终。也就是说，在古典经济增长理论中，决定经济增长的因素被归纳为三种要素，即土地、劳动力和资本。由于土地是固定不变的，而劳动力以及资本是相对可变的，因而对经济增长的解释就主要集中在了劳动力和资本两种要素上，也就是说，在古典经济增长理论中，经济增长取决于劳动力投入和资本投入。在古典经济增长理论中，重点强调物质资本积累对经济增长的作用，但忽视了技术进步以及市场机制的作用，其均衡增长的不稳定性需要政府进行长期的干预。

2.2.5.2 新古典经济增长理论

新古典经济增长理论起源于马歇尔和瓦尔拉斯于 19 世纪后半叶进行的以边际分析为主的研究，此时新古典学派考虑了生产中的普通劳动、投资、技术进步和自然资源等多种生产要素，并且认为技术进步是独立的要素或影响其他生产要素生产率的重要手段。他们认为，加快技术进步的速度和扩大投资等途径可以帮助获取更多的利润。索洛作为新古典经济增长理论的先驱者，于 1956 年发表了《关于经济增长理论的一篇论文》，开创了新古典增长理论模型。该理论认为，长期经济增长的驱动力源于资本、劳动和技术进步，在这些影响因素中，技术进步占有最重要的地位。索洛和斯旺基于生产函数和边际生产率相关理论构建了一个将技术进步外生的经济增长模型，并把劳动和资本可以相互替代作为假设条件。从索洛模型的研究开始，新古典生产函数便成为经济增长理论模型中的标准总量生产函数，投入的生产要素之间具有相互替代的关系。索洛模型强调整个经济在运行过程中时时刻刻均处于动态一般均衡状态，因此之后的研究一直延续该通则，即整个经济的动态运行在每个时点上都处于各种生产要素与最终产品的供求均衡状态，这便成为研究经济增长的基本前提假设。同时，索洛模型使经济增长理论从供给侧来研究经济增长的根源问题，即经济增长模型试图通过生产函数来表述投入要素与最终产品之间的数量关系，并力图说明最终品生产能力的长期增长是受生产中投入要素增长的决定因素影响的。索洛模型并非没有缺陷，如该模型假设储蓄率是外生的而非内生的，而且在没有外生技术进步的情况下是不能产生长期经济增长的，但索洛模型的这些缺陷为构造新的经济增长模型提供了依据，并为完善和进一步发展现代经济增长理论奠定了基础。

2.2.5.3 内生经济增长理论（新经济增长理论）

早期的内生经济增长理论针对新古典经济增长理论技术进步外生性问题进行初步探讨，Arrow（1962）提出了技术进步是资本积累的副产品观点，Uzawa（1965）建立了包括物质生产部门和人力资本生产部门的两部门经济增长模型，从而将技术进步内生化。随后，Romer（1986）沿用 Arrow（1962）的思路采用知识溢出效应来解释经济增长，内生了技术进步。Lucas（1988）则在 Uzawa（1965）的基础上强调了人力资本的外部性对经济增长的重要性。研发型内生经济增长理论认为资本积累并不能在长期内维持经济增长，只有技术进步才能维持经济的长期增长（Romer，1986，1990），并建立了包含最终品生产部门、中间品生产部门和研发创新部门的内生经济增长模型，其中研发创新部门通过研发获得新技术并申请专利，中间品生产部门通过从研发创新部门获得专利技术进行垄断生产并将资本品卖给最终品生产部门，最终品生产部门则在完全竞争市场中生产出最终产品，在该理论下，经济增长是由研发创新部门为获得专利套利以及中间品生产部门为获得垄断利润而进行的技术创新来推动的。此外，Romer（1986）以及 Lucas（1988）也强调了人力资本对经济增长的重要性，并将人力资本内生化处理。

从经济增长理论的发展演变可以看出，生产函数的设定随着生产要素内涵的深入拓展而不断完善。结合经济增长理论的基本演变逻辑，我国经济增长模式也将由普通要素驱动的粗放型增长向中高端协调发展模式转变，原有依靠扩大生产规模的粗放增长逐步向新的高质量发展路径转变，创新要素逐渐成为驱动经济增长的核心关键动力。依据扩展的内生经济增长理论，新形势下深入推进高质量发展战略的关键在于培育地区内生性增长机制，逐步转变经济发展方式，构建区域现代化创新体系，优化创新要素配置体制机制，提高自主创新能力，促使由传统生产要素驱动的经济高速增长阶段转变为以创新要素引领创新的高质量发展阶段，逐步实现以自我发展能力为驱动力的内生增长态势。优化创新要素配置是培育内生增长机制的战略重点，区域经济发展的速度和质量不仅取决于创新要素数量的多寡，还取决于创新要素配置是否合理，优化各地区的创新要素配置，才能实现以自我发展能力为驱动力的内生增长。

3

创新要素配置与经济高质量
发展的耦合特征

在第 2 章梳理创新要素配置、经济高质量发展相关研究并进行内涵界定的基础上，本章首先建立创新要素配置与经济高质量发展的指标体系；其次从统计测度角度解析创新要素配置与经济高质量发展的耦合关系。接下来各章创新要素配置与经济高质量发展的概念内涵均来自第 2 章及本章对创新要素配置与经济高质量发展的内涵界定与指标体系建立。

3.1 指标体系构建

3.1.1 指标体系构建的原则与思路

3.1.1.1 指标体系构建的原则

创新要素配置与经济高质量发展评价指标体系构建是一个复杂的过程，需遵循以下基本原则：①创新性和科学性原则。指标体系对评价对象评价结果的质量在很大程度上取决于所建立指标体系的科学性，创新要素配置与经济高质量发展指标体系构建应在充分理解两系统内涵基础上选取适当指标准确反映二者的发展水平，同时创新要素配置与经济高质量发展是相对较新的研究领域，其指标体系构建也要遵循创新性原则。②全面性和代表性原则。创新要素配置与经济高质量发展所包括的内容广泛，应从创新要素配置与经济高质量发展全局出发构建指标体系以确保评价内容的全面性，同时所选取的指标更要具有代表性，在兼顾全面性的同时选取代表性强、信息含量大的指标。③可操作性和可比性原则。构建指标体系必须考虑到指标数据的可获取性，同时指标含义明确，该做法有利于实证分析和监测创新要素配置与经济高质量发展的状况。

3.1.1.2　构建指标体系的思路

第 2 章根据创新要素的演变过程界定了创新要素概念并阐释了创新要素配置的内涵且基于新发展理念界定了经济高质量发展的内涵，本章在第 2 章对创新要素配置与经济高质量发展内涵范围界定的基础上，立足于经济增长理论，将创新要素作为经济的投入要素、高质量发展作为衡量创新要素投入的效益，从投入产出两个视角分别构建创新要素配置与经济高质量发展系统指标体系，同时兼顾指标体系的构建原则筛选出创新要素配置与经济高质量发展系统指标体系。

3.1.2　创新要素配置指标体系的构建

本书依托经济高质量发展"三大变革"界定了创新要素内涵，认为创新要素包括人力创新要素、资本创新要素、技术创新要素、信息创新要素和制度创新要素，因此本节根据创新要素内涵构建创新要素指标体系，将创新要素细分为人力创新要素、资本创新要素、技术创新要素、信息创新要素和制度创新要素（子系统），将各子系统作为一级指标，根据各创新要素子系统内涵选取各子系统指标。

3.1.2.1　人力创新要素

人力创新要素特指具有高学历、强技能或专门从事生产研发的劳动力，是创新活动中最本质的要素。作为简单劳动力升级后的创新要素，其质量的提升，一方面需要持续优化人力投入效能，但基础型人力投入亦是人力创新要素中不可或缺的部分，直接影响人力创新要素的质量，因此本书认为基础型人力投入通过影响知识型人力投入的质量进而影响经济高质量发展；另一方面需要积极推动人力组织建设。综上所述，人力创新要素指标从人力投入和人力组织角度构建，人力投入涵盖知识型人力投入（人力投入）和基础型人力投入（人力健康），人力组织从不同创新主体角度构建。结合人力创新要素内涵及指标数据可得性，选取高技术产业研发人员全时当量、高等学校研发人员全时当量、研发机构研发人员全时当量、工业机器人保有量来反映高学历和强技能投入，选取医疗卫生机构床位数、卫生技术人员数和财政医疗卫生支出来反映人力健康投入，选取高新技术企业数、研发机构数、高等学校数和国家级科技企业孵化器数量来反映人力组织建设情况。

3.1.2.2 资本创新要素

资本创新要素是专门用于价值链高端环节的资金。价值链高端环节指企业或其他创新主体提高自主创新能力、产生高附加值的环节，主要包括研发设计、科技产品量产、品牌营销等（凌永辉、刘志彪，2020）。在经济高质量发展阶段，创新生态已成为创新"井喷"的重要原因。在创新生态系统中，高校和科研机构位于创新链前端并致力于产品侧创新，是创新的源头，科技企业是创新最重要的主体，其不仅要参与研发创新，还要完成创新生产，致力于产品侧和产业侧创新，而政府和其他金融机构作为创新的助推者和辅助者，亦是创新生态系统的重要组成部分。因此，资本创新要素立足于创新生态系统不同创新主体研发及品牌营销、科技产品量产等资本投入选择指标，具体包括政府财政科技支出、高等学校研发经费支出、研发机构研发经费支出、高技术产业研发经费支出、科技型上市公司融资额（含债务融资和股权融资），而金融机构科技贷款去向主要为各创新主体的研发投入、企业等创新主体的创新生产，包含在上述各项中，不再单独列出。

3.1.2.3 技术创新要素

技术创新要素是指凝结于技术创新生产中的经验、技能、知识等促进技术创新的资源，在创新链中主要应用于创新中端以促进新产品开发及创新产品的生产。经济合作与发展组织（OECD）于1992年发表的《技术创新统计手册》对技术创新进行了定义，认为技术创新包括流程创新和产品创新以及在产品和工艺方面技术的显著变化。究其本质，技术创新是指创新主体吸收、转化或颠覆内外部现有技术资源成果进行新技术新产品开发的过程，其效能依赖于技术推广程度，因此技术创新要素从技术资源、技术开发、技术转化及技术推广四个方面选择指标。技术资源以经验、技能、知识等形态存在，因此立足于不同创新主体的研发成果，选择高技术产业新产品开发项目数，发明专利授权数，科技论文、课题及科技著作数代表现有技术资源。企业技术开发不仅要积极自主研发新技术，还要通过引进先进技术弥补研发"短板"，因此选择高技术产业新产品开发经费支出反映企业自主研发投入，选择国外技术引进合同金额、高技术产业购买国内技术经费支出反映企业技术引进投入。技术转化需要对现有技术资源进行消化吸收及改造应用，因此选取消化吸收经费支出和技术改造经费支出反映技术转化情况。一般认为，技术推广越成功，人们对新型技术的关注度越高，因此选用数字技术关注度来反映技术推广的广度，技术市场作为科技与经济的桥梁，技术成果市场化程度代表了技术推广的深度。

3.1.2.4   信息创新要素[①]

信息创新要素指创新生产活动中所需要的一切具有共享性、时效性、动态性、外部性的资源，主要以信息资源形态存在。作为一种新型创新要素，其新动能的释放受信息生成、信息使用和信息共享环节的影响。信息作为互联网及数字经济时代的产物，其生成、使用和共享均依赖于互联网及现代信息通信技术，因此采用互联网网页数、互联网域名数、互联网宽带接入端口数反映信息生成量级，选取移动互联网用户数、互联网普及率反映信息使用主体，采用家用电脑拥有量、忙闲时加权平均宽带下载速率反映信息使用质量，选取移动电话基站数量反映信息共享的广度、移动互联网接入流量反映信息共享的深度。

3.1.2.5   制度创新要素

制度创新要素是指以政府为主导、能为创新活动提供保障、激发创新要素潜能的政策制度及市场环境。在充分考虑创新要素效能有效发挥的制度创新支撑的基础上，本书从五个层面构建制度创新要素指标体系：①服务民生。在线政府主要考查政府如何通过信息技术（政府网站等）来为国民提供服务及其效率如何，能够反映一个国家或地区政府依法为民服务的能力和水平。②便利企业。政府高效的服务保障能力是促进创新发生的制度保障，而政府服务满意度（对政府行政审批手续方便简洁的评价）能够检验政府为企业提供便利的能力。③市场包容。非国有经济发展程度能够反映健全的市场环境、多样化及包容性。④普惠金融。数字普惠

---

①   不同于大多文献采用数据要素的概念，本书认为信息作为知识经济、信息经济、互联网经济的产物，在数字经济时代，其内涵得到了进一步拓展，数据作为狭义的信息（蔡跃洲、马文君，2021）包含在信息中，因此本书采用"信息创新要素"一词。

金融的发展为广泛创新提供了沃土，促进了创新效率的提升。⑤资源配置。作为资源配置主体，市场在资源配置过程中的作用程度如何直接影响生产方式的变革。

基于上述对创新要素各子系统的内涵分析，结合指标体系构建原则，构建了创新要素综合系统指标体系，如表3-1所示。

表3-1 创新要素综合系统指标体系

子系统	目标层	具体测算指标	参考文献
人力创新要素	人力投入	（A1）高技术产业研发人员全时当量	陶长琪和徐茉（2021） 徐晔和赵金凤（2021） 蔡跃洲和陈楠（2019）
		（A2）高等学校研发人员全时当量	
		（A3）研发机构研发人员全时当量	
		（A4）工业机器人保有量	
	人力健康	（A5）医疗卫生机构床位数	杨耀武和张平（2021） Mehrara等（2012）
		（A6）卫生技术人员数	
		（A7）财政医疗卫生支出	
	人力组织	（A8）高新技术企业数	段姗等（2014） 魏亚平和贾志慧（2014）
		（A9）研发机构数	
		（A10）高等学校数	
		（A11）国家科技企业孵化器数量	
资本创新要素	政府	（B1）政府财政科技支出	唐未兵等（2014） 冯南平等（2016）
	高校	（B2）高等学校研发经费支出	
	研发机构	（B3）研发机构研发经费支出	
	企业	（B4）高技术产业研发经费支出	
		（B5）科技型上市公司融资额	
技术创新要素	技术资源	（C1）高技术产业新产品开发项目数	陶长琪和徐茉（2021）
		（C2）发明专利授权数	
		（C3）科技论文、课题及科技著作数	
	技术开发	（C4）高技术产业新产品开发经费支出	程惠芳和陆嘉俊（2014） 王文静和高敏雪（2019）
		（C5）国外技术引进合同金额	
		（C6）高技术产业购买国内技术经费支出	
	技术转化	（C7）消化吸收经费支出	程惠芳和陆嘉俊（2014）
		（C8）技术改造经费支出	
	技术推广	（C9）数字技术关注度	施炳展和金祥义（2019）
		（C10）技术成果市场化程度	冯南平等（2016）

续表

子系统	目标层	具体测算指标	参考文献
信息创新要素	信息生成	（D1）互联网网页数	左鹏飞等（2020）
		（D2）互联网域名数	
		（D3）互联网宽带接入端口数	
	信息使用	（D4）移动互联网用户数	谢康等（2012） 李斌和刘琳（2009） 国家统计信息中心（2001） 范合君和吴婷（2020）
		（D5）互联网普及率	
		（D6）家用电脑拥有量	
		（D7）忙闲时加权平均宽带下载速率	
	信息共享	（D8）移动电话基站数量	
		（D9）移动互联网接入流量	
制度创新要素	服务民生	（E1）在线政府指数	范合君和吴婷（2020）
	便利企业	（E2）政府服务满意度：减少政府对企业的干预	刘思明等（2019） 张新杰（2009） 周璇和陶长琪（2019）
	市场包容	（E3）非国有经济发展程度	
	普惠金融	（E4）数字普惠金融指数	
	资源配置	（E5）市场分配经济资源比重	

注：蔡跃洲和陈楠（2019）认为以机器人为代表的人工智能技术可以视为对人脑的延伸，随着我国人口老龄化程度日益加深，机器人可替代部分劳动工作岗位。资本创新要素中高等学校、研究与开发机构、高技术产业研发经费支出为内部支出剔除政府资金部分。根据《数字经济发展白皮书》提到的数字技术选取关键词20个，并得到移动端和PC端网民日频搜索数据，该数据2011年之前只有PC端数据，但由于2011年之前移动互联网发展较为滞后，其影响相对较小，同时为保证数据年份的完整性，本书选取的百度指数为整体百度指数。除在线政府和数字普惠金融指数外，其余均参照王小鲁和樊纲的《中国分省份市场化指数报告》。创新要素综合系统所有指标均为正向指标。

3.1.3 经济高质量发展指标体系的构建

基于对经济高质量发展内涵的分析可知，新时代经济高质量发展是在新发展理念指导下实现的，创新要素作为经济发展的新动力，不仅要为经济发展服务，而且要服务于创新驱动、协调发展、绿色环保、开放合作与成果共享。因此，本书从创新、协调、绿色、开放、共享五个维度对宏观层面的创新要素效益（即经济高质量发展）指标体系加以构建。

我国经济高质量发展是在新发展理念指导下实现的，指标体系构建应体现出新发展理念的深刻内涵。第一，创新活动的效益应体现出以创新为基础的高效化；第二，应体现出国民经济的持续协调化，代表产出水平的国内生产总值（GDP）在保持稳定增长的同时，其内在构成不断优化，三大产业结构良好；第三，应体现出发展的绿色化，生态环境指标持续向好，综合生态环境监测质量高；第四，应体现出对外开放化，对外开放的领域不断拓展，开放水平不断提高，开放成果日益显著；第五，更应体现在社会的稳定和谐化，人民生活质量不断提高，发展成果普惠共享。所有这些，构成了构建经济高质量发展评价指标体系的基本依据。根据经济高质量发展的内涵界定，基于新发展理念，选取经济高质量发展的指标如表3-2所示。

表3-2 经济高质量发展系统指标体系

一级指标	二级指标	具体测算方法	参考文献
创新驱动	（Y1）人均新产品销售收入	高技术产业新产品销售收入/总人口数	魏敏和李书昊（2018）
协调发展	（Y2）产业结构合理化*	泰尔指数	马茹等（2019）
绿色环保	（Y3）二氧化硫排放强度*	二氧化硫排放量/GDP	韩君和张慧楠（2019）
开放合作	（Y4）对外资本依存度	外商直接投资/GDP	李金昌等（2019）
成果共享	（Y5）人均消费支出	直接使用该指标数据	陈景华等（2020）

注：标有*的两个指标为逆向指标，其余指标均为正向指标。

3.1.4 数据来源

本书以2009~2019年[①]我国30个省份（因西藏数据缺失较多，不包含西藏）的面板数据为研究样本，各指标数据来源于《中国统计年鉴》《中国科技统计年鉴》《中国火炬统计年鉴》《中国劳动统计年鉴》、国家统计局网站、Wind 数据库、EPS 数据库、国泰安数据库、《中国互联网络发展状况统计报告》《中国信息社会发展报告》《中国宽带速率状况报告》、国际机器人联合会（IFR）及各省统计年鉴。机器人保有量数据经中国行业分类方法下的31个行业与 IFR 分类方

---

① 一方面基于创新要素内涵范围，限于指标数据可得性，尤其是数字普惠金融指数、数字技术关注度、移动电话基站数量和移动互联网接入流量等指标，现有官方统计数据较少；另一方面考虑到2008年国际金融危机的影响，本书选取金融危机之后时期作为研究时段。综合上述原因，本书最终选择研究期间为2009~2019年。

法下的 13 个行业匹配获得。科技型上市公司融资额为所有 A 股上市公司经过初选和复选，通过手动匹配获得。部分指标数据调整经过了汇率调整、价格调整和存量调整，汇率调整的指标有 C5 和 Y4，均以相应年份美元对人民币汇率进行调整。价格调整的指标有 A7、B1-B5、C4-C8、Y1、Y4 和 Y5，以加权价格指数（消费价格指数占比为 0.55，固定资产价格指数占比为 0.45）作为相应价格指数并以 2009 年为基期进行调整。GDP 用以 2009 年为基期的 GDP 指数进行调整。存量调整的指标有 B1-B5 和 C4-C8。采用 BEA 方法进行计算，初始资本存量 $K_0 = [E_1(1-\delta/2)]/(g_k+\delta)$，第 t 年资本存量 $K_t = (1-\delta)K_{t-1}+(1-\delta/2)E_t$，其中 E_1 为基年投资值，E_t 为第 t 年投资值，g_k 为研究期内各年投资值的几何平均增长率，折旧率 $\delta = 20.57\%$。缺失数据采用插值法、指数平滑法、平均增长率法及全国数据比例推算获得。

工业机器人保有量：工业机器人投入量采用工业机器人保有量数据。我国的行业分类方法与 IFR 分类方法不同，本书参照闫雪凌等（2020）的匹配方法，将中国行业分类方法下的 31 个行业与 IFR 分类方法下的 13 个行业进行匹配，根据主要应用工业机器人的五个行业[①]，参照宋旭光和左马华青（2019）的做法，假设各省份对工业机器人应用率相同，将工业机器人保有量按各省份五个行业工业总产值[②]比重分配到各省。

科技型上市公司融资额：本书中的科技型上市公司通过初选和复选获得。

初选将 A 股上市公司与高新技术企业认定网公布的各省份高新技术企业匹配，属于高新技术企业认定网公布的 A 股上市公司直接入选科技型上市公司，不再参加复选。复选参考房汉廷和郭戎（2005）的选择标准及筛选程序，根据《上市公司行业分类指引（2012 年修订）》，剔除批发零售、金融保险、社会服务、交通运输、房地产及传播与文化等领域内的企业后进一步筛选。

查阅经过上述步骤后剩余上市公司的年度报告，将其主营业务产品与《中国高新技术产品目录（2006）》中指定的高新技术产品对照，对主营业务产品未被认定为高新技术产品的企业剔除。

经过上述步骤筛查后，为体现高新技术企业的地位及其带给企业的收益，还

---

① 2017 年我国工业机器人应用行业，汽车工业占 33.25%，电子电气占 27.65%，金属加工占 10.76%，塑料及化学制品占 7.85%，食品饮料及烟草占 2.27%。

② 本书选取规模以上工业企业，2007~2010 年为年主营业务收入 500 万元及以上的工业企业，2011 年及以后为年主营业务收入 2000 万元及以上的工业企业。

要求满足如下条件：主营业务鲜明度高于50%；研发人员占总员工人数比例高于15%（为保证研究对象的完整性，将青海的该比例设置为5%）；未见财务异常数据（剔除ST企业）。经初选和复选后全国有2094家A股上市公司入选。

泰尔指数：$TL = \sum (Y_i/Y) \cdot \ln[(Y_i/Y)/(L_i/L)]$，其中 Y_i、L_i 分别为三次产业产值和三次产业从业人员数。

3.1.5　指标体系评价

构建的指标体系是否科学合理，需要对指标体系进行科学评价。本书从指标体系的合理性和普适性角度对构建的指标体系进行评价。合理性主要体现在指标体系的独立性和冗余性，普适性主要体现在指标体系的灵敏度方面。

3.1.5.1　指标体系结构合理性检验

检验指标体系合理与否，一方面需要考虑所构建的指标体系是否存在多余指标，即是否存在高度相关的指标；另一方面需要考虑指标体系是否具有普适性。因此，指标体系合理性评价应包括冗余性、独立性和普适性检验。本书参考付允和刘怡君（2009）的研究，选用平均相关系数来衡量创新要素配置与经济高质量发展系统指标体系的独立性和冗余性，冗余度RD的计算公式为：

$$RD = \left\{ \sum_{i=1}^{n} \sum_{j=1}^{n} |r_{ij}| - n \right\} \Big/ (n^2 - n) \tag{3-1}$$

其中，n 为被评价指标体系中指标个数，r_{ij} 为被评价指标体系中第 i 个指标和第 j 个指标的相关系数。

显然，$RD \in [0, 1]$，其值越小，表明被评价指标体系所含冗余信息越少。考虑到经济系统的复杂性，衡量创新要素配置与经济高质量发展的指标不可能完全独立，只要指标间的平均相关性较低则可以认为被评价指标体系的冗余性是可接受的。一般认为，当 $RD \leqslant 0.5$ 时，被评价指标体系在指标冗余方面是可接受的。

针对本书构建的创新要素配置与经济高质量发展系统指标体系，本书分别针对创新要素综合系统及经济高质量发展系统进行冗余度分析，根据式（3-1）计算得到创新要素配置系统冗余度为 0.4762，经济高质量发展系统冗余度为 0.2795，均小于标准值0.5，因此，本书构建的创新要素配置与经济高质量发展系统指标体系是低相关的，其冗余度可以被接受。

3.1.5.2 指标体系的灵敏度检验

指标体系的灵敏度检验是衡量指标体系普适性的一种方法，其主要检验误差变化对评价结果的影响程度。对于被评价指标体系，其评价结果对指标 x_i 的灵敏度可定义为：

$$SD_i = \frac{\Delta V(x_i)/V}{\Delta x_i/x_i} \qquad (3-2)$$

被评价指标体系的灵敏度为：

$$SD = \frac{1}{n}\sum_{i=1}^{n} SD_i \qquad (3-3)$$

指标体系的灵敏度检验表示被评价指标体系中单个或多个指标变化单位相对量时所引起的评价结果相对量变化。由式（3-3）可知，SD 的绝对值越大，被评价指标体系越灵敏，其普适性越差。一般认为 SD 的值不应超过 5，其含义为当指标体系绝对值变化 1% 时，被评价对象评价结果的变化不超过 5% 的系统误差。

针对本书构建的创新要素配置与经济高质量发展系统指标体系，本书分别针对创新要素综合系统中的人力创新要素、资本创新要素、技术创新要素、信息创新要素和制度创新要素子系统，创新要素综合系统及经济高质量发展系统进行灵敏度分析，根据式（3-3）计算得到创新要素配置系统中人力创新要素、资本创新要素、技术创新要素、信息创新要素、制度创新要素子系统和创新要素综合系统灵敏度分别为 0.6919、0.8920、0.9739、0.9830、0.8391 和 0.6391，经济高质量发展系统灵敏度为 0.7802，均远小于标准值 5，因此，本书构建的创新要素配置与经济高质量发展系统指标体系具有较强的普适性。

综合上述冗余度检验和灵敏度检验评价结果，本书构建的创新要素配置与经济高质量发展系统指标体系结构合理，具有较强的普适性。

3.2 创新要素配置与经济高质量发展的内在联系

创新要素配置与经济高质量发展作为存在于我国经济中的两大系统，高质量发展是宏观发展目标，创新要素是微观活动元素，高质量发展需要创新要素的优化配置来实现，创新要素的配置安排需要以高质量发展为指导。创新要素作为经济高质量发展的因，经济高质量发展作为检验创新要素配置的果，创新要素的合理配置能够推动经济发展，而创新要素的错配则会抑制经济发展，同时经济高质量发展的成果又会转化为创新要素配置的基础，在政策调控下影响创新要素配置，二者在相互影响、相互作用中共同推动我国经济实现高质量发展。

创新要素配置与经济高质量发展的内在联系在经济增长理论下呈现因果作用关系，在耦合协调理论下呈现耦合作用关系，如图 3-1 所示。经济增长理论始终认为作为微观活动元素的创新要素是经济发展的源泉和动力（Solow，1956，1957；Romer，1986，1990），由于要素以及要素配比是动态变化的，受要素自身质量升级和流动机制的影响，因此创新要素配置对经济高质量发展的影响是双向的，同时经济高质量发展的成果又夯实了创新要素的资源禀赋并影响创新要素配置，促进创新要素的进一步优化配置，二者又呈现出耦合协调发展关系。

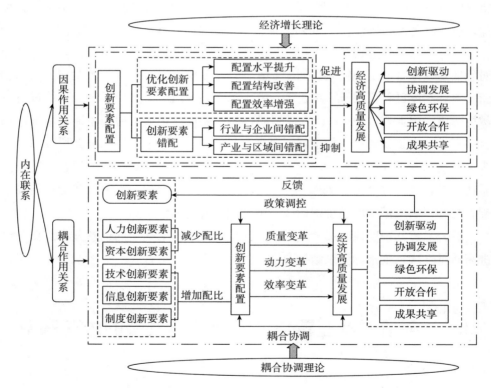

图 3-1　创新要素配置与经济高质量发展的内在联系

资料来源：笔者整理。

3.2.1 创新要素配置对经济高质量发展的影响

3.2.1.1 优化创新要素配置能够促进经济高质量发展

创新要素配置对经济高质量发展的影响具有双重性，优化创新要素配置能够促进经济高质量发展，而创新要素的错配则会抑制经济高质量发展。优化创新要素配置对经济高质量发展的促进作用体现在以下三个方面：

（1）提高创新要素配置水平能够促进经济高质量发展。创新要素的流动性特征表现为其在不同地理范围、不同行业、不同部门、不同所有制主体间流动等，区域的创新环境、营商成本、创新要素的价格和产业行业利润空间等因素拉动创新要素配置存量调整。区域间各类创新要素存量水平、自然资源禀赋、文化等差异使区域间经济发展不平衡。区域创新要素存量水平提高，能够加快该地区尚未开发的自然资源的合理开发与利用，通过引进国内外先进的实用技术，培育自主研发创新生产能力。人力创新要素存量水平提高会带动更多投资追加到该地区和部门，从而使越来越多的产品和服务的知识技术含量提高，推动产业结构升级。通过引导资金投向创新企业以及高端装备制造业、新能源、节能环保、芯片等战略性新兴产业，疏通和拓展金融资本进入实体经济的渠道，实现对先进生产力的"精准滴灌"，进一步促进经济高质量发展。

（2）改善创新要素配置结构能够促进经济高质量发展。创新要素配置存量调整通过引导各类创新要素进入科技创新领域，为科技型企业提供更多的创新工具和手段，鼓励企业增加合理研发投入，推动创新资源向企业和创新部门集聚，促进科技成果转化为现实生产力，为推动经济高质量发展提供持久动力。从经济发展规律看，经济结构调整受到生产要素构成变化的影响，区域间不同类型的创新要素优化配置所形成的创新要素结构直接影响区域技术进步和高新技术的产业化，进而影响区域产业结构演进。从供给侧来看，产业结构调整的实质是实现产业间生产要素的重新组合，产生更多的创新成果，并将这些创新成果应用于不同生产领域以促进经济高质量发展。在市场力量的作用下，密集使用劳动力、土地要素的产业将让位于密集使用技术和信息等创新要素的产业，创新要素禀赋变化及其市场化配置的结果将成为推动我国产业结构不断调整升级的根本力量。

（3）增强创新要素配置效率能够促进经济高质量发展。提升全要素生产率可以推动经济实现高质量发展。从要素配置的整体来看，创新要素配置会直接影响企业的创新投入、产出以及生产效率，进而影响企业成长。在竞争机制作用下，创新要素效益高的企业能够在竞争中脱颖而出，吸引更多的创新要素，从而促进创新要素向生产效率高、竞争力强的行业和企业集聚。合理的创新资源配置可以优化生产链条、提高创新要素使用效率。创新型人才培养力度的加强，提高了企业自动化、信息化、智能化生产管理水平，加快提高劳动生产率。增加研发投入、提高自主创新能力、促进技术进步、鼓励科技创新成果转化为最终生产力，促成全要素生产率提高，保证发展的可持续性。

3.2.1.2 创新要素错配对高质量发展的抑制作用

创新要素在不同研发主体间的流动与其他要素一样，作为创新活动的投入品，具有商品属性，遵循价值规律。创新要素投入的多少取决于该部门获得创新要素投入的市场价格，而市场价格是由生产要素市场的供需决定的。我国创新要素供给和市场需求不对称，创新成果转化率低，创新要素被大量浪费，创新要素配置效率低。创新要素的不合理配置抑制了高质量发展，主要从行业与企业间的错配、产业与区域间的错配两个层面得以体现。

（1）创新要素在行业及企业间错配抑制经济高质量发展。

第一，制约企业技术进步。企业创新生产是实现经济高质量发展的最终落脚点，各种外部因素影响会造成企业创新要素投入比例发生偏差进而造成创新产出损失。企业作为自主创新的主体，开展创新活动的根本动机是获得利润，当存在创新要素错配时，创新要素价格被人为压低，但企业更愿意密集使用低成本的生产要素，因而缺乏承担高风险的动力。此外，若政府"有形之手"过多参与创新要素配置会导致一些企业管理者将主要精力用于寻租活动，进而导致企业缺乏自主创新的动力。创新要素错配会放大国内低端产品的价格优势，阻碍国外具有较高技术含量的产品进口，从而制约跨国企业对我国的投资积极性，抑制外国直接投资（FDI）的流入。

第二，阻碍要素发挥效能。从企业性质角度来看，以国有企业为代表的特权企业通过其享有的行政权力，以低于市场价格的成本对创新要素形成控制，导致中小企业无法以公平的价格获取创新要素进行创新。而实际上市场上大部分的创新成果（发明专利、技术创新、新产品开发）是由中小企业实现的，不同性质企业间的创新要素错配会造成总体创新产出损失进而抑制高质量发展。从企业规模角度来看，大规模企业占有更多的创新要素，但其创新要素效率并不一定高于中小规模企业，一些新型创业公司初临市场，差异化竞争压力使其拥有更强的创新意愿和创新活力，其对创新要素的利用率相对较高。创新要素在不同规模企业间的错配导致创新要素未能得到有效利用，进而抑制高质量发展。

第三，抑制市场创新活力。创新要素在企业内部的配置格局是影响企业创新的重要因素，企业和行业内部创新要素的不合理配置将导致各类创新要素出现闲置和浪费，进而抑制企业和行业实现高效率创新。行业与企业间的创新要素技术错配是另一种表现形式，面对市场的不确定性，在投入创新要素的不同组合下，如果企业不能根据自身生产条件灵活地选择最具盈利潜力的生产技术，就会造成生产技术选择的扭曲，形成创新要素技术错配，进而使创新要素无法得到高效利用，企业的生产研发过程受到抑制。企业的生产效率和生产力的发展是经济高质量发展与否的基本尺度，取决于企业生产过程中的效率，创新要素错配导致创新要素无法流入高效率的行业与企业，落后产能和"僵尸企业"的存在抑制了市场创新活力，创新要素的潜能难以释放。

（2）创新要素在产业与区域间错配抑制经济高质量发展。

第一，诱发经济发展结构性矛盾。高质量发展体现在产业和区域的发展质量，产业间和区域间创新要素错配会导致创新要素供给偏离最优配置需求，造成产业与区域创新相对滞后。产业和区域间的创新要素错配会直接影响不同行业和不同地区创新要素的投入结构，进而对消费结构、产业结构、贸易结构等产生影响，从而最终影响收入分配，诱发经济发展过程中的结构性矛盾。一是导致消费对经济高质量发展的贡献不足，造成需求结构失衡；二是刺激低端产品出口，导致贸易结构扭曲；三是导致产业发展不协调，使产业结构调整升级缺乏动力。创新要素在不同产业和不同地区之间配置不协调严重影响了经济效率的提升，产业结构不合理、产业升级迟缓会导致一些创新要素在部分行业或部分地区过度集中，进而出现产能过剩、资源浪费。同时由于资源环境成本偏低，部分密集使用创新要素的工业获得较快发展，而服务业却面临发展不足的困境。

第二，违背经济高质量发展理念。从产业发展质量角度来看，创新驱动经济发展是高质量发展的关键一环，其实质是高级要素密集型产业的产业创新向初级要素密集型产业转移与扩散的过程。而高级要素密集型产业创新与信息、技术等创新要素在产业间的合理配置密切相关，信息、技术等创新要素在产业间错配阻碍了创新驱动高质量发展路径，无法通过信息、技术等创新要素的边际收益递增属性增强产业转型升级能力，进而不同要素密集型产业间的创新生态环境无法得到进一步优化，产业创新生态系统遭到抑制难以实现高质量发展。从地区发展质量角度来看，地方政府受地区发展规划的影响，难以实现与中央高质量发展战略目标相一致的科技发展目标，造成创新制度体制缺乏针对性，无法精准施策，也导致了我国创新缺乏前瞻性和战略性，进而导致各地创新要素保护主义盛行，创新成果的归属竞争激烈，难以实现创新要素共享和创新项目合作，造成创新成果的产出损失，与高质量发展协调、开放、共享的发展理念相违背。

3.2.2 经济高质量发展对创新要素配置的影响

3.2.2.1 经济高质量发展对创新要素配置提出新要求

（1）创新要素的内涵及范围更深、更广。随着社会生产的发展，决定生产力的要素在不断增加，除了劳动力、资本和土地等基本要素外，创新要素成为引领经济增长的关键要素。传统经济发展阶段的关键要素是劳动力、资本和土地，信息经济发展阶段的关键要素是知识和信息，而数字经济发展阶段的关键要素是数据。随着互联网等信息技术和数字技术与实体经济的深度融合，知识、信息、数据等新的创新要素已逐步深入社会生产中，深刻改变着传统经济下生产要素的配置关系，因此经济高质量发展阶段创新要素配置的内涵有了进一步拓展。

（2）创新要素的核算及测度更精准。在经济高质量发展阶段，创新要素逐渐替代传统生产要素成为经济增长的动力源泉，尤其是信息、技术等创新要素的投入对于经济高质量发展更加重要。此外，创新要素投入后最终服务于创新生产，因此，基于产出来衡量创新要素在生产中的作用更加符合经济高质量发展的实际需求。随着互联网等信息技术和数字技术与实体经济的深度融合，信息传播突破了时间和空间限制，促使创新要素流动加剧、创新溢出渠道拓宽、创新要素的空间关联更加紧密。而传统的创新要素配置测度方法（如指标合成法）主要基于创新要素投入数据特征进行指标权重确定，忽视了创新产出目标对创新投入的重要性。因此，经济高质量发展对创新要素配置的精准核算提出了新要求。

3.2.2.2 经济高质量发展成果转化为创新要素配置的基础

基于创新、协调、绿色、开放、共享新发展理念指导下实现的经济高质量发展成果，体现为经济增长的创新成果高端化、多样化、产业结构及城乡结构的合理化、协调化、生态环境绿色化、市场开放深度化、发展成果共享化。经济高质量发展一方面体现为经济产出数量增长，另一方面体现为经济发展质量提升。经济发展水平较高的地区既可以为创新提供丰富的人力资本、外商投资、研发投入等物质条件，又可以增加人力资本含量，提升互联网等基础设施水平，进而提升数据资源配置，使经济高质量发展的成果转化为创新要素配置的物质基础。此外，经济高质量发展需要坚持市场化改革、增强创新引领，以提升全要素生产率为切入点，完善要素市场改革，优化创新要素配置，为创新要素配置结构调整提供方向。

3.2.3　创新要素配置与经济高质量发展耦合协调发展

创新要素配置与经济高质量发展耦合协调体现在系统耦合以及要素耦合层面。从系统耦合结构来看，创新要素配置与经济高质量发展系统耦合是由双层次的系统耦合发展形成的：第一，单个系统内部的耦合协调发展，即创新要素配置系统与经济高质量发展系统各自内部子系统的耦合协调发展；第二，两个系统之间的耦合协调发展，即创新要素配置系统与高质量发展系统的耦合协调发展。它们通过相互影响、相互依赖和相互作用等多种形式的影响机制构成了一个有自身特点、结构和功能的复杂系统。从要素耦合的角度来看，创新要素配置系统由人力、资本、技术、信息和制度等基本要素组成。人力是系统耦合的主体，技术、信息、资本、制度等要素则是客体，客体必须服务于主体。科学技术是创新要素配置与高质量发展系统耦合的重要中介，其耦合桥梁作用主要体现在能够决定社会发展的方向。信息是创新要素配置与高质量发展系统耦合的桥梁，创新要素配置与高质量发展系统的形成和转变离不开信息的形成和转化。从创新要素配置与高质量发展之间的耦合关系来看，在创新要素配置水平提升的过程中，一段时间内区域的人力、资本等通过传统生产要素升级而形成的创新要素与技术、信息等新型创新要素在一定程度上影响了当地的社会发展方式，经过一定时期的发展，构成具有特定形态的社会发展系统，并在不断完善自身系统的同时引起动力变革、效率变革和质量变革，从而促进经济高质量发展。

综合上述分析，高质量发展是我国经济发展的宏观目标，而创新要素是经济的微观活动元素，高质量发展需要创新要素的优化配置来实现，创新要素的配置安排需要以高质量发展为指导。创新要素配置系统是经济高质量发展的关键驱动因素，尤其是技术创新要素和信息创新要素，是经济高质量发展的新引擎。基于此，本书通过分析创新要素配置与经济高质量发展间的耦合协调关系，判断创新要素配置是否与区域的经济发展相适应，在此基础上了解两者间相互作用的具体情况和趋势，为区域经济高质量发展提供针对性的指导。

3.3 创新要素配置与经济高质量耦合发展的测度

3.3.1 耦合度测度

耦合包含协调与发展两个层面，发展体现在系统从低级到高级、从简单到复杂的进化过程，而协调则强调系统之间及系统内部各要素之间相互作用、相互配合、从无序到有序的演进过程。因此，由发展和协调综合构成的系统之间的耦合关系，蕴含着发展的"量扩"和协调的"质升"两个不可或缺的部分（逯进和周惠民，2013）。

3.3.1.1 系统发展指数测度

本书采用基于熵权 TOPSIS 和灰色关联度的动态评价方法测度各系统发展指数。首先，采用熵权法确定各指标权重，该方法具有一定客观性，并能够有效解决多指标变量间的信息交叉重叠问题（邓宗兵等，2020）。其次，采用基于 TOP-SIS 和灰色关联度构建的新贴近度来代表系统发展指数。TOPSIS 法通过对各观测对象与接近理想对象和远离最劣对象双基准进行测算排序，反映了位置关系。灰色关联度法以几何曲线的相似程度来衡量关联程度，反映了曲线的态势变化。将 TOPSIS 法与灰色关联度法结合可以同时从位置和相似性上反映各观测对象与理想对象的接近程度，并同时体现双基准的特性（徐林明等，2019）。

具体实施步骤如下：

（1）各指标数据的无量纲化处理。本节对创新要素配置系统与经济高质量发展系统分别进行处理。对于正向指标，采用以下标准化公式处理：

$$z_{ij} = \frac{x_{ij} - \min_i \{x_{1j}, x_{2j}, \cdots, x_{nj}\}}{\max_i \{x_{1j}, x_{2j}, \cdots, X_{nj}\} - \min_i \{x_{1j}, x_{2j}, \cdots, x_{nj}\}} \qquad (3-4)$$

对于逆向指标，采用如下标准化公式处理：

$$z_{ij} = \frac{\max_i \{x_{1j}, x_{2j}, \cdots, x_{nj}\} - x_{ij}}{\max_i \{x_{1j}, x_{2j}, \cdots, x_{nj}\} - \min_i \{x_{1j}, x_{2j}, \cdots, x_{nj}\}} \qquad (3-5)$$

式（3-4）和式（3-5）中，x_{ij} 和 z_{ij} 分别表示第 i 个对象第 j 个指标的初始化数值和处理后数值，n 表示对象个数，$\max_i \{x_{1j}, x_{2j}, \cdots, x_{nj}\}$ 和 $\min_i \{x_{1j}, x_{2j}, \cdots, x_{nj}\}$ 表示所有对象第 j 个指标中的最大值和最小值。

（2）计算各指标信息熵。

$$e_j = -k \sum_{i=1}^{n} (z_{ij} / \sum_{i=1}^{n} z_{ij}) \ln(z_{ij} / \sum_{i=1}^{n} z_{ij}) \qquad (3-6)$$

其中，k = 1/ln（n），e_j 为第 j 个指标的信息熵。

（3）计算各指标权重值。

$$w_j = (1 - e_j) / \sum_{j=1}^{m} (1 - e_j) \qquad (3-7)$$

其中，m 为各系统指标总数，w_j 为第 j 个指标的权重值。

（4）得到各指标加权指数。

$$f_{ij} = w_j \times z_{ij} \qquad (3-8)$$

其中，f_{ij} 为第 i 个对象第 j 个指标的加权指数。

（5）确定各观测对象与理想对象、最劣对象的距离 d_i^g 和 d_i^b。

$$d_i^g = \sqrt{\sum_{j=1}^{m} (f_{ij} - f_{ij}^g)^2} , \ d_i^b = \sqrt{\sum_{j=1}^{m} (f_{ij} - f_{ij}^b)^2} \qquad (3-9)$$

其中，$f_{ij}^g = \max\{f_{1j}, f_{2j}, \cdots, f_{nj}\}$，$f_{ij}^b = \min\{f_{1j}, f_{2j}, \cdots, f_{nj}\}$。

（6）判定各观测对象与理想对象的相对接近程度 c_i。

$$c_i = \frac{d_i^b}{d_i^g + d_i^b} \qquad (3-10)$$

其中，c_i 越大意味着观测对象 i 与理想对象越接近，该观测对象相对较优；反之，观测对象 i 与理想对象越远，该观测对象相对较差。

（7）计算各观测对象与理想对象的灰色关联度。

第 i 个观测对象与理想对象关于第 j 个指标的灰色关联系数为：

$$r_{ij} = \frac{\min_i\min_j\Delta_{ij}^* + \rho\max_i\max_j\Delta_{ij}^*}{\Delta_{ij}^* + \rho\max_i\max_j\Delta_{ij}^*} \qquad (3-11)$$

其中，$\Delta_{ij}^* = |f_{ij}^g - f_{ij}|$，$\rho$ 为分辨系数，$\rho \in (0, 1)$，本书取 $\rho = 0.5$。

第 i 个方案与理想方案的灰色关联度为：

$$r_i = \frac{1}{m}\sum_{j=1}^{m} r_{ij}, \quad i = 1, 2, \cdots, n \qquad (3-12)$$

（8）计算各观测对象新贴近度来代表各观测对象的发展指数。

$$h_i = \alpha c_i + (1-\alpha) r_i, \quad 0 \leqslant \alpha \leqslant 1 \qquad (3-13)$$

其中，α 表示决策者对位置和形状的偏好，本书取 $\alpha = 0.5$，表示位置和形状同等重要。

3.3.1.2 创新要素配置与经济高质量发展耦合水平的测度

本书假设系统的发展度函数遵循 Cobb-Douglas 形式且具有严格拟凹性和规模报酬不变性（逯进和周惠民，2013）。设 $s_1(x)$ 和 $s_2(x)$ 分别表示创新要素配置系统与经济高质量发展系统的发展指数，T 表示由两系统构成的复合系统的发展水平（以下称为系统发展度），则：

$$T = \lambda s_1(x)^{\theta} s_2(x)^{1-\theta} \qquad (3-14)$$

其中，λ 为外生参数，本书取 $\lambda = 1$（张竣喃等，2020）。θ 和 $1-\theta$ 分别为两系统的产出弹性，表示二者相对于复合系统的重要程度，本书认为二者同等重要，因此设定 $\theta = 1-\theta = 0.5$。

本书进一步引入偏离差系数 Cv 表示两系统的协调态势（廖重斌，1999）：

$$Cv = \frac{\sqrt{\{s_1(x) - [s_1(x) + s_2(x)]/2\}^2 + \{s_2(x) - [s_1(x) + s_2(x)]/2\}^2}}{[s_1(x) + s_2(x)]/2} = \sqrt{2(1-C)} \qquad (3-15)$$

其中，

$$C = \frac{4s_1(x) \times s_2(x)}{[s_1(x) + s_2(x)]^2} \qquad (3-16)$$

其中，Cv 表示创新要素配置系统与经济高质量发展系统的平均偏离程度，其值越小两系统的偏离程度越小，也即偏离差系数越接近零，二者的协调性越好。由式（3-15）可知，当 Cv→0 时，C→1。因此，本书将 C 界定为系统的协调度，其值越大，系统的协调性越好。

由式（3-16）可知，C 可以反映系统协调程度的强弱，但忽略了协调的动态性，若两系统的发展水平均较低，则依然可能得出具有较高协调性的"伪"评价结果。因此，为了反映两个系统耦合发展的动态性，本书进一步引入两系统耦合度的计算：

$$D = \sqrt{C \cdot T} \tag{3-17}$$

式（3-17）中 D 为两系统的耦合度，其判断标准如表 3-3 所示（廖重斌，1999；逯进和周惠民，2013）。C、T 分别为系统的协调度和发展度，计算公式如式（3-16）和式（3-14）所示。本章在计算创新要素各子系统与经济高质量发展耦合度时亦采用此方法。

表 3-3　耦合度的判别标准及类型划分

失调衰退类		协调发展类	
D 值	类型	D 值	类型
0.00~0.09	极度失调衰退类	0.50~0.59	勉强协调发展类
0.10~0.19	严重失调衰退类	0.60~0.69	初级协调发展类
0.20~0.29	中度失调衰退类	0.70~0.79	中级协调发展类
0.30~0.39	轻度失调衰退类	0.80~0.89	良好协调发展类
0.40~0.49	濒临失调衰退类	0.90~1.00	优质协调发展类

注：表中 D 值为通过式（3-17）测度得到的两系统耦合度。

3.3.2　Dagum 基尼系数

本书采用 Dagum 基尼系数对我国创新要素配置与经济高质量耦合发展的相对区域差异进行测算和分解，进一步分析两系统耦合发展的总体差异及来源。

Dagum 基尼系数及其分解方法将总体基尼系数 G 分解为区域内差异 G_w、区域间差异 G_{nb} 和超变密度贡献 G_t 三部分，即 $G = G_w + G_{nb} + G_t$（Dagum，1997）。目前，这一方法已被广泛应用于各类区域差异问题的研究中（孙畅和吴芬，2020；葛鹏飞等，2020），具体计算如式（3-18）至式（3-26）所示。

$$G = \frac{\sum_{j=1}^{k} \sum_{h=1}^{k} \sum_{i=1}^{n_j} \sum_{r=1}^{n_h} \left| y_{ji} - y_{hr} \right|}{2n^2 \mu} \tag{3-18}$$

$$G_{jj} = \frac{\frac{1}{2\mu_j}\sum_{i=1}^{n_j}\sum_{r=1}^{n_j}|y_{ji} - y_{jr}|}{n_j^2} \qquad (3-19)$$

$$G_{jh} = \sum_{i=1}^{n_j}\sum_{r=1}^{n_h}|y_{ji} - y_{hr}| / n_j n_h(\mu_j + \mu_h) \qquad (3-20)$$

$$G_w = \sum_{j=1}^{k} G_{jj} p_j s_j \qquad (3-21)$$

$$G_{nb} = \sum_{j=2}^{k}\sum_{h=1}^{j-1} G_{jh}(p_j s_h + p_h s_j) D_{jh} \qquad (3-22)$$

$$G_t = \sum_{j=2}^{k}\sum_{h=1}^{j-1} G_{jh}(p_j s_h + p_h s_j)(1 - D_{jh}) \qquad (3-23)$$

$$D_{jh} = \frac{d_{jh} - p_{jh}}{d_{jh} + p_{jh}} \qquad (3-24)$$

$$d_{jh} = \int_0^\infty dF_j(y)\int_0^y (y - x)dF_h(x) \qquad (3-25)$$

$$p_{jh} = \int_0^\infty dF_h(y)\int_0^y (y - x)dF_j(y) \qquad (3-26)$$

式（3-18）计算了总体基尼系数 G，其中 y_{ji}（y_{hr}）为第 j（h）个区域内任意省份的创新要素配置与经济高质量发展的耦合度，μ 是各省份耦合度的平均值，n 为省份个数，k 为区域个数，n_j（n_h）为第 j（h）个区域内省份个数；由式（3-18）可知，总体基尼系数实质反映了所有省份之间耦合度的相对差异情况；式（3-19）为第 j 个区域的基尼系数 G_{jj}；式（3-20）为第 j，h 区域间的基尼系数 G_{jh}；式（3-21）、式（3-22）、式（3-23）分别给出了 G_w、G_{nb} 和 G_t 的计算方法，其中 $p_j = n_j/n$，$s_j = n_j\mu_j/(n\mu)$，j=1，2，…，k；式（3-24）表示第 j，h 个区域间耦合度的相对影响 D_{jh}；式（3-25）为区域间的差值，d_{jh} 为第 j，h 个区域中所有 $y_{ji} - y_{hr} > 0$ 的样本值加总的数学期望；式（3-26）为超变一阶矩，p_{jh} 为第 p_{jh} 个区域中所有 $y_{hr} - y_{ji} > 0$ 的样本值加总的数学期望，F_j（F_h）分别为第 j（h）个区域的累积密度分布函数。

3.3.3 核密度估计

核密度估计是采用平滑核函数作为权重来对样本数据的概率密度曲线进行拟合的非参数估计方法（陶长琪、徐茉，2021）。为了明晰全国及四大区域创新要素配置与经济高质量耦合发展的分布动态及演进规律，本书采用核密度估计法来分析创新要素配置与经济高质量发展耦合度的分布位置、分布态势、极化趋势、延展性等。假设 f（u）为创新要素配置与经济高质量发展耦合度 u 的密度函数：

$$f(u) = \frac{1}{nh} \sum_{i=1}^{n} K\left(\frac{u_i - u}{h}\right) \tag{3-27}$$

其中，n 为观测值个数，u_i 为独立同分布观测值，K（·）为核函数，本书选用高斯核函数。h 为带宽，带宽越小，估计精度越高。就本书而言，分布位置反映创新要素配置与经济高质量发展耦合水平高低；分布形态反映创新要素配置与经济高质量发展耦合的空间差异大小及极化程度，其中波峰的宽度和高度反映差异大小，波峰数量刻画极化程度（陈明华等，2016）；分布延展性反映创新要素配置与经济高质量发展耦合度最高地区与其他地区的空间差异大小，拖尾越长，差异越大（Quah，1993）。

3.4 创新要素配置与经济高质量耦合发展空间分异

根据本章第 3.3 节的测度方法测算出了我国创新要素配置系统及各创新要素子系统与经济高质量发展的耦合度，接下来本节根据测度结果分析其时空特征、区域差异及分布动态演进。

3.4.1 创新要素配置与经济高质量发展耦合的时空特征分析

3.4.1.1 创新要素配置与经济高质量发展耦合度分析

根据式（3-14）、式（3-16）、式（3-17）测算出 2009~2019 年全国各省份创新要素配置与经济高质量发展的耦合度，具体如表 3-4 所示。可以发现，各省份创新要素配置与经济高质量发展耦合度呈现明显的"东高西低""沿海优于内陆"的不均衡空间分布特征。整体来看，全国创新要素配置与经济高质量发展耦

表3-4 创新要素配置与经济高质量发展的耦合度

地区	2009年	2010年	2011年	2012年	2013年	2014年	2015年	2016年	2017年	2018年	2019年	均值	增长率(%)	发展类型
辽宁	0.6275	0.6408	0.6412	0.6480	0.6621	0.6683	0.6668	0.6790	0.6923	0.7051	0.7166	0.6680	1.34	初级
吉林	0.5875	0.5926	0.5950	0.5996	0.6072	0.6189	0.6304	0.6461	0.6606	0.6745	0.6950	0.6280	1.69	初级
黑龙江	0.5879	0.5928	0.5972	0.6079	0.6204	0.6290	0.6388	0.6510	0.6672	0.6844	0.6957	0.6339	1.70	初级
东北地区	0.6010	0.6087	0.6111	0.6185	0.6299	0.6387	0.6454	0.6587	0.6734	0.6880	0.7024	0.6433	1.57	初级
北京	0.7118	0.7262	0.7374	0.7469	0.7613	0.7756	0.7861	0.8016	0.8227	0.8335	0.8645	0.7789	1.96	中级
天津	0.6368	0.6483	0.6591	0.6750	0.6905	0.6994	0.7158	0.7230	0.7312	0.7441	0.7634	0.6988	1.83	初级
河北	0.5931	0.6010	0.6074	0.6173	0.6297	0.6379	0.6511	0.6696	0.6879	0.7014	0.7173	0.6467	1.92	初级
上海	0.7057	0.7244	0.7321	0.7408	0.7574	0.7681	0.7756	0.7952	0.8152	0.8265	0.8526	0.7722	1.91	中级
江苏	0.6888	0.7090	0.7237	0.7477	0.7636	0.7804	0.7977	0.8200	0.8352	0.8484	0.8725	0.7806	2.39	中级
浙江	0.6570	0.6702	0.6780	0.6926	0.7128	0.7248	0.7484	0.7665	0.7866	0.8090	0.8345	0.7346	2.42	中级
福建	0.6158	0.6268	0.6363	0.6470	0.6584	0.6713	0.6768	0.6922	0.7137	0.7272	0.7435	0.6735	1.90	初级
山东	0.6399	0.6523	0.6597	0.6721	0.6931	0.7021	0.7139	0.7308	0.7500	0.7615	0.7714	0.7042	1.89	中级
广东	0.6820	0.6993	0.7087	0.7229	0.7421	0.7559	0.7754	0.8045	0.8311	0.8915	0.9239	0.7761	3.08	中级
海南	0.5666	0.5828	0.5896	0.5968	0.6156	0.6242	0.6381	0.6455	0.6620	0.6734	0.6907	0.6259	2.00	初级
东部地区	0.6498	0.6640	0.6732	0.6859	0.7025	0.7140	0.7279	0.7449	0.7636	0.7816	0.8034	0.7192	2.15	中级
山西	0.5638	0.5732	0.5777	0.5884	0.6001	0.6063	0.6183	0.6376	0.6556	0.6697	0.6840	0.6159	1.95	初级
安徽	0.5968	0.6069	0.6096	0.6190	0.6344	0.6493	0.6632	0.6798	0.7014	0.7195	0.7402	0.6564	2.18	初级
江西	0.5790	0.5848	0.5906	0.6001	0.6134	0.6241	0.6401	0.6565	0.6809	0.6984	0.7226	0.6355	2.24	初级

续表

地区	2009年	2010年	2011年	2012年	2013年	2014年	2015年	2016年	2017年	2018年	2019年	均值	增长率（%）	发展类型
河南	0.6063	0.6151	0.6219	0.6291	0.6453	0.6546	0.6704	0.6882	0.7043	0.7200	0.7338	0.6626	1.93	初级
湖北	0.6006	0.6099	0.6171	0.6285	0.6439	0.6569	0.6723	0.6886	0.7063	0.7246	0.7450	0.6631	2.18	初级
湖南	0.5991	0.6091	0.6165	0.6255	0.6387	0.6519	0.6691	0.6853	0.6996	0.7118	0.7336	0.6582	2.05	初级
中部地区	0.5909	0.5998	0.6056	0.6151	0.6293	0.6405	0.6556	0.6727	0.6914	0.7073	0.7265	0.6486	2.09	初级
内蒙古	0.5435	0.5523	0.5575	0.5664	0.5819	0.5902	0.6012	0.6228	0.6481	0.6614	0.6764	0.6002	2.21	初级
广西	0.5653	0.5724	0.5848	0.5915	0.6048	0.6139	0.6277	0.6422	0.6611	0.6747	0.6912	0.6209	2.03	初级
重庆	0.6097	0.6253	0.6363	0.6408	0.6526	0.6629	0.6727	0.6878	0.7067	0.7175	0.7300	0.6675	1.82	初级
四川	0.6139	0.6235	0.6325	0.6430	0.6554	0.6651	0.6789	0.6932	0.7080	0.7207	0.7334	0.6698	1.79	初级
贵州	0.4999	0.5106	0.5214	0.5366	0.5534	0.5700	0.5900	0.6190	0.6384	0.6562	0.6759	0.5792	3.06	勉强
云南	0.5641	0.5710	0.5726	0.5765	0.5910	0.6023	0.6152	0.6255	0.6459	0.6610	0.6745	0.6090	1.80	初级
陕西	0.5795	0.5926	0.5990	0.5929	0.6043	0.6139	0.6257	0.6465	0.6630	0.6803	0.7020	0.6272	1.94	初级
甘肃	0.5351	0.5394	0.5411	0.5499	0.5623	0.5715	0.5844	0.6094	0.6282	0.6428	0.6588	0.5839	2.10	勉强
青海	0.5283	0.5409	0.5441	0.5536	0.5672	0.5746	0.5883	0.6047	0.6241	0.6427	0.6572	0.5841	2.21	勉强
宁夏	0.5270	0.5398	0.5325	0.5442	0.5572	0.5662	0.5799	0.5971	0.6205	0.6395	0.6557	0.5781	2.21	勉强
新疆	0.5459	0.5582	0.5611	0.5684	0.5819	0.5872	0.6016	0.6164	0.6296	0.6465	0.6572	0.5958	1.87	勉强
西部地区	0.5557	0.5660	0.5712	0.5785	0.5920	0.6016	0.6151	0.6331	0.6521	0.6676	0.6829	0.6105	2.08	初级
全国	0.5986	0.6097	0.6160	0.6256	0.6401	0.6506	0.6638	0.6809	0.6992	0.7156	0.7338	0.6576	2.06	初级

注：增长率是指创新要素配置与经济高质量发展耦合度2009~2019年的几何平均增长率，协调发展类型根据均值给出。

合度呈现逐年递增趋势，从 2009 年的 0.5986 增长到 2019 年的 0.7338，年均增长率为 2.06%，这说明我国创新要素配置与经济高质量发展系统的相互促进取得了显著成效，但仍有较大提升空间，尤其是创新要素配置系统，绝大多数省份其发展滞后于经济高质量发展系统①，说明我国绝大多数省份经济高质量发展成果并没有较好转化为进一步驱动经济发展的源动力。

从各地区创新要素配置与经济高质量发展耦合水平排名来看，东部地区两系统耦合水平始终居第一位，除 2012 年之前其他年份耦合水平均在 0.7 以上，特别是北京和上海，观测期间创新要素配置与经济高质量发展耦合度均在 0.7 以上，耦合水平远高于其他省份。除东部地区外，其他三个地区观测期间创新要素配置与经济高质量发展耦合度均低于全国平均水平，但均达到或逐渐达到 0.6 以上，即达到了初级协调发展水平。西部地区部分省份两系统耦合度较低，处于勉强协调发展阶段，但总体而言两系统耦合度呈上升趋势，但由于基数较低，实现创新要素配置与经济高质量发展达到优质协调任重道远。从增长率来看，各地区年均增长率最高的为东部地区（2.15%），其次为中部地区（2.09%）和西部地区（2.08%），最低的为东北地区（1.57%），即耦合度较高的地区增长率相对较高，耦合度较低的地区增长率相对较低，说明我国各地区创新要素配置与经济高质量发展耦合差距正在拉大。综上所述，我国各地区创新要素配置与经济高质量耦合发展呈现明显的空间分布不均衡特征，且差距在逐渐增大。

从各省份来看，全国各省份创新要素配置与经济高质量发展的耦合度 2009~2019 年年均增长率均为正值，说明我国各省份创新要素配置与经济高质量发展的耦合情况呈现向好趋势，耦合度在逐年增长。从各省份排名来看，江苏、北京、广东、上海等省份观测期间排名始终靠前，而新疆、甘肃、青海、贵州、宁夏等省份排名始终靠后。增长率排名前五位的省份分别是广东（3.08%）、贵州（3.06%）、浙江（2.42%）、江西（2.24%）、内蒙古（2.21%），增长率排名后 5 位的省份分别是云南（1.80%）、四川（1.79%）、黑龙江（1.70%）、吉林（1.69%）、辽宁（1.34%）。综合来看，我国排名处于中上位置省份增长率相对较高，排名处于中下位置省份增长率相对较低，说明我国各省份之间也存在较明

---

① 计算创新要素配置与经济高质量发展指数比值，若该比值小于 1，说明创新要素配置滞后于经济高质量发展；若该比值等于 1，说明二者发展同步；若该比值大于 1，说明创新要素配置领先于经济高质量发展。经计算发现该比值观测期间逐渐增大，但绝大多数省份该比值小于 1。

显的差距，虽然存在部分排名靠后省份增长率较高情形，但并没有完全形成落后地区逐渐追赶的态势，反而呈现差距增大趋势。

从协调发展类型来看，东北地区、中部地区和西部地区处于初级协调发展阶段（耦合度均值介于 0.60~0.69），东部地区处于中级协调发展阶段（耦合度均值介于 0.70~0.79），再次说明我国各地区创新要素配置与经济高质量发展的耦合情况存在区域非均衡性，并且均存在较大的提升空间。具体到各省份，北京、上海、江苏、浙江、广东、山东 6 个省份处于中级协调发展阶段，贵州、甘肃、青海、宁夏、新疆 5 个省份处于勉强协调发展阶段，其余 19 个省份均处于初级协调发展阶段，说明我国大部分省份创新要素配置与经济高质量发展的耦合度并不高，两系统并没有达到良好的相互促进局面。

3.4.1.2 创新要素各子系统与经济高质量发展的耦合度分析

从表 3-5 可以看出，在整体层面，创新要素各子系统与经济高质量发展的耦合度均呈逐年递增趋势，说明我国各创新要素投入与经济高质量发展的相互促进、

表 3-5 全国创新要素各子系统与经济高质量发展的耦合度

年份	人力-高质量	资本-高质量	技术-高质量	信息-高质量	制度-高质量
2009	0.6429	0.6214	0.6287	0.6117	0.6735
2010	0.6492	0.6257	0.6360	0.6229	0.6830
2011	0.6523	0.6295	0.6376	0.6314	0.6892
2012	0.6580	0.6338	0.6400	0.6455	0.6944
2013	0.6652	0.6401	0.6467	0.6567	0.7147
2014	0.6725	0.6458	0.6512	0.6644	0.7273
2015	0.6780	0.6509	0.6555	0.6782	0.7415
2016	0.6896	0.6610	0.6660	0.7012	0.7574
2017	0.6961	0.6665	0.6715	0.7206	0.7726
2018	0.7020	0.6717	0.6759	0.7435	0.7799
2019	0.7099	0.6799	0.6788	0.7663	0.7894
均值	0.6741	0.6479	0.6534	0.6766	0.7294
增长率（%）	1.00	0.90	0.77	2.28	1.60

注：人力、资本、技术、信息、制度、高质量分别指人力创新要素、资本创新要素、技术创新要素、信息创新要素、制度创新要素、经济高质量发展。

耦合协调呈现良好局面，各创新要素与经济高质量发展的耦合度均处于 0.60~0.80，说明各创新要素与经济高质量耦合发展处于初级及中级协调发展阶段，仍有较大的提升空间。从各创新要素与经济高质量发展的耦合度增长情况来看，信息创新要素与经济高质量发展耦合度的年均增长率最高，为 2.28%，说明信息创新要素在与经济高质量发展相互协调促进方面是最具潜力的创新要素，这正体现了我国目前数字经济引领高质量发展的经济发展现状。从耦合度均值来看，制度创新要素与经济高质量发展耦合度最高，说明观测期间我国政府通过合理政策制定促进了与经济高质量的协调发展。而资本创新要素与经济高质量发展耦合度最低，说明我国各创新主体的研发和创新生产投入与经济高质量发展的协调适配相对较差，可能存在投入相对较高而产出较低的不匹配状况。

接下来进一步分析四大地区创新要素各子系统与经济高质量耦合发展存在的差异（见图 3-2），从而发现各地区创新要素配置与经济高质量耦合发展中的问题和短板，有利于各地区根据自身实际情况扬长避短。

根据图 3-2（a1），东北地区各创新要素子系统与经济高质量发展耦合度基本呈现向外层扩展趋势，均值最高的为制度创新要素（0.7192），最低的为技术创新要素（0.6390），增长率最高的为信息创新要素，年均增长 1.99%，说明东北地区制度创新要素与经济高质量发展协调性最好，而信息创新要素发展潜力最大，技术创新要素的投入则与经济高质量发展偏离程度较大。根据图 3-2（a2），东部地区各创新要素子系统与经济高质量发展耦合度均呈向外层扩展趋势，均值最高的为制度创新要素（0.7898），资本创新要素最低（0.6993），增长率最高的为信息创新要素，年均增长 2.25%，说明东部地区制度创新要素与经济高质量发展协调性最好，数字经济引领高质量发展成为可能。根据图 3-2（a3），中部地区各创新要素子系统与经济高质量发展耦合度均呈向外层扩展趋势，均值最高的为制度创新要素（0.7246），技术创新要素最低（0.6333），增长率最高的为信息创新要素，年均增长 2.51%，说明中部地区技术创新投入偏离经济高质量发展较远，而信息创新要素亦是该地区最具潜力创新要素。根据图 3-2（a4），西部地区各创新要素与经济高质量发展耦合度最高的为制度创新要素（0.6798），均值最低的为资本创新要素（0.6096），年均增长率最高的为信息创新要素与经济高质量发展耦合度（2.26%），说明西部地区资本创新要素偏离经济高质量发展较远，信息和制度创新要素是西部地区促进经济高质量发展的关键。总体来看，各地区制度创新要素与经济高质量发展的耦合度最高，信息创新要素与经济高质量耦合发展的增长率最高，说明观测期间我国制度环境与经济高质量发展的匹配程度最高，更进一步说明了我国社会主义制度是适应我国经济高质量发展的，而在新经济、新要素的促进下，在制度创新要素的调节下，我国各地区创新要素配置系统与经济高质量发展系统正朝着相互促进的局面展开。

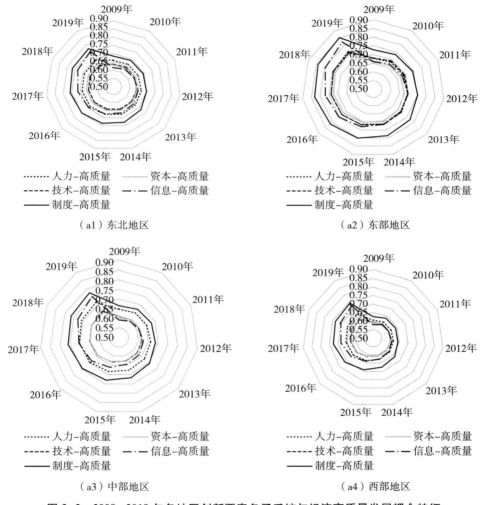

图 3-2　2009~2019 年各地区创新要素各子系统与经济高质量发展耦合特征

综合上述分析可知，各地区创新要素各子系统与经济高质量发展的耦合度均呈递增趋势，表明我国各地区创新要素各子系统与经济高质量发展的相互促进呈现良好局面，从而也促进全国整体趋势向好。具体而言，东部地区创新要素各子系统与经济高质量发展的相互协调促进基本均达到中级协调发展水平；东北地区和中部地区创新要素各子系统除制度创新要素外，其他均与经济高质量发展处于初级协调发展阶段；西部地区创新要素各子系统均与经济高质量发展处于初级协调发展阶段。显然，我国各地区之间创新要素各子系统与经济高质量发展的耦合情况存在地区不均衡性。从增长率来看，各地区信息创新要素与经济高质量发展的耦合度年均增长率最高，最高的地区为中部地区（2.51%），其次为西部地区（2.26%）、东部地区（2.25%）和东北地区（1.99%）。除信息创新要素外，其他各创新要素与经济高质量发展的耦合度增长率东部最高，中部次之，而东北地区和西部地区增长率最低。综上可知，我国各地区间的差距也有增大的趋势。

　　具体到各省份①，人力创新要素与经济高质量发展耦合度排名前五位的是广东、江苏、北京、山东、浙江，排名后五位的是甘肃、海南、贵州、青海、宁夏；资本创新要素与经济高质量发展耦合度排名前五位的是北京、江苏、上海、广东、浙江，排名后五位的是内蒙古、青海、宁夏、贵州；技术创新要素与经济高质量发展耦合度排名前五位的是江苏、上海、广东、北京、浙江，排名后五位的是内蒙古、甘肃、青海、宁夏、贵州；信息创新要素与经济高质量发展耦合度排名前五位的是上海、北京、广东、浙江、天津，排名后五位的是青海、云南、宁夏、甘肃、贵州；制度创新要素与经济高质量发展耦合度排名前五位的是上海、天津、浙江、北京、江苏，排名后五位的是青海、新疆、宁夏、甘肃、贵州。总体来看，广东、北京、上海、江苏、浙江等经济发达省份各子系统与经济高质量发展的耦合度排名均较靠前，甘肃、青海、宁夏、新疆等经济欠发达省份各子系统与经济高质量发展耦合度排名均较靠后。从增长率来看，广东、江苏、浙江等经济发达省份各子系统与经济高质量发展耦合度增速均处于中上位置，除北京、上海等省份个别子系统与经济高质量发展耦合度增速较低外，青海、宁夏、甘肃等经济欠发达省份各子系统与经济高质量发展耦合度增速均处于中下位置。综上所述，创新要素各子系统与经济高质量发展耦合度处于中上的省份其增长率相对较高，处于中下的省份其增长率相对较低，因此各省份间的差距逐年增大。

---

① 具体测算结果见附录。

3.4.2 创新要素配置与经济高质量发展耦合的区域差异

3.4.2.1 总体差异及区域内差异

图 3-3 展示了全国及四大地区创新要素配置与经济高质量发展耦合水平的基尼系数及其演变趋势。从全国范围来看，观测期间创新要素配置与经济高质量发展耦合水平的总体差异呈现"上升—下降—上升"趋势，总体差异有所扩大，基尼系数介于 0.0491~0.0524，2012 年达到最大值 0.0524。具体来看，基尼系数由 2009 年的 0.0491 上升到 2012 年的 0.0524，之后下降到 2017 年的 0.0482，随后又上升到 2019 年的 0.0497，总体差异呈现扩大趋势，说明我国各省份创新要素配置与经济高质量耦合发展的差异性在扩大。

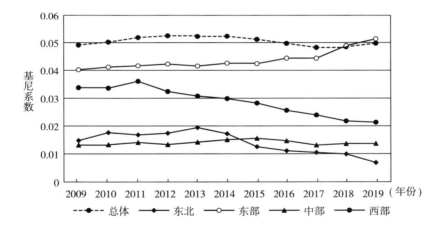

图 3-3 2009~2019 年全国及各地区创新要素配置与高质量
发展耦合水平的基尼系数演变趋势

从各地区看，东部地区、中部地区创新要素配置与经济高质量发展耦合水平基尼系数呈波动上升趋势，基尼系数分别由 2009 年的 0.0402、0.0132 上升到 2019 年的 0.0513、0.0137，上升幅度分别为 27.57%、4.05%，年均上升率为 2.47%、0.4%，区域内差异不断扩大。东北地区和西部地区创新要素配置与经济高质量发展的耦合水平基尼系数呈波动下降趋势，区域内差距不断缩小。具体而言，东北地区基尼系数由 2009 年的 0.0148 下降至 2019 年的 0.0068，下降幅度为 53.70%；西部地区基尼系数由 2009 年的 0.0338 下降至 2019 年的 0.0213，下降幅度为 36.87%。总体上来看，东部和中部地区区域内部差异呈现不断扩大的趋势，东北和西部地区区域内部差异呈现缩小的态势。从数值上来看，东部地区的基尼系数远大于其他地区基尼系数，说明东部地区创新要素配置与经济高质量发展耦合水平的不均衡情况远大于其他地区，这与北京、天津、广东等地的创新要素集聚不无关系。

3.4.2.2　四大区域创新要素配置与经济高质量发展耦合水平的区域间差异

由图 3-4 可得出各地区的区域间差异。从各地区区域间差异的变化趋势来看，东部地区与东北地区、中部地区与东北地区的区域间差异整体呈明显的扩大趋势，涨幅分别为 46.13%、16.89%，而西部地区与东北地区、西部地区与中部地区的区域间差异整体呈缩小趋势，降幅分别为 49.48%、10.40%；从区域间差异大小的绝对数来看，东部地区与西部地区、东部地区与中部地区、东部地区与东北地区的差异最大，样本期内均值分别为 0.0836、0.0564、0.0592。综合来看，我国创新要素配置与经济高质量发展耦合水平整体区域间差异呈现扩大趋势，尤其是高水平耦合地区与低水平耦合地区的差距明显扩大。

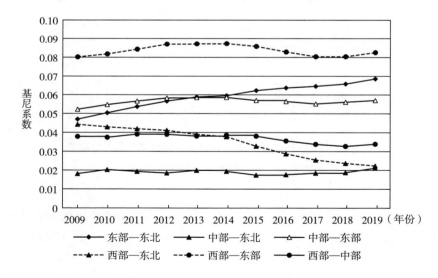

图 3-4　2009~2019 年创新要素配置与经济高质量发展耦合水平的区域间差异

3.4.2.3 创新要素配置与经济高质量发展耦合水平的区域差异来源及贡献

差异来源贡献度的变化反映了创新要素配置与经济高质量耦合发展差异产生机制的变化。如表3-6所示,区域内贡献、区域间贡献及超变密度贡献的均值分别为0.0096、0.0376、0.0033,贡献率分别为19.02%、74.44%、6.54%,这表明区域间差异是区域总体差异的主要来源,组内贡献是总体差异的次要来源。具体而言,区域内差异贡献率介于18.44%~19.82%,整体呈波动下降趋势,降幅为3.97%;区域间差异贡献率介于72.50%~75.67%,呈上升趋势,上升幅度为3.51%;超变密度贡献率介于5.19%~7.67%,呈逐渐下降趋势,降幅为26.68%,表明虽然某个地区创新要素配置与经济高质量发展的耦合水平较高,但其内部某个耦合水平较低省份的耦合度可能低于耦合水平较低的某地区中耦合水平较高省份的耦合度,且这种交叉重叠现象呈下降趋势。

表3-6 2009~2019年创新要素配置与经济高质量发展耦合水平区域差异来源分解

年份	区域内贡献	贡献率（%）	区域间贡献	贡献率（%）	超变密度贡献	贡献率（%）
2009	0.0097	19.81	0.0359	73.11	0.0035	7.08
2010	0.0099	19.68	0.0366	72.98	0.0037	7.34
2011	0.0103	19.82	0.0376	72.50	0.0040	7.67
2012	0.0099	18.84	0.0389	74.09	0.0037	7.07
2013	0.0096	18.48	0.0390	74.60	0.0036	6.93
2014	0.0097	18.50	0.0390	74.62	0.0036	6.88
2015	0.0094	18.44	0.0386	75.54	0.0031	6.02
2016	0.0093	18.71	0.0374	75.23	0.0030	6.05
2017	0.0090	18.69	0.0364	75.45	0.0028	5.86
2018	0.0093	19.17	0.0364	75.14	0.0028	5.69
2019	0.0095	19.14	0.0376	75.67	0.0026	5.19
均值	0.0096	19.02	0.0376	74.44	0.0033	6.54

3.4.3 创新要素配置与经济高质量发展耦合的分布动态演进

为明晰我国不同地区、不同时段下创新要素配置与经济高质量发展耦合的总体分布和变化趋势,本节分别绘制了全国及四大地区2009~2019年创新要素配置与经济高质量发展耦合水平的核密度估计图，如图 3-5 所示。

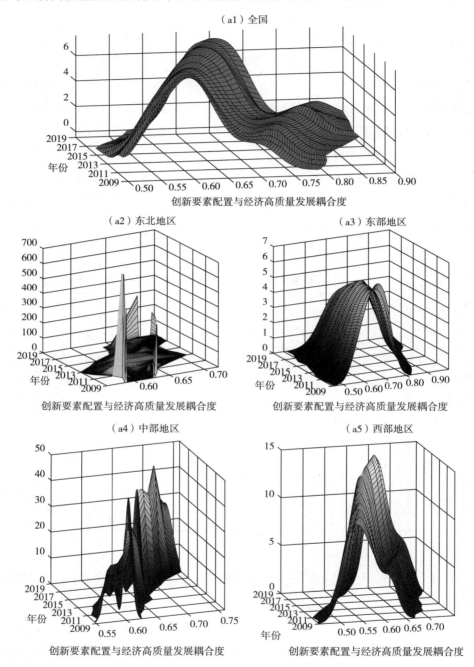

图 3-5　全国及四大区域 2009~2019 年创新要素配置与经济高质量耦合发展的分布动态

图 3-5（a1）描绘了全国创新要素配置与经济高质量发展耦合的分布动态。从波峰的移动来看，全国创新要素配置与经济高质量发展耦合水平分布曲线的主峰不断右移，说明全国创新要素配置与经济高质量耦合发展水平不断提升；主峰高度先提升后下降，宽度不断增大，说明全国两系统耦合发展区域不平衡性呈增大趋势；存在拖尾现象且拖尾宽度增加，说明我国创新要素配置与经济高质量耦合发展的高水平地区与低水平地区差距拉大；存在侧峰，说明存在一定的极化现象。

图 3-5（a2）至（a5）分别展示了四大区域创新要素配置与经济高质量发展耦合水平的分布动态。从分布位置来看，各地区核密度曲线主峰均呈"右移"状态，说明各地区创新要素配置与经济高质量耦合发展水平不断提高，特别是中部地区，"双峰"右移明显，说明该区域耦合的综合水平提高速度较快；从延展性来看，除东部地区外，其他均不存在明显的拖尾现象，说明高水平和低水平地区差异变化不明显。

具体来看，东北地区存在两个主峰，说明极化现象严重；两个主峰形态由"尖而窄"变得"扁而平"再变得"尖而窄"，说明区域绝对差异经历了"增大—缩小—增大"的过程。具体而言，2009~2019 年辽宁、吉林、黑龙江三省份的两系统耦合发展水平均不断提高，增长率分别为 1.34%、1.69%、1.70%，但辽宁各年度均高于吉林和黑龙江。总体来看，耦合度较高省份的增长率相对较低，耦合度较低省份的增长率相对较高，三省份的差距在不断缩小。

东部地区由"单峰"过渡到"双峰"，峰高先下降后上升再下降，峰宽略微增大，总体而言区域内部差异有所增大。具体就其内部而言，排名第一的江苏年均增速为 2.39%，排名第二的北京年均增速为 1.96%，排名较为靠后的海南年均增速为 2.00%。总体而言，排名较为靠前的省份增长率相对较高，排名较为靠后的省份增长率相对较低，因此区域内部差异增大而出现两极分化现象。

中部地区波峰为"双峰"，说明该区域内部极化现象严重；峰高先上升后下降，峰宽略微加大，说明区域内部差异稍有增加，但幅度不大。就其内部而言，较高水平的河南、湖北、湖南、安徽年均增长率分别为 1.93%、2.18%、2.05%、2.18%，而较低水平的山西和江西年均增长率分别为 1.95% 和 2.24%，从而造成区域内部差异略微增大。

西部地区主峰高度提高、峰宽略微缩小，说明西部地区两系统耦合发展的总体差异略微缩小。具体就其内部来说，耦合度较高水平的重庆、四川年均增长率分别为 1.82%、1.79%，耦合度较低水平的甘肃、青海、宁夏、新疆年均增长率分别为 2.10%、2.21%、2.21%、1.87%。总体而言，耦合度较高水平的地区增长率相对较低，耦合度较低水平的地区增长率相对较高，从而使得区域内部差异不断缩小。

综上所述，四大区域主峰位置不断右移，说明各地区创新要素配置与经济高质量发展耦合水平不断提升。主峰位置变化特征与各地区创新要素配置与经济高质量发展耦合特征事实描述一致。东部地区和中部地区区域内部差异增加，而东北地区和西部地区区域内部差异缩小，四大区域内部差异分化使得全国内部差异增大。存在极化现象的为东北地区和中部地区，极化现象有所增强的为中部地区，总体而言没有造成全国范围较强的极化现象。

4

单一创新要素配置对经济高质量
发展的作用效应

本书第 3 章将创新要素配置与经济高质量发展作为我国经济发展中的两大经济系统并从外围统计分析角度探讨了两系统间的耦合协调关系，认为创新要素包括人力创新要素、资本创新要素、技术创新要素、信息创新要素和制度创新要素，而经济高质量发展则从新发展理念角度构建系统，并且立足于经济发展过程认为创新要素驱动的经济发展即为经济高质量发展。立足于经济增长理论，本章进一步分析创新要素配置与经济高质量发展间的因果关系，从各创新要素对经济高质量发展的作用效应开始，首先通过建立数理模型分析各创新要素影响经济高质量发展的内在机理，其次核算各创新要素存量并采用生产函数法来测度各创新要素对经济高质量发展的产出弹性及贡献程度。

4.1 作用路径

从本书第 2 章对创新要素配置内涵的界定可知，本书创新要素包括人力创新要素、资本创新要素、技术创新要素、信息创新要素和制度创新要素。经济增长理论始终将生产要素作为经济增长的动力源泉，在传统经济增长阶段，传统生产要素如简单劳动力和一般资本为经济生产过程中起主要作用的必备要素，而经济高质量发展阶段，经济增长动力已实现由要素驱动到创新驱动的转换（陶长琪、彭永樟，2018），激发创新要素潜能成为推动经济实现创新驱动的关键。人力创新要素作为创新要素中最本质的创新要素，其关键作用在于从事生产研发，而研发过程中研发资本则是研发活动的关键支撑要素。经济高质量发展阶段，我国基础设施投入由传统基础设施投资转向人工智能、5G、物联网、工业互联网等信息技术基础设施投资，而人工智能、大数据、互联网等新一代通用型信息通信技术正孕育新一轮产业变革和科技革命，从而带动我国经济由传统要素驱动的数量型增长转向由信息技术等为代表的创新要素驱动的经济高质量发展阶段。然而，要充分发挥创新驱动效应，还需要突出制度创新的"软创新"与科技创新的"硬创新"相结合，强调制度创新的环境支撑作用（刘思明等，2019）。

基于创新要素成为推动经济高质量发展新动能的基本事实，本书认为创新要素驱动经济高质量发展的路径如图 4-1 所示。

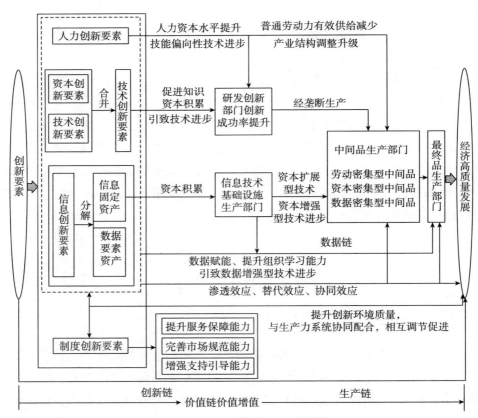

图 4-1　创新要素对经济高质量发展的作用路径

资料来源：笔者整理。

具体路径如下：

4.1.1 人力创新要素、资本创新要素和技术创新要素

本书中人力创新要素特指从事研发活动的创新劳动力。人力创新要素对经济高质量发展的影响，主要通过以下两个方面：一是研发部门人力创新要素配置水平提升，体现为从事研发创新活动的劳动力数量方面的增加，随着企业人力创新要素投入量的增加，促使企业人力资本水平提升，从而进一步引致技能偏向性技术进步，而这又成为一种新的通过升级形成的创新要素，通过强化作用增强企业研发过程中的要素质量，从而增加研发创新成功的可能性；二是随着从事创新活动的劳动力数量增加，经济生产中普通劳动力有效供给减少，我国经济发展模式也由劳动密集型驱动转换为技术和资本、数据密集型驱动，促进产业结构调整，高端密集型产业尤其是信息和技术密集型产业的快速发展进一步增加了对高素质人才的需求，从而促进产业结构调整升级，增加经济中资本和数据密集型产品占比。

本书中资本创新要素指专门用于价值链高端环节的资金，价值链高端环节主要包括研发设计、科技产品量产、品牌营销等（凌永辉、刘志彪，2020）。技术创新要素指凝结于技术创新生产中的经验、技能、知识等促进技术创新的资源，在创新链中主要应用于创新中端以促进新产品开发及创新产品的生产。从资本创新要素和技术创新要素的内涵可知，其本质均为促进创新的资源，为使后文模型简化，本章将资本创新要素和技术创新要素合并，统称为技术创新要素，主要用于研发部门的研发创新活动。在科技创新的链条上，研发设计阶段技术创新要素存量水平提升，增加了对探索新知识的投入，进而形成知识资本积累，而企业员工的知识资本积累决定了企业创新能力（Hottenrott & Peters，2012），即研发资本存量提升通过促进知识资本积累进而促进技术进步（Romer，1990；郑世林、张美晨，2019），技术进步增强了研发创新部门的创新成功可能性。科技产品量产及品牌营销阶段技术创新要素存量水平提升，一方面提升科技产品的产量，另一方面促进科技产品推广，产量提升及产品推广使科技产品中蕴含的知识溢出，而知识溢出的发生使研发创新部门在创新活动中能够利用知识存量的增加，进一步促进技术进步。根据熊彼特的创新理论，新兴产业发展的技术要素供给涉及新技术成果产出、成果交易与转化、技术产业化、成熟技术的转移与扩散等环节。

在市场需求和利益追求的驱动下，创新技术会日趋成熟，进而出现技术沿着"技术链条"扩散。同时，在技术扩散的过程中，伴随着技术的创新，二者相辅相成、相互完善，最终实现创新生态系统中知识存量增加，增加创新成功可能性。研发创新部门研发成功可能性增加促进研发新产品的产出，经垄断部门生产后成为中间品生产部门原材料的来源。

4.1.2 信息创新要素

（1）信息固定资产和数据要素。本书中信息创新要素指创新生产活动中所需要的一切具有共享性、时效性、动态性、外部性的资源，主要以信息资源形态存在。本章将信息创新要素进一步划分，一部分为信息技术基础设施投入（称为信息固定资产），另一部分为数据要素投入。信息固定资产存量水平提升，体现为我国经济中信息技术基础设施投资量的增加，表现为对人工智能、大数据、互联网、物联网等基础设施投入的增加，信息技术基础设施投资作为物质资本通过与劳动力结合直接形成信息通信技术产品，增加信息技术制造业企业的产出，即信息要素存量水平的提升，形成信息通信技术产品而直接作用于资本扩展型技术以提高资本技术效率（郭凯明等，2020），资本技术效率提升引致资本增强型技术进步，提升资本密集型产品产出效率。数据要素一方面可通过数据赋能提升企业动态能力进而促进技术进步（罗仲伟等，2017）；另一方面通过提升组织学习能力进而促进技术创新发生的可能性（Ghasemaghaei & Calic，2020），最终形成数据增强型技术进步。

（2）数据要素和信息通信技术的协同创新方面。依据创新经济学相关理论，数据要素被确立为一种新型生产要素是技术革命的产物。以物联网、互联网、云计算、大数据、人工智能等为代表的新一代信息通信技术的应用开始了数据要素规模的大爆发，数据爆发式增长，每两年翻一番①。在数据创新的链条上，数据的收集、传输以及存储、处理和分析等成本大幅降低，从而引致数据资源的大量积累，并支撑了互联网金融、网约租车、电子商务等新经济、新业态、新模式的快速发展，加速推动新一轮的科技革命和产业变革（蔡跃洲、张钧南，2015；Goldfarb & Tucker，2019）。当然，新一轮科技革命和产业变革的直接受益者为广

---

① 数据来源于中国信息通信研究院。

大人民，如今，人类 95% 以上的信息都是以数字化格式存储、传输及使用，数据作为数字经济关键生产要素，为数字经济持续增长提供了基础与可能。数字技术的迅猛发展开启了万物互联互通新时代（Heimans et al.，2014），人与人、人与环境之间的交互作用越来越显著，创新要素之间的协调配合促使创新要素结构改善，使得信息创新要素在经济生产中的占比提升，数字经济作为产业数字化和数字产业化的集合，在经济整体中比重提升。

（3）信息创新要素与其他创新要素协同。信息创新要素大规模与其他传统要素的有效融合提升了传统要素的创新效率，减少了生产过程中要素投入的数量，进而减少了资源浪费。一方面，数据要素的非竞争性、非排他性、共享性特征与垄断现象并存，使数据的开放合作成为进一步促进数据要素与其他要素有效协同促进数据要素从可能生产要素成为现实生产要素提升数据使用效率的前提，而该做法的本质即为借助合理的收入分配制度，引导数据在收集和应用范围内能尽可能接近经济社会最优水平，实现创新要素开放合作及配置效率的提升。另一方面，信息通信技术具有渗透性，通过"渗透效应"加速了信息创新要素与传统劳动力和物质资本的融合，促使传统产业转型升级实现数字化、信息化、智能化发展。由于摩尔定律的存在，信息创新要素中的信息通信技术产品得以大幅度降价，出现了信息通信技术产品对生产中其他投资品的大规模替代现象，信息创新要素的替代效应促使传统行业逐渐被淘汰或转型升级，新零售、新消费等新兴产业的出现，一方面完成了产业结构调整，另一方面实现了高技术产业驱动的经济增长模式。

此外，以数据分析技术为基础而出现的各种创新产品或服务，如微信、Facebook 等社交以及京东、淘宝等购物网站和 Youtobe、抖音等视频应用，均能够更好地满足消费者的需求，带来更多的消费者剩余（Gordon，2018；Veldkamp，2019）。

4.1.3 制度创新要素

制度创新要素是指以政府为主导、能为创新活动提供保障、激发创新要素潜能的政策制度及市场环境。制度创新要素驱动创新活动主要通过以下三种方式：一是提高服务保障能力。服务保障能力提升反映政府为了促进经济高质量发展和开展创新活动而实行的制度保障和环境建设，完善的政务体系能够有效地激发创新主体活力、推动科技创新绩效的提升。二是完善市场规范能力。在科技创新促进经济发展的过程中，从研发投入到创新成果产出再到创新成果商业化这一过程每一个环节的有效实施，都离不开健全的市场经济制度的有力支持，完善的市场规范为科技创新提供了良好的创新生态环境，促进了创新的可能性。三是提高对创新活动积极的支持和引导能力。完善科技创新体制机制，加强对研发活动的引导与支持，鼓励探索健全技术转移与成果转化的收益分配制度，改革和创新科研经费使用和管理方式，创造有利的技术创新制度环境，是经济高质量发展的重要支撑。通过上述三种方式以提高政府服务国民和市场的能力，促进技术创新环境优化，与其他创新要素有效融合激发创新要素潜能从而推动经济实现高质量发展。

综上所述，人力创新要素、资本创新要素、技术创新要素、信息创新要素和制度创新要素存量水平的提升以及创新要素的有效协同对经济高质量发展具有影响效应，并通过创新链前端的研发创新到末端的创新生产实现了从创新要素到经济高质量发展的价值增值。

4.2　作用机理

上文分析了各创新要素对经济高质量发展的作用路径，将创新要素分为人力创新要素、资本创新要素、技术创新要素、信息创新要素和制度创新要素，本节采用内生经济增长模型分析创新要素对经济高质量发展的作用机理。为体现关键创新要素的作用并考虑到数理模型建模可能性，本节将创新要素进一步细分及合并，认为创新要素主要包含人力创新要素、技术创新要素和信息创新要素，其中人力创新要素主要是指从事研发活动的创新劳动力，技术创新要素经过将资本创新要素和技术创新要素合并统称为技术创新要素，而对信息创新要素进一步区分为信息创新要素中的有形固定资产和无形资产投资，有形固定资产主要指针对信息技术投入部分的固定资产投资，无形资产则主要指数据要素资产以及数据要素开发伴随物资产投资，制度创新要素作为支撑创新要素效能发挥的创新环境要素归入剩余要素中。

接下来，在内生经济增长模型的基础上考虑创新要素对经济高质量发展的作用机理。Romer（1990）将技术进步内生化，认为技术进步是经济长期增长的动力源泉。根据 Acemoglu（2003）的思想，劳动增强型技术进步通过劳动密集型产品的发明体现，资本增强型技术进步通过资本密集型产品的发明来展现。随着生产要素内涵的不断丰富和扩展，信息创新要素在生产中的作用不容忽视，本书假设其对经济高质量发展的作用通过信息技术的投入使用以及数据要素的使用展现，而生产技术的进步尤其是大数据、互联网、人工智能等新一代信息通信技术的发明和使用使数据要素对经济高质量发展的贡献进一步显现，尤其是新冠肺炎疫情的暴发彰显了信息创新要素对经济高质量发展的巨大推动作用，即技术进步也可能表现为提升信息创新要素的技术效率，从而促进经济高质量发展。此外，Agrawal 等（2018）认为，基于机器学习的人工智能能够基于大量的样本学习获得可能经过大量实验才能获得的结果，因而人工智能可通过提高研发和知识生产率进而促进经济高质量发展。在此思想的指引下，我们引入数据增强型技术进步，通过数据密集型产品的发明来表示。数据是已记录为可存储、传输或处理的数字化形式的观察结果，并能够从中获取信息和知识以支持决策（许宪春等，2022），而数据密集型产品指主要使用数据要素生产的产品。

4.2.1 模型构建

4.2.1.1 模型假设

本书在郑江淮和荆晶（2021）、郭凯明等（2020）、Acemoglu（2003）建模思想的基础上，将生产部门分为最终品生产部门、中间品生产部门和机器投入品生产部门、信息技术基础设施生产部门四类生产部门以及一个研发创新部门。最终品生产部门采用资本密集型产品、劳动密集型产品和数据密集型产品进行生产，其产出为经济的总产出；中间品生产部门分别采用普通劳动力、物质资本、信息技术基础设施、数据要素和相应机器进行生产，信息创新要素中的数据要素以数据资本形式进入，其产出为劳动密集型产品、资本密集型产品、数据密集型产品；机器投入品生产部门为垄断生产部门，其生产机器的蓝图来自研发创新部门；信息技术基础设施生产部门主要采用信息创新要素有形固定资产和普通劳动力进行生产，其产出为信息技术基础设施；机器生产部门通过从研发部门购买专利对相应机器进行垄断生产；研发部门通过使用创新劳动力和技术创新要素进行研发创新生产。

参照 Acemoglu（2003）的研究及本书对人力创新要素的定义，本节将劳动力区分为普通劳动力 L 和人力创新要素 H，其中普通劳动力主要从事生产活动，而人力创新要素主要从事研发活动。为避免研发部门和劳动密集型产品生产部门对劳动力的竞争，本节假设创新劳动力只能从事研发活动而普通劳动力只能从事生产活动，不考虑人口增长及跨期问题。

4.2.1.2 模型设定

（1）最终品生产部门。假设最终品生产部门采用资本密集型产品、劳动密集型产品、数据密集型产品进行生产，其产出为经济的总产出，本节设其为经济高质量发展阶段的经济总产出，生产函数设为如下形式：

$$Y = AY_L^{\alpha}Y_K^{\beta}Y_D^{1-\alpha-\beta} \tag{4-1}$$

其中，Y_L、Y_K、Y_D 分别为劳动密集型产品、资本密集型产品、数据密集型产品，α，$\beta \in (0, 1)$ 分别为劳动密集型产品、资本密集型产品的产出弹性，A 为总体效率参数。

将最终产品的价格标准化为 1。设劳动密集型产品的价格为 p_L、资本密集型产品的价格为 p_K、数据密集型产品的价格为 p_D，则最终产品部门的利润函数为：

$$\pi = AY_L^{\alpha}Y_K^{\beta}Y_D^{1-\alpha-\beta} - p_L Y_L - p_K Y_K - p_D Y_D$$

在完全竞争市场上，最终品生产部门通过调整生产过程中使用的中间产品数量使其利润达到最大。通过将利润函数 π 分别对 Y_L、Y_K 和 Y_D 求偏导数并令其为零，得到最终品生产部门利润最大化的一阶条件为：

$$\frac{\partial \pi}{\partial Y_L} = A\alpha Y_L^{\alpha-1}Y_K^{\beta}Y_D^{1-\alpha-\beta} - p_L = 0$$

$$\frac{\partial \pi}{\partial Y_K} = A\beta Y_L^{\alpha}Y_K^{\beta-1}Y_D^{1-\alpha-\beta} - p_K = 0$$

$$\frac{\partial \pi}{\partial Y_D} = A(1-\alpha-\beta)Y_L^{\alpha}Y_K^{\beta}Y_D^{-\alpha-\beta} - p_D = 0$$

由上述三式推导得：

$$p_L = A\alpha Y_L^{\alpha-1}Y_K^{\beta}Y_D^{1-\alpha-\beta} \tag{4-2}$$

$$p_K = A\beta Y_L^{\alpha}Y_K^{\beta-1}Y_D^{1-\alpha-\beta} \tag{4-3}$$

$$p_D = A(1-\alpha-\beta)Y_L^{\alpha}Y_K^{\beta}Y_D^{-\alpha-\beta} \tag{4-4}$$

进一步得到：

$$\frac{p_L}{p_K} = \frac{\alpha_L}{\alpha_K} \times \frac{Y_K}{Y_L} \qquad (4-5)$$

$$\frac{p_L}{p_D} = \frac{\alpha_L}{\alpha_D} \times \frac{Y_D}{Y_L} \qquad (4-6)$$

$$\frac{p_K}{p_D} = \frac{\alpha_K}{\alpha_D} \times \frac{Y_D}{Y_K} \qquad (4-7)$$

（2）中间品生产部门。假设中间品生产部门采用普通劳动力、物质资本、信息技术基础设施、数据要素和机器进行生产，其产品为劳动密集型产品、资本密集型产品和数据密集型产品，其中劳动密集型产品生产部门使用普通劳动力和相应机器进行生产，资本密集型产品生产部门使用物质资本、信息技术基础设施和相应机器进行生产，数据密集型产品生产部门使用数据和相应机器进行生产。对于资本密集型产品生产部门而言，经济高质量发展阶段，人工智能、大数据、物联网等新一代信息通信技术的使用使经济由传统要素驱动转化为创新驱动，而创新要素尤其是信息创新要素中信息技术的使用使资本的产出效率增强，参照郭凯明等（2020）的思想，假设信息技术基础设施的使用通过直接影响资本扩展型技术而提升物质资本的产出效率进而通过增加资本密集型产品的产量驱动经济总产出的增长，于是生产函数设为：

$$Y_L = \frac{1}{1-\beta} \times \left[\int_0^{N_L} l(i)^{1-\beta} di \right] \times L_Y^\beta \qquad (4-8)$$

$$Y_K = \frac{1}{1-\beta} \times \left[\int_0^{N_K} k(i)^{1-\beta} di \right] \times (Y_G^\lambda K)^\beta \qquad (4-9)$$

$$Y_D = \frac{1}{1-\beta} \times \left[\int_0^{N_D} d(i)^{1-\beta} di \right] \times D^\beta \qquad (4-10)$$

其中，L、K、D 分别为普通劳动力、物质资本和数据要素投入量，数据要素以数据资产形式进入生产，Y_G 为信息技术基础设施投入量，N_L、N_K、N_D 分别为用于生产劳动密集型产品、资本密集型产品和数据密集型产品的机器种类数量，N_L、N_K、N_D 的增大分别代表劳动增强型技术进步、资本增强型技术进步和数据增强型技术进步，l（i）、k（i）、d（i）分别表示生产第 i 类劳动密集型产品、资本密集型产品和数据密集型产品机器的数量。假设 0<β<1 表示机器与生产要素间是相互替代的，则 0<λ<1 表示信息创新要素中信息技术等硬件基础设施投入对资本扩展型技术的影响程度。

假设机器在使用之后完全折旧，则劳动密集型产品、资本密集型产品和数据密集型产品生产部门的利润函数为：

$$\pi_L = p_L Y_L - w_L L_Y - \int_0^{N_L} p_L^l(i) l(i) \, di$$

$$\pi_K = p_K Y_K - p_G Y_G - rK - \int_0^{N_K} p_K^k(i) k(i) \, di$$

$$\pi_D = p_D Y_D - r_D D - \int_0^{N_D} p_D^d(i) d(i) \, di$$

其中，w_L 为普通劳动力的工资率，r 为市场利率水平，p_G 为信息技术基础设施投入品的价格，r_D 为使用数据的单位成本（包括数据购买和数据处理成本），$p_L^l(i)$、$p_K^k(i)$、$p_D^d(i)$ 为相应机器的价格。

在完全竞争市场上，中间品生产部门通过调整生产过程中使用的生产要素数量和信息技术基础设施数量来实现最大利润。因此，中间品生产部门利润最大化的一阶条件为：

$$\frac{\partial \pi_L}{\partial l(i)} = p_L \times \frac{1}{1-\beta} \times (1-\beta) \times l(i)^{-\beta} \times L_Y^\beta - p_L^l(i) = 0$$

$$\frac{\partial \pi_L}{\partial L_Y} = p_L \times \frac{1}{1-\beta} \times \left[\int_0^{N_L} l(i)^{1-\beta} di \right] \times \beta \times L_Y^{\beta-1} - w_L = 0$$

$$\frac{\partial \pi_K}{\partial Y_G} = p_K \times \frac{1}{1-\beta} \left[\int_0^{N_K} k(i)^{1-\beta} di \right] \times K^\beta \times \lambda\beta \times Y_G^{\lambda\beta-1} - p_G = 0$$

$$\frac{\partial \pi_K}{\partial K} = p_K \times \frac{\beta}{1-\beta} \left[\int_0^{N_K} k(i)^{1-\beta} di \right] \times K^{\beta-1} \times Y_G^{\lambda\beta} - r = 0$$

$$\frac{\partial \pi_K}{\partial k(i)} = p_K \times \frac{1}{1-\beta} \times (1-\beta) \times k(i)^{-\beta} \times (Y_G^\lambda K)^\beta - p_K^k(i) = 0$$

$$\frac{\partial \pi_D}{\partial d(i)} = p_D \times \frac{1}{1-\beta} \times (1-\beta) \times d(i)^{-\beta} \times D^\beta - p_D^d(i) = 0$$

$$\frac{\partial \pi_{23}}{\partial D} = p_D \times \frac{\beta}{1-\beta} \times \left[\int_0^{N_D} d(i)^{1-\beta} di \right] \times D^{\beta-1} - r_D = 0$$

求解得：

$$l(i) = \left(\frac{p_L}{p_L^l(i)} \right)^{\frac{1}{\beta}} \times L_Y \tag{4-11}$$

$$w_L = p_L \times \frac{\beta}{1-\beta} \left[\int_0^{N_L} l(i)^{1-\beta} di \right] \times L_Y^{\beta-1} \tag{4-12}$$

$$p_G = p_K \times \frac{\lambda\beta}{1-\beta} \left[\int_0^{N_K} k(i)^{1-\beta} di \right] \times K^\beta \times Y_G^{\lambda\beta-1} \qquad (4-13)$$

$$r = p_K \times \frac{\beta}{1-\beta} \left[\int_0^{N_K} k(i)^{1-\beta} di \right] \times K^{\beta-1} \times Y_G^{\lambda\beta} \qquad (4-14)$$

$$k(i) = \left(\frac{p_K}{p_K^k(i)} \right)^{\frac{1}{\beta}} \times (Y_G^\lambda K) \qquad (4-15)$$

$$d(i) = \left(\frac{p_D}{p_D^d(i)} \right)^{\frac{1}{\beta}} \times D \qquad (4-16)$$

$$r_D = p_D \times \frac{\beta}{1-\beta} \times \left[\int_0^{N_D} d(i)^{1-\beta} di \right] \times D^{\beta-1} \qquad (4-17)$$

（3）机器投入品生产部门。假设所有的机器由垄断厂商进行生产，其边际成本为 φ，价格分别为 $p_L^l(i)$、$p_K^k(i)$、$p_D^d(i)$，在机器数量给定的情况下，垄断厂商对其生产的机器价格做出决策，因此机器生产部门的利润最大化问题为：

$$\pi_{31} = p_L^l(i) l(i) - \varphi l(i)$$

$$\pi_{32} = p_K^k(i) k(i) - \varphi k(i)$$

$$\pi_{33} = p_D^d(i) d(i) - \varphi d(i)$$

垄断厂商的利润最大化一阶条件为：

$$\frac{\partial \pi_{31}}{\partial p_L^l(i)} = l(i) + p_L^l(i) \times l'(i) - \varphi l'(i)$$

$$= \left(\frac{p_L}{p_L^l} \right)^{\frac{1}{\beta}} \times L + p_L \times p_L^{\frac{1}{\beta}} \times \left(-\frac{1}{\beta} \right) \times (p_L^l)^{-\frac{1}{\beta}-1} \times L - \varphi p_L^{\frac{1}{\beta}} \times \left(-\frac{1}{\beta} \right) \times (p_L^l)^{-\frac{1}{\beta}-1} \times L = 0$$

由上式得：

$$p_L^l(i) = \frac{\varphi}{1-\beta}$$

同理可得：

$$p_K^k(i) = \frac{\varphi}{1-\beta}, \quad p_D^d(i) = \frac{\varphi}{1-\beta}$$

将机器的价格标准化为 1，即令边际成本 $\varphi = 1-\beta$，则 $p_L^l(i) = p_K^k(i) = p_D^d(i) = 1$，进而有：

$$l(i) = (p_L)^{\frac{1}{\beta}} \times L_Y$$

$$k(i)=(p_K)^{\frac{1}{\beta}}\times(Y_G^\lambda K)$$

$$d(i)=(p_D)^{\frac{1}{\beta}}\times D$$

（4）信息技术基础设施生产部门。信息技术基础设施生产部门使用信息创新要素中有形固定资产 G 和普通劳动力进行生产，其产出为信息技术基础设施。假设其生产函数为：

$$Y_G=L_G^\varepsilon G^{1-\varepsilon}$$

其中，ε 为普通劳动力 L_G 在信息技术基础设施生产部门的产出弹性。

利润函数为：

$$\pi_4=p_G Y_G-w_L L_G-rG$$

其中，p_G 为信息技术基础设施价格，w_L 为普通劳动力的工资率（本书假设信息技术基础设施生产部门和中间品生产部门普通劳动力工资率相等），r 为市场利率水平。

在完全竞争市场上，信息技术基础设施生产部门通过调整生产过程中使用的生产要素数量实现利润最大化。利润最大化的一阶条件为：

$$\frac{\partial \pi_4}{\partial L_G}=\varepsilon p_G\times L_G^{\varepsilon-1}G^{1-\varepsilon}-w_L=0, \quad \frac{\partial \pi_4}{\partial G}=(1-\varepsilon)p_G\times L_G^\varepsilon G^{-\varepsilon}-r=0$$

求解得：

$$w_L=\varepsilon p_G\times L_G^{\varepsilon-1}G^{1-\varepsilon} \tag{4-18}$$

$$r=(1-\varepsilon)p_G\times L_G^\varepsilon G^{-\varepsilon}$$

进而有：

$$\frac{w_L}{r}=\frac{\varepsilon}{1-\varepsilon}\times\frac{G}{L_G}$$

$$w_L=\varepsilon p_G\times L_G^{\varepsilon-1}G^{1-\varepsilon}$$

结合式（4-11）、式（4-12）和式（4-18）得：

$$p_G=\frac{\beta}{\varepsilon(1-\beta)}N_L(p_L)^{\frac{1}{\beta}}L_G^{1-\varepsilon}G^{\varepsilon-1}$$

综合上述分析，中间品生产部门达到市场均衡时，劳动密集型产品的产量为：

$$Y_L=\frac{1}{1-\beta}\times\left[\int_0^{N_L}l(i)^{1-\beta}di\right]\times L_Y^\beta=\frac{1}{1-\beta}N_L(p_L)^{\frac{1-\beta}{\beta}}L_Y \tag{4-19}$$

资本密集型产品的产量为：

$$Y_K = \frac{1}{1-\beta} \times \left[\int_0^{N_K} k(i)^{1-\beta} di \right] \times (Y_G^{\lambda} K)^{\beta} = \frac{1}{1-\beta} N_K (p_K)^{\frac{1-\beta}{\beta}} (L_G^{\varepsilon} G^{1-\varepsilon})^{\lambda} K \qquad (4-20)$$

数据密集型产品的产量为：

$$Y_D = \frac{1}{1-\beta} \times \left[\int_0^{N_D} d(i)^{1-\beta} di \right] \times D^{\beta} = \frac{1}{1-\beta} N_D (p_D)^{\frac{1-\beta}{\beta}} D \qquad (4-21)$$

结合式（4-2）至式（4-7）得：

$$p_L = \alpha^{\alpha+\beta-\alpha\beta} \beta^{\beta(1-\beta)} (1-\alpha-\beta)^{(1-\beta)(1-\alpha-\beta)} A N_L^{-\beta(1-\alpha)} N_K^{\beta^2} N_D^{\beta(1-\alpha-\beta)} L_Y^{-\beta(1-\alpha)} L_G^{\lambda\varepsilon\beta^2} \times$$
$$K^{\beta^2} G^{\lambda\beta^2(1-\varepsilon)} D^{\beta(1-\alpha-\beta)}$$

$$= U_L \times A N_L^{-\beta(1-\alpha)} N_K^{\beta^2} N_D^{\beta(1-\alpha-\beta)} L_Y^{-\beta(1-\alpha)} L_G^{\lambda\varepsilon\beta^2} K^{\beta^2} G^{\lambda\beta^2(1-\varepsilon)} D^{\beta(1-\alpha-\beta)} \qquad (4-22)$$

其中，$U_L = \alpha^{\alpha+\beta-\alpha\beta} \beta^{\beta(1-\beta)} (1-\alpha-\beta)^{\frac{(1-\beta)(1-\alpha-\beta)}{\beta}} > 0$。

$$p_K = U_K \times A N_L^{\alpha\beta} N_K^{-\beta(1-\beta)} N_D^{\beta(1-\alpha-\beta)} L_Y^{\alpha\beta} L_G^{-\beta\lambda\varepsilon(1-\beta)} K^{-\beta(1-\beta)} G^{-\beta\lambda(1-\varepsilon)(1-\beta)} D^{\beta(1-\alpha-\beta)} \qquad (4-23)$$

其中，$U_K = \alpha^{\alpha(1-\beta)} \beta^{2\beta-\beta^2} (1-\alpha-\beta)^{(1-\beta)(1-\alpha-\beta)} > 0$。

$$p_D = U_D \times A N_L^{\alpha\beta} N_K^{\beta^2} N_D^{-\beta(\alpha+\beta)} L_Y^{\alpha\beta} L_G^{\lambda\varepsilon\beta^2} G^{\beta^2\lambda(1-\varepsilon)} D^{-\beta(\alpha+\beta)} K^{\beta^2} \qquad (4-24)$$

其中，$U_D = \alpha^{\alpha(1-\beta)} \beta^{\beta(1-\beta)} (1-\alpha-\beta)^{1-(\alpha+\beta)(1-\beta)} > 0$。

将式（4-19）至式（4-24）代入式（4-1）得经济总产出 Y 关于要素的函数：

$$Y = \frac{1}{1-\beta} \alpha^{\alpha} \beta^{\beta} (1-\alpha-\beta)^{1-\alpha-\beta} A^{\frac{1}{\beta}} N_L^{\alpha} N_K^{\beta} N_D^{1-\alpha-\beta} L_Y^{\alpha} L_G^{\lambda\varepsilon\beta} G^{\lambda(1-\varepsilon)\beta} D^{1-\alpha-\beta} K^{\beta}$$

令 $L_Y = l_Y L$，其中 L 为经济中普通劳动力总人数，$l_Y > 0$ 为从事劳动密集型机器生产的普通劳动力占普通劳动力总人数的比例，则经济总产出关于要素函数为：

$$Y = \frac{1}{1-\beta} \alpha^{\alpha} \beta^{\beta} (1-\alpha-\beta)^{1-\alpha-\beta} A^{\frac{1}{\beta}} l_Y^{\alpha} (1-l_Y)^{\lambda\varepsilon\beta} N_L^{\alpha} N_K^{\beta} N_D^{1-\alpha-\beta} L^{\alpha+\lambda\varepsilon\beta} \times G^{\lambda(1-\varepsilon)\beta} D^{1-\alpha-\beta} K^{\beta}$$

$$(4-25)$$

（5）研发创新部门。研发部门由一系列自由进入的研发企业构成。假设研发活动由研发人员实施，在研发活动中投入人力创新要素 H 和技术创新要素 R（主要指研发资本），研发活动中研发人员产出弹性为 δ，研发资本产出弹性为 $1-\delta$，$0<\delta<1$。研发一旦成功，该研发部门则拥有研发成果的专利权，在市场上通过将专利租给垄断厂商进行生产。研发部门需要研发出劳动密集型、资本密集型和数据密集型机器，该三种机器被创造出来的创新可能性前沿为：

$$\dot{N}_L = \eta_L N_L (a_1 H)^\delta (b_1 R)^{1-\delta} \tag{4-26}$$

$$\dot{N}_K = \eta_K N_K (a_2 H)^\delta (b_2 R)^{1-\delta} \tag{4-27}$$

$$\dot{N}_D = \eta_D N_D (a_3 H)^\delta (b_3 R)^{1-\delta} \tag{4-28}$$

η 代表创新成功率，即投入 1 单位人力创新要素和 1 单位技术创新要素增加的相应机器数量。创新成功率 η_L、η_K、η_D 均大于零，表明更多的人力创新要素和技术创新要素投入会带来更多新机器的发明。a_1、a_2、$a_3 > 0$（b_1、b_2、$b_3 > 0$）分别表示从事劳动密集型机器、资本密集型机器和数据密集型机器研发的人力创新要素（技术创新要素）比例，并且 $a_1 + a_2 + a_3 = 1$，$b_1 + b_2 + b_3 = 1$。

对于研发创新部门而言，研发新机器种类 i 的价值可以用未来利润的现值来表示，即：

$$V_f(i, \ t) = \int_0^\infty \exp \left[- \int_t^s r(s') ds' \right] \pi_f(i, \ s) ds$$

其中，f=（L，K，D）。

技术市场出清条件为，投资于劳动密集型、资本密集型和数据密集型机器的收益相等，即有 $\eta_L V_L = \eta_K V_K = \eta_D V_D$。

4.2.2 模型结论分析

由式（4-25）可知，经济总产出 Y 为劳动密集型机器的种类数 N_L、资本密集型机器的种类数 N_K、普通劳动力 L、物质资本 K 以及数据密集型机器种类数 N_D、信息创新要素中的有形固定资产投入 G、数据要素 D 的函数，表明普通生产要素和创新要素为推动经济增长的源泉。

式（4-25）对劳动密集型机器种类数 N_L 求偏导数，得：

$$\frac{\partial Y}{\partial N_L} = u A^{\frac{1}{\beta}} l_Y^\alpha (1-l_Y)^{\lambda \varepsilon \beta} \alpha N_L^{\alpha-1} N_K^\beta N_D^{1-\alpha-\beta} L^{\alpha+\lambda\varepsilon\beta} G^{\lambda(1-\varepsilon)\beta} D^{1-\alpha-\beta} K^\beta$$

其中，$u = \frac{1}{1-\beta} \alpha^\alpha \beta^\beta (1-\alpha-\beta)^{1-\alpha-\beta} > 0$。由于本书假设 $l_Y > 0$，因此有 $\frac{\partial Y}{\partial N_L} > 0$。表明在其他条件不变的情况下，经济总产出为劳动密集型机器种类数的增函数，劳动密集型机器种类数的增长能够提升经济高质量发展的经济总产出。

进一步由式（4-26）对 H 求偏导数得：

$$\frac{\partial \dot{N}_L}{\partial H}=\eta_L\delta a_1^\delta N_L H^{\delta-1}(b_1R)^{1-\delta}$$

由于研发部门对劳动密集型机器的创新成功率 $\eta_L>0$，产出弹性 $\delta>0$，知识存量为正，投入研发部门的人力创新要素比例 $a_1>0$，因而有 $\frac{\partial \dot{N}_L}{\partial H}>0$。表明研发部门劳动密集型机器的研发产出增量为投入该部门人力创新要素的增函数，即研发部门人力创新要素投入量的增加能够提升研发部门研发成果产出。

式（4-26）对 R 求偏导数得：

$$\frac{\partial \dot{N}_L}{\partial R}=\eta_L\delta b_1^{1-\delta}N_L(a_1H)^\delta R^{-\delta}>0$$

表明研发部门劳动密集型机器的研发产出增量为投入该部门技术创新要素的增函数，也即研发部门技术创新要素投入量的增加能够提升研发部门研发成果产出。

同理，式（4-25）分别对资本密集型机器的种类数 N_K、数据密集型机器种类数 N_D 求偏导数可得相似结论，即在其他条件不变的情况下，经济总产出为资本密集型和数据密集型机器种类数的增函数，而研发部门对人力创新要素和技术创新要素投入量越多，研发出的机器种类数就越多。

在其他条件不变的情况下，人力创新要素和技术创新要素存量增长通过提高研发创新部门研发机器种类数进而提升中间产品部门产量进一步促进经济总产出的增长从而促进经济高质量发展。

式（4-25）分别对普通劳动力 L、物质资本 K、信息创新要素中的有形固定资产投入 G、数据要素 D 求偏导数得：

$$\frac{\partial Y}{\partial L}=u(\alpha+\lambda\varepsilon\beta)A^{\frac{1}{\beta}}l_Y^\alpha(1-l_Y)^{\lambda\varepsilon\beta}N_L^\alpha N_K^\beta N_D^{1-\alpha-\beta}L^{\alpha+\lambda\varepsilon\beta-1}G^{\lambda(1-\varepsilon)\beta}D^{1-\alpha-\beta}K^\beta>0$$

其中，$u=\frac{1}{1-\beta}\alpha^\alpha\beta^\beta(1-\alpha-\beta)^{1-\alpha-\beta}>0$。

表明在其他条件不变的情况下，经济总产出为普通劳动力投入量的增函数，经济中普通劳动力投入增长能够带来经济总产出的增长。

同理可得：

$$\frac{\partial Y}{\partial K}>0,\quad \frac{\partial Y}{\partial G}>0,\quad \frac{\partial Y}{\partial D}>0。$$

表明在其他因素不变的情况下，经济总产出为经济中物质资本存量、信息创新要素有形固定资产投资存量、数据要素资产投资的增函数，其投入增长能够带来经济总产出的增长。

综合上述分析，可得结论 1。

结论 1 经济生产过程中投入的普通劳动力、物质资本存量、人力创新要素、技术创新要素、信息创新要素（包括信息创新要素中的有形固定资产投资 G 和数据要素 D）存量水平对经济总产出 Y 具有正向促进作用。

由式（4-19）可知，劳动密集型产品的产量为：

$$Y_L = \frac{1}{1-\beta} N_L (p_L)^{\frac{1-\beta}{\beta}} L_Y = \frac{1}{1-\beta} N_L (p_L)^{\frac{1-\beta}{\beta}} l_Y L$$

将其写为 $Y_L = ML$，其中，

$$M = \frac{1}{1-\beta} N_L (p_L)^{\frac{1-\beta}{\beta}} l_Y \tag{4-29}$$

为劳动力 L 的技术效率参数。

由式（4-29）并结合式（4-1）可知，劳动的技术效率取决于劳动密集型机器种类数量，而机器种类数量的发明取决于研发部门对人力创新要素和技术创新要素的投入，因此，人力创新要素和技术创新要素投入通过提升劳动力技术效率进而促进劳动密集型产品产量的提升而驱动经济高质量发展。

由式（4-20）知，资本密集型机器的产量为：

$$Y_K = \frac{1}{1-\beta} N_K (p_K)^{\frac{1-\beta}{\beta}} (L_G^{\varepsilon} G^{1-\varepsilon})^{\lambda} K = NK$$

其中，$N = \frac{1}{1-\beta} N_K (p_K)^{\frac{1-\beta}{\beta}} (L_G^{\varepsilon} G^{1-\varepsilon})^{\lambda}$ $\tag{4-30}$

为资本 K 的技术效率参数。

由式（4-30）并结合式（4-1）可知，资本的技术效率取决于资本密集型机器种类数量及信息基础设施对资本扩展型技术的影响，而机器种类数量的发明取决于研发部门对人力创新要素和技术创新要素的投入，因此，人力创新要素、技术创新要素和信息创新要素的有形固定资产投资通过提升资本技术效率进而促进资本密集型产品产量的提升而驱动经济高质量发展。

由式（4-21）知，数据密集型产品的产量为：

$$Y_D = \frac{1}{1-\beta} N_D (p_D)^{\frac{1-\beta}{\beta}} D = QD$$

其中，$Q = \dfrac{1}{1-\beta} N_D (p_D)^{\frac{1-\beta}{\beta}}$ （4-31）

为数据要素 D 的技术效率参数。

由式（4-31）并结合式（4-1）可知，数据要素的技术效率取决于数据密集型机器种类数量，而机器种类数量的发明取决于研发部门对人力创新要素和技术创新要素的投入，因此，人力创新要素、技术创新要素通过提升数据要素技术效率进而促进数据密集型产品产量的提升而驱动经济高质量发展。

综合上述分析，可得结论 2。

结论 2 最终品生产部门的技术水平取决于研发部门研发新机器种类数，人力、技术创新要素和信息创新要素的有形固定资产投资通过提高劳动、资本和数据要素的技术效率进而促进资本、劳动和数据密集型产品产量而驱动经济高质量发展，即研发部门创新要素通过提升生产部门要素的技术效率从而提高整体要素配置效率促进经济高质量发展。

综合上述分析，创新要素对经济高质量发展的具体影响路径如下：

人力创新要素和技术创新要素投入通过研发部门研发创新成功到机器生产部门转化，再到中间品生产部门对劳动密集型、资本密集型和数据密集型产品生产，最后到最终品生产部门产出这一生产过程的流转，最终对该地区经济高质量发展产生影响；信息创新要素中的有形固定资产投资通过信息技术基础设施生产部门转化到中间品生产部门资本密集型产品生产，最后到最终品生产部门产出这一生产过程的流转，最终对经济高质量发展产生影响；数据要素通过中间品生产部门数据密集型产品生产到最终品生产部门产出这一生产过程的流转，最终对经济高质量发展产生影响。

4.3 创新要素作用于经济高质量发展的实证测度

创新要素作为经济高质量发展的新动能，立足于经济增长理论，本节采用生产函数法测度创新要素对经济高质量发展的贡献程度。由于生产函数中各创新要素为具体创新要素投入产出情况，所以本节从创新要素生产力系统中依据本书创新要素内涵析取创新要素并对其进行核算测度，作为生产关系的制度创新要素则归入其他剩余要素中。

4.3.1 纳入生产函数创新要素变量选取与测度

本节分别根据文中创新要素的具体内涵，结合现有文献生产函数中创新要素的具体选取方法，选择适合纳入生产函数的创新要素采用生产函数法解析各创新要素对经济高质量发展的作用效果。

4.3.1.1 人力创新要素

本书中人力创新要素特指具有高学历、强技能或专门从事生产研发的劳动力，是创新活动中最本质的要素。从人力创新要素的内涵可知人力创新要素参与生产的关键在于从事生产研发，而本书中人力创新要素指标体系的人力投入中涵盖高技术产业、高等学校和研究与开发机构研发人员全时当量，但由于研发人员并非全部来自此三类创新主体，而机器人保有量作为替代劳动参与创新生产亦能增强人力创新要素效能（蔡跃洲、陈楠，2019），因此为保证测度的全面性，参照 Liu 等（2020）、Wang 和 Yang（2020）、陈创练等（2020）、李晓峰和卢紫薇（2021）的研究，同时考虑到普通劳动力指标选取，本节选取各地区研发人员数来衡量人力创新要素投入情况。为便于将人力创新要素和普通劳动力进行区分，普通劳动力一般用从业人员数来衡量，因此，本节将从业人员数扣除研发人员部分作为普通劳动力。

4.3.1.2 资本创新要素

（1）资本创新要素核算范围。本书中资本创新要素指专门用于价值链高端环节的资金，价值链高端环节指企业或其他创新主体提高自主创新能力、产生高附加值的环节，主要包括研发设计、科技产品量产、品牌营销等。根据资本创新要素内涵，用于研发的经费支出、用于创新生产的经费支出均属于资本创新要素。早期的生产函数理论在要素的投入中一般认为资本投资为实物资本，而将研发投入等无形资本视为中间投入（Cobb & Douglas，1928；Solow，1957；Denison，1962），自从 Hulten（1979）提出凡是为提高未来消费而非现时消费的支出都可认为是资本投资之后，Corrado 等（2005）、Clayton 等（2009）、郑世林和张美晨（2019）基于以上理论在经济增长理论模型中将研发支出视为资本投资。本节参照上述处理方式，将研发投入等无形资本处理为资本投资并纳入生产函数。因此，本节资本创新要素包含：①研发经费内部支出，采用各区域研发经费内部支出衡量；②创新生产经费，本书从 A 股上市公司中筛选出科技型上市公司通过微观数据加总方法获得科技型上市公司融资额，由于科技型上市公司融资可能用于研发创新，也可能用于创新生产，而用于研发创新部分已计入了研发投入中，为避免重复计算，本书参考田侃等（2016）对新建筑和工程设计的无形资产估计方法，只取其 50%代表创新生产经费计入资本创新要素。综合上述分析，本节将研发经费内部支出与科技型上市公司融资额的 50%之和作为资本创新要素投入。

（2）资本创新要素的估算。

第一，价格指数的估算。朱平芳和徐伟民（2003）、王亚菲和王春云（2018）从研发支出的日常性支出和固定资产支出用途角度采用消费价格指数和固定资产投资价格指数的加权价格指数构建合成价格指数，本节采用其做法构建加权价格指数，即加权价格指数＝0.55×消费价格指数＋0.45×固定资产投资价格指数。

第二，折旧率的选取。根据几何折旧率 $\delta = 1 - (d_T)^{1/T}$，得到折旧率水平 δ。其中，T 为资产的使用期限，鉴于无形资产摊销年限不得低于 10 年，因而将期限 T 设为 10 年。d_T 为资产的残值率，参考王文静和高敏雪（2019）的做法，将残值率 d_T 设定为 10%，可得折旧率 $\delta = 0.2057$。资本创新要素投入采用上述构建的加权价格指数以 2009 年为基期对各年增量进行价格调整和存量调整。

4.3.1.3　技术创新要素

本书中技术创新是指创新主体吸收、转化或颠覆内外部现有技术资源成果进行新技术新产品开发的过程，而技术创新要素是技术创新的支撑要素，是一种具有成本和价格的经济资源（卢奇，2005）。技术创新要素特指凝结于技术创新生产中的经验、技能、知识等促进技术创新的资源，其本质为无形资产。技术资源转化为技术资本、技术资本作为技术创新要素时，技术才能成为企业生存和发展的方式（陈刚，2011）。从宏观经济增长角度，新古典经济增长理论认为技术进步是维持经济长期稳定增长的内在动力，内生增长理论将技术进步内生化并阐明经济长期稳定增长的关键在于技术进步。从微观企业创新生产角度，对新能源、

创新要素配置推动经济高质量发展的机制研究

新材料、新工艺的推广，对原有技术的改造应用等均属于技术创新（吕海萍，2019）。技术创新要素应成为独立于劳动、资本等的核心要素（雷鸣、周国华，2013），其参与创新生产、实现价值增值、参与收入分配均需与资本要素有机融合（李松龄，2021），即技术创新要素资本化。陈刚（2011）采用无形资产代表企业的技术资本，本节沿用其思路，基于技术创新要素资本化角度，认为技术创新投入一方面来源于内部研发创新，另一方面来源于外部技术引进（李培楠等，2014），因此本节技术创新要素投入分为三方面：①内部开发，体现为研发经费内部支出，本节将该部分归入资本创新要素；②外部引进，体现为国外技术引进经费支出、购买国内技术经费支出；③技术转化，一方面体现为对引进技术的消化吸收，另一方面体现为对自主开发和引进技术的改造经费支出。

限于统计数据可得性，本节选取的技术创新要素资本投入仅涵盖高新技术产业。根据《中国高新技术产业统计年鉴》对指标的解释，技术改造经费一般是指企业将先进科技成果应用于创新生产实现设备的更新换代以提高产品质量等经费支出，根据其概念，本节假设技术改造经费为企业为实现创新生产而进行的技术改造创新投入，根据固定资产投资概念，该部分属于固定资产投资；购买国内技术经费、国外技术引进经费均指用于购买产品设计、专利、图纸及样机设备等的费用支出，属于固定资产中的知识产权产品经费，因此该部分也计入了固定资产投资；消化吸收经费是指对引进技术的掌握、应用、复制过程中产生的人员培训费、工装、工艺的开发费以及配套设备费等，由于高新技术企业该三项费用的支出可能用于研发，也可能用于改造现有技术，但由于缺乏企业应用于研发经费比例数据，为避免重复计算，本节假设用于研发的比例为50%[①]，剩余部分为技术开发用于创新生产部分的技术投入。高新技术企业用于创新生产经费可能来源于企业自有资金，也可能来源于企业融资，因此该部分资金投入可能与科技型上市公司融资额用于创新生产的经费重复，但由于本节该部分只计入了50%且科技型上市公司融资额用于创新生产的经费也只计入50%，所以本书认为该两部分重复计算的比例较低。由于技术创新要素在促进技术创新的基础上留存了知识的积

---

① 本书假设高新技术企业一方面从事研发创新以开发新产品，另一方面从事技术成果转化。因此本书参照田侃等（2016）对新建筑和工程设计的估计方法，用于研发部分已计入研发资本中，为避免重复计算，只取50%计入。

· 92 ·

累，所以技术创新要素也采用资本存量的形式衡量。参照田侃等（2016）关于无形资产存量估算方法，先计算技术创新要素各项的投入量，然后加总获得总的技术创新要素投资并计算存量。

4.3.1.4 信息创新要素

本书中信息创新要素是指创新生产活动中所需要的一切具有共享性、时效性、动态性、外部性的资源，主要以信息资源形态存在。信息创新要素作为一种新型生产要素，其作为投入要素进入生产主要依赖信息通信技术等有形固定资产投资及数据、软件等无形资产的投资，因此，本节信息创新要素投入主要从两个方面进行测度：一是信息通信技术等有形固定资产投资；二是数据、软件等无形资产投资。

（1）固定资产投资：采用信息传输、软件和信息技术服务业固定资产投资衡量。

高敏雪等（2018）指出，固定资产是指在生产过程中可以反复或连续使用的资产，具体包括以下类别：住房、其他房屋和建筑物、机器设备、牲畜和林木等培育性固定资产和以各种知识产权产品形式（如研究与开发、计算机软件和数据库、矿藏勘探价值、娱乐与艺术品原件等）等存在的无形资产。经查阅《2017年国民经济行业分类与代码》关于信息传输、软件和信息技术服务业的细分大类，发现该行业包含电信、广播电视和卫星传输服务、互联网和相关服务、软件和信息技术服务业。国民经济核算体系 SNA2008 将信息、计算机和通信设备定义为使用电子控制装置的设备和组成这些设备的电子零部件，因此，本书认为信息传输、软件和信息技术服务业涵盖了信息通信技术，进一步地，国家统计局固定资产投资统计数据显示，固定资产投资不包括计算机软件产品等知识产权产品的支出，因此，本节选取信息传输、软件和信息技术服务业全社会固定资产投资衡量信息创新要素有形固定资产投资。

研发经费内部支出包括日常性支出和资产性支出，而资产性支出属于固定资产投资，参照郑世林和张美晨（2019）的做法，为避免重复计算，本节将信息传输、计算机服务和软件业全社会固定资产投资中来自研发资产性支出部分扣除。本节假设研发支出资产性投资中用于信息传输、计算机服务和软件业的比例与该行业全社会固定资产投资占全社会固定资产投资的比例相同，考虑到时间和区域的异质性，该比例分年度、分省份分别计算。因此，本节中信息传输、计算机服务和软件业全社会固定资产投资为剔除来自研发中的资产性支出部分。

首先，计算信息传输、计算机服务和软件业全社会固定资产投资扣除来自研发中的资产性支出，获得信息创新要素有形固定资产投资各年增量。其次，以2009 年为基期采用固定资产投资价格指数进行价格调整。

（2）无形资产投资：采用软件业务收入减去软件产品收入衡量，对其进行存量调整。

数据作为经济行为的副产品（Jones & Tonetti，2020；Cong et al.，2021），其进入创新生产并非新鲜事物。随着大数据、区块链等数字技术的发展，数据以爆炸式的速度增长，数据要素对经济的贡献以巨大的价值体现。数据是人们通过观察、度量、数字化等手段获得的原始材料（吴志刚，2020）[①]，通过进一步加工，可以将有意义、有逻辑的数据按照一定规则转化为信息，信息经过综合、提炼成为知识，人类通过综合运用知识进行决策从而形成智慧。根据数据、信息、知识、智慧金字塔，本书认为数据是数字化知识和信息，是描述事物的基本单元。数据作为数字经济关键生产要素，是信息创新要素的重要组成部分，而数据的价值体现是在一系列开发过程中逐步实现价值增值的过程，其中数据库及相关软件作为数据开发过程的产物，其价值也体现了数据要素的价值，因此，信息创新要素进入创新生产的途径包含以无形资产的形式进入。

借鉴 Cong 等（2021）的思想，当期研发部门利用劳动和数据要素进行研发生产，下一期生产研发部门可通过学习当期技术产品留存的知识而使得数据要素的价值得以共享，同时借鉴郑世林和张美晨（2019）对研发支出的处理，本书认为关于数据要素的投入支出亦可视为资本投资。而数据要素资本化的本质是以数据要素作为生产资料并通过明晰产权权属、价值评估等实现数据要素向数据资产转化，进而再通过市场化推动数据要素从资产向资本转变，通过资本运营实现数据要素的价值增值。

本书从数据资产核算角度出发，进而寻找到数据要素资产投资。

对于数据资产核算目前尚无统一定论。李静萍（2020）认为，数据要素具有收益性以及明确的经济所有权归属属性，因此，数据要素具有资产的基本特征，可以纳入数据资产范畴。对数据资产核算需考虑数据要素的排他性、规模经济性、动态性，因此，其认为进入数据库的聚合数据可视为数据资产，在进行数据

---

① 吴志刚. 从多个维度理解数据要素［N］. 中国电子报，2020-06-05（4）.

资产核算时应考虑两个阶段：一是数据要素本身作为资产的核算；二是进行数据开发时对数据开发伴随产出物的资产核算，如对数据库和数据分析软件等资产的核算。笔者在正式出版的统计年鉴等数据库中未发现关于数据要素资本核算的信息，因此，数据要素本身的资产核算未纳入本书的核算体系，这在一定程度上低估了信息创新要素无形资产投资。

Corrado 等（2005）、田侃等（2016）、郑世林和杨梦俊（2020）均认为，信息资产属于无形资产，是经济增长的源泉和动力，并将计算机化信息资产定义为与数据、软件等相关的知识资本，涵盖数据库、软件等的开发与服务以及相关的信息咨询与处理服务。而软件等无形资产的投入和产出间存在显著的高度正相关关系，因此本节借鉴 Corrado 等（2005）、田侃等（2016）及郑世林和杨梦俊（2020）的做法，采用无形资产的相关产出数据衡量无形资产投资。根据《2010年全国投入产出延长表的编制方法》，计算机软件的销售收入（软件产品收入）计入信息传输、计算机服务和软件业，属于无形资产（田侃等，2016），本节将计算机化信息资产（软件业务收入减去软件产品收入）作为信息创新要素无形资产投资。

固定资产核算：

固定资产资本存量采用永续盘存法进行计算，选取 2009 年为基年，新增固定资产投资用固定资产投资价格指数进行平减。计算公式为：

$$K_{it} = K_{i(t-1)}(1-\delta) + N_{it}(1-0.5\delta)$$

其中，K_{it} 和 $K_{i(t-1)}$ 分别为 i 省 t 年和 t-1 年的固定资产投资资本存量，N_{it} 为 i 省 t 年的新增固定资产投资量，δ 为折旧率 9.6%（Wang et al.，2020）。基期固定资产投资的资本存量为 $K_{i0} = \dfrac{N_{i1}}{g+\delta}$，其中 g 为研究期内固定资产投资的平均增长率，采用累计法计算得到。

无形资产核算：

（1）折旧率的选取。本节无形资产采用软件业务收入减去软件产品收入衡量，由于软件等产品依附于电子计算机等固定资产设备，美国经济分析局一般将软件等产品的使用年限设置为 5 年，本节参照 Corrado（2009）的做法，经计算折旧率为 0.33。

（2）软件等价格指数的确定。郑世林和杨梦俊（2020）认为，软件产品等主要面向消费者同时受制于计算机、办公用品等固定资产，因此采用 0.6×消费者价格指数+0.4×固定资产投资价格指数构建加权价格指数并通过敏感性分析发现微调权重对估计结果影响不大，因此，本节采取与研发资本相同的价格指数，即加权价格指数=0.55×消费者价格指数+0.45×固定资产投资价格指数。

（3）无形资产资本存量的计算方法。本节参照 Young（2003）、Kamps（2006）、郑世林和杨梦俊（2020）的做法，采用 Goldsmith 的永续盘存法进行计算，选取 2009 年为基年。其计算公式为：$M_{it} = M_{i(t-1)}(1-\delta_t) + C_{it}$，其中 M_{it} 为 t 期无形资产存量，$M_{i(t-1)}$ 为上一期无形资产存量，C_{it} 为 t 期无形资产投资量，δ 为无形资产折旧率。基期无形资产资本存量为 $M_{i0} = C_{i0} / (g_c + \delta)$，其中 C_{i0} 为基期无形资产投资量，g_c 为无形资产投资增长率，本节假设无形资产存量增长率与投资增长率相同，在本节中对应于 2009~2019 年的几何平均增长率，δ 为无形资产折旧率。

信息创新要素资本存量为固定资产资本存量与无形资产资本存量之和。

综合上述分析，整理得到纳入生产函数生产要素核算范围及测算方法如表4-1 所示。

4.3.1.5 经济高质量发展

第 3 章从新发展理念角度构建了经济高质量发展指标体系，创新、协调、绿色、开放、共享的基本理念贯穿本书始终。经济高质量发展作为当前我国经济发展的首要目标，发展质量的高低最终以是否满足人民日益增长的美好生活需要来衡量（金碚，2018），而且本书认为创新要素驱动的经济增长即为经济高质量发展，同时本书生产要素中涵盖普通劳动力、物质资本、人力创新要素、技术创新要素和信息创新要素，因此，本节选取重新核算的国内生产总值（新产出）[1] 作为衡量我国经济高质量发展指标，进而采用生产函数法测度各创新要素对经济高质量发展的贡献率。

由于本节中创新要素包含无形资产，在 SNA2008 中未涵盖无形资产的相应报酬部分，参考郑世林和杨梦俊（2020）的做法，本节重新核算新产出，将真实GDP 与相应年份信息创新要素新增无形资产投资量及研发内部支出新增投资量[2]

---

[1] 本节新产出概念来源于郑世林和杨梦俊（2020）在研究无形资产对经济增长的贡献时引入的新产出概念，为区分真实 GDP 及考虑无形资产时本节重新核算的 GDP，本节将重新核算的国内生产总值称为新产出。

[2] 研发经费中人员报酬部分已作为增加值核算进 GDP 中（郑世林、张美晨，2019），本书将其扣除。

表4-1　纳入生产函数生产要素变量测度

生产要素	细分项目		核算范围
普通劳动力	从业人员数		各地区从业人员数减去研究与试验发展人员数量
物质资本	物质资本存量		全社会固定资产投资资本存量（扣除信息传输行业固定资产投资、研发经费中的资产性支出及技术创新要素中的固定资产部分）
人力创新要素	研发人员数		研究与试验发展人员数
技术创新要素	资本创新要素	研发经费	研发经费内部支出
		创新生产经费	科技型上市公司融资额×50%[①]
	原技术创新要素[②]	内部开发	内部研发经费支出（与资本创新要素的研发经费内部支出相同）
		外部引进	国外技术引进、购买国内技术经费支出，扣除用于研发部分（本文将该比例设为50%），该部分属于无形固定资产
		技术转化	技术改造经费支出，直接计入，属于有形固定资产 消化吸收经费，扣除用于研发部分（研发比例同外部引进）
信息创新要素	固定资产		信息传输、软件和信息技术服务业固定资产资本存量，剔除来自研发经费资产性支出部分
	无形资产		数据要素资产（限于统计数据可得性，未列入）
			数据开发伴随物资产：以产出衡量投入，以每年软件业务收入扣除软件产品收入作为投资，对其进行存量调整

注：本章各生产要素采用资本存量方式进行核算，关于资本存量的核算包括总资本存量、净资本存量和生产性资本存量（曾五一、赵昱焜，2019），本章仅核算净资本存量。

作为新产出。但由于在我国现有国民经济核算体系 SNA2008 中，数据价值的体现（数据库和数据分析软件）作为产出被记录在数据服务中（李静萍，2020），因此该部分（软件产品收入）已计入了 GDP 核算中，进而本节计入新产出中的信息创新要素无形资产投资为软件业务收入减去软件产品收入部分。由于传统经济增长模型将研发资本处理为中间投入，因此，在 GDP 核算中并未包含研发资本化后的相应报酬，同时由于研发资本为无形资产，本节将其直接计入新产

---

　　① 由于本章创新生产经费来源于不同行业不同企业的融资资金，企业可能将该部分资金用于购买设备等固定资产，也可能将该部分资金用于人员工资、材料等费用，为便于和研发资产性支出及物质资本区分，本章假设该部分仅用于人员工资及材料等未形成固定资产部分，这样可能造成物质资本和技术创新要素存在一定程度的估算误差。

　　② 为避免与创新生产经费重复并简化分析，本章假设外部引进和技术转化经费均来自企业自有资金。

出中。

综合上述分析，经济高质量发展的衡量指标为新产出，其核算范围包括：①真实 GDP；②研发经费内部支出扣除人员劳务报酬[①]；③软件业务收入减去软件产品收入。

4.3.2 创新要素存量估算结果分析

本节从统计核算角度通过确定各创新要素的核算范围及核算方法测度了经济高质量发展过程中创新要素生产力系统各创新要素的存量情况，具体测算结果如下。

4.3.2.1 人力创新要素

本节选用各地区研发人员数衡量人力创新要素的存量情况，2009~2019 年研究期内我国样本省份人力创新要素投入均值及增长率如图 4-2 所示。从全国整体来看，人力创新要素投入由 2009 年的 10.4893 万人增长到 2019 年的 23.4542 万人，年均增长率为 8.38%。由图 4-2 可知，从均值来看，人力创新要素投入较高省份依次为广东、江苏、浙江、山东、北京，投入较低省份为贵州、甘肃、新疆、宁夏、海南、青海和云南。从增长率来看，2009~2019 年人力创新要素投入几何年均增长率较高省份为贵州（12.91%）、江西（11.94%）、福建（11.80%）、重庆（11.65%）、安徽（11.59%），增长率较低省份为青海（2.55%）、内蒙古（2.44%）、新疆（2.38%）、山西（1.92%）、黑龙江（-0.43%），除黑龙江出现了负增长外，其他省份均呈现增长趋势。总体来看，投入量较高省份增长率相对较高，投入量较低省份增长率相对较低，因此，我国省份间人力创新要素投入差距在逐渐增大。

[①] 对研发经费内部支出资本存量的处理方法存在一定争议，郑世林和张美晨（2019）将研发经费内部支出中对应的劳动报酬部分扣除后进行存量核算，田侃等（2016）、郑世林和杨梦俊（2020）将科学研发计入创新资产核算创新资产时扣除了高等学校等的研发经费内部支出，在进行 GDP 核算中，直接将无形资产投资量计入 GDP。本节主要核算资本创新要素，考虑到高等学校、研究与开发机构等研发经费内部支出均属于本文的资本创新要素范畴，因此，在进行存量核算时未将其扣除。在新产出核算中，由于研发经费内部支出中人员劳务报酬已计入 GDP 中，因此，扣除该部分，并参照田侃等（2016）、郑世林和杨梦俊（2020）的做法，将相应无形资产投资直接计入新产出中。

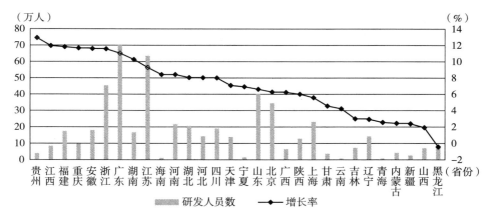

图 4-2　2009~2019 年我国样本省份人力创新要素投入均值及增长率

4.3.2.2　资本创新要素①

本节资本创新要素主要包括各地区研发经费内部支出及创新生产经费，本书认为研发及创新生产经费投入能够通过形成知识积累促进未来技术进步而增加未来消费（郑世林、张美晨，2019），因此，对其以 2009 年为基期进行存量调整。图 4-3 给出了研究期内我国样本省份资本创新要素投入均值及增长情况。

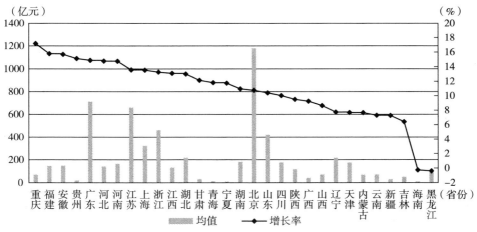

图 4-3　2009~2019 年我国样本省份资本创新要素投入均值及增长率

---

　　① 虽然本书在后文实证研究中将资本创新要素和技术创新要素合并称为技术创新要素，但为便于展示资本创新要素和技术创新要素存量情况，此处将其分开核算。

从全国层面来看，资本创新要素存量从 2009 年的 1041.88 亿元增长到 2019 年的 3188.01 亿元，年均增长率为 11.83%。由图 4-3 可知，从均值来看，资本创新要素存量较高的省份为北京（1180.3 亿元）、广东（711.43 亿元）、江苏（659.55 亿元）、浙江（461.5 亿元）、山东（421.01 亿元），存量较低的省份为新疆（30.08 亿元）、贵州（20.41 亿元）、青海（13.78 亿元）、海南（10.74 亿元）、宁夏（9.43 亿元）。从增长率来看，增长率较高的省份为重庆（17.19%）、福建（15.79%）、安徽（15.70%）、贵州（15.13%）、广东（14.88%），增长率较低的省份为云南（7.30%）、新疆（7.28%）、吉林（6.41%）、海南（-0.26%）、黑龙江（-0.38%）。总体来看，资本创新要素存量较高省份的增长率相对较高，存量较低省份的增长率相对较低，省份间资本创新要素的存量水平差距在逐渐增大。

4.3.2.3 技术创新要素

本节技术创新要素主要从内部开发、外部引进及技术转化投入层面展开存量测算，将内部开发部分的研发投入归入资本创新要素，因此对技术创新要素的测算存在一定程度的低估。图 4-4 给出了研究期内我国样本省份技术创新要素投入均值及增长率情况。从全国整体来看，由 2009 年的 147.22 亿元增长到 2019 年的

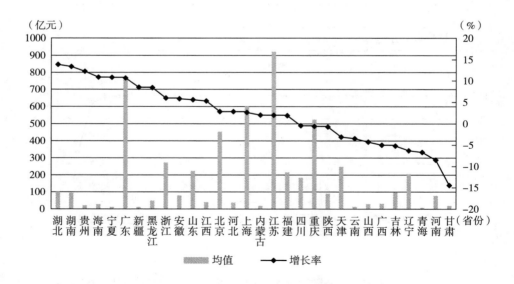

图 4-4 2009~2019 年我国样本省份技术创新要素投入均值及增长率

197.28 亿元，年均增长率为 2.97%。从均值来看，技术创新要素存量排名靠前的省份为江苏（921.14 亿元）、广东（759.83 亿元）、上海（601.14 亿元）、重庆（524.63 亿元）、北京（453.75 亿元），排名靠后的省份为内蒙古（18.48 亿元）、云南（13.20 亿元）、宁夏（11.16 亿元）、新疆（11.11 亿元）、青海（7.54 亿元）。从增长率来看，增长率排名靠前的省份为湖北（13.89%）、湖南（13.39%）、贵州（12.25%）、海南（10.87%）、宁夏（10.82%），排名靠后的省份为吉林（−5.19%）、辽宁（−6.30%）、青海（−6.68%）、河南（−8.49%）、甘肃（−14.45%）。总体来看，技术创新要素存量较低省份中部分省份增长率较高，存在一定的追赶现象，但部分存量水平较低省份增长率依然较低，存量水平较高省份增长率居中上位置，依然没有改变省份间差距增大的趋势。

4.3.2.4　信息创新要素

本节信息创新要素主要从有形固定资产和无形资产层面测算投入，由于无形资产中较为重要的数据要素资产目前尚无权威统计数据，故未列入本节的核算中，而数据要素作为信息创新要素中最为重要的部分，使本节对信息创新要素的测算存在较大程度的低估。图 4-5 给出了研究期内我国样本省份信息创新要素投入均值及增长率情况。从全国整体来看，信息创新要素存量从 2009 年的 1201.25 亿

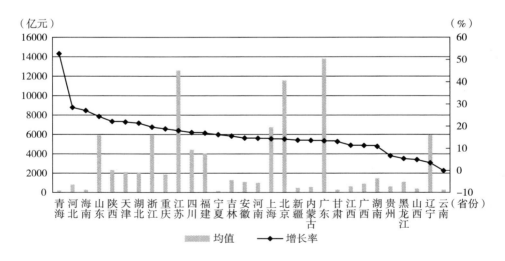

图 4-5　2009~2019 年我国样本省份信息创新要素投入均值及增长率

元增长到 2019 年的 3972.33 亿元，年均增长率为 12.70%。从均值来看，信息创新要素排名靠前的省份为广东（10705.66 亿元）、江苏（9872.99 亿元）、北京（7597.83 亿元）、上海（4962.73 亿元）、辽宁（4815.71 亿元）、浙江（4418.11 亿元），排名靠后的省份为海南（264.65 亿元）、甘肃（264.62 亿元）、云南（251.03 亿元）、宁夏（144.28 亿元）、青海（101.43 亿元）。从增长率来看，排名靠前的省份为青海（49.85%）、河北（25.48%）、海南（23.29%）、陕西（21.17%），排名靠后的省份为贵州（4.16%）、黑龙江（-0.10%）、山西（-0.44%）、辽宁（-0.75%）、云南（-1.08%）。总体来看，存在部分落后省份追赶现象，但投入较多省份增长率基本较高，投入较低省份增长率居于中下位置，因此依然难改省份间差距增大的趋势。

综合上述分析，我国各创新要素投入存在以下特点：①我国各创新要素投入均存在不同程度的增长趋势，尤其是信息创新要素，从全国整体均值来看投入增长率达到了 12.70%，居四种创新要素增长率首位，说明我国经济高质量发展阶段，信息创新要素逐渐受到重视；②总体来看，我国各创新要素投入在全国省份间分布存在不均衡现象，经济相对发达省份各创新要素投入均相对较高，经济欠发达省份各创新要素投入均相对较低，而且极化现象较严重，四种创新要素分布规律都是东部地区较多而中西部较少，各创新要素投入全国省份间差距却逐渐增大。造成该现象的原因可能是由于本书核算的是创新要素，创新要素本身具有较强的流动性特征，而创新要素集聚能够发挥乘数效应，因而在市场作用下更容易加剧形成创新要素两极分化。

4.3.3 创新要素投入的产出份额估计

上文从创新要素生产力系统中析出各创新要素投入并进行了测度，接下来将创新要素纳入生产函数测度创新要素对经济高质量发展的贡献程度。由于在测度过程中技术创新要素内部开发部分投入归入了资本创新要素，使资本创新要素存在一定程度的高估而技术创新要素存在一定程度的低估，同时本书包含的创新要素种类较多，为便于分析，下文将资本创新要素和技术创新要素合并，统称为技术创新要素。因此，本章生产函数包括普通劳动力、人力创新要素、物质资本、技术创新要素和信息创新要素。

各创新要素投入的产出份额一般需要估算总量创新生产函数，并在此基础上构建计量模型估计各创新要素的贡献程度（Markiw et al.，1992；田侃等，2016；郑世林、张美晨，2019）。本节假设 L、H、K、Te、In、Y 分别为普通劳动力、人力创新要素、物质资本、技术创新要素、信息创新要素和经济高质量发展，将其代入生产函数中，得模型：

$$Y = AF(L, H, K, Te, In) \tag{4-32}$$

其中，A 为剩余要素生产率。值得注意的是，根据 Solow 经济增长理论，经济高质量发展中不能被普通劳动力、人力创新要素、物质资本、技术创新要素、信息创新要素解释的部分全部被划归到剩余要素生产率中，因此，本节作为生产关系的制度创新要素的贡献归入了剩余要素生产率中。根据模型（4-32），经济高质量发展的变动是剩余要素生产率与普通劳动力、物质资本、创新要素生产力系统中四种创新要素共同作用的结果，即：

$$\Delta Y = F(L, H, K, Te, In) \times \Delta A + MPL \times \Delta L + MPH \times \Delta H + MPK \times \Delta K + MPTe \times \Delta Te + MPIn \times \Delta In \tag{4-33}$$

其中，MPL、MPH、MPK、MPTe、MPIn 分别表示普通劳动力、人力创新要素、物质资本、技术创新要素、信息创新要素的边际产出。方程（4-33）两边同时除以 Y，得：

$$\frac{\Delta Y}{Y} = \frac{\Delta A}{A} + \frac{MPL}{Y} \times \Delta L + \frac{MPH}{Y} \times \Delta H + \frac{MPK}{Y} \times \Delta K + \frac{MPTe}{Y} \times \Delta Te + \frac{MPIn}{Y} \times \Delta In \tag{4-34}$$

对式（4-34）进一步化简得：

$$\frac{\Delta Y}{Y} = \frac{\Delta A}{A} + \frac{MPL \times L}{Y} \times \frac{\Delta L}{L} + \frac{MPH \times H}{Y} \times \frac{\Delta H}{H} + \frac{MPK \times K}{Y} \times \frac{\Delta K}{K} + \frac{MPTe \times Te}{Y} \times \frac{\Delta Te}{Te} + \frac{MPIn \times In}{Y} \times \frac{\Delta In}{In} \tag{4-35}$$

其中，$\frac{MPL \times L}{Y}$、$\frac{MPH \times H}{Y}$、$\frac{MPK \times K}{Y}$、$\frac{MPTe \times Te}{Y}$、$\frac{MPIn \times In}{Y}$ 分别表示普通劳动力、人力创新要素、物质资本、技术创新要素和信息创新要素的产出份额。$\frac{\Delta Y}{Y}$、$\frac{\Delta A}{A}$、$\frac{\Delta L}{L}$、$\frac{\Delta H}{H}$、$\frac{\Delta K}{K}$、$\frac{\Delta Te}{Te}$、$\frac{\Delta In}{In}$ 分别表示经济高质量发展、剩余要素生产率、普通劳动力、人力创新要素、物质资本、技术创新要素和信息创新要素的增长率。因此式（4-35）进一步化简为：

$$\frac{\Delta Y}{Y} = \frac{\Delta A}{A} + \alpha\frac{\Delta L}{L} + \beta\frac{\Delta H}{H} + \gamma\frac{\Delta K}{K} + \eta\frac{\Delta Te}{Te} + \theta\frac{\Delta In}{In} \tag{4-36}$$

为测度各要素对经济高质量发展的贡献率，具体地，本书假设生产函数为 Cobb-Douglas 形式，构建 C-D 生产函数如下：

$$Y_t = A_t L_t^\alpha H_t^\beta K_t^\gamma Te_t^\eta In_t^\theta \tag{4-37}$$

其中 α、β、γ、η、θ 分别表示普通劳动力、人力创新要素、物质资本、技术创新要素和信息创新要素的产出弹性，且 $\alpha+\beta+\gamma+\eta+\theta=1$。

为消除要素数据共线性，式（4-37）两边同时除以 L_t，得：

$$\frac{Y_t}{L_t} = A_t \left(\frac{H_t}{L_t}\right)^\beta \left(\frac{K_t}{L_t}\right)^\gamma \left(\frac{Te_t}{L_t}\right)^\eta \left(\frac{In_t}{L_t}\right)^\theta$$

写成集约型生产函数即：

$$y_t = A_t h_t^\beta k_t^\gamma te_t^\eta in_t^\theta \tag{4-38}$$

其中，y 为人均高质量发展的经济产出结果，h 为人力创新要素与普通劳动力的比例，k 为人均物质资本存量，te 为人均技术创新要素存量，in 为人均信息创新要素存量。

由于本节生产函数中包含要素种类较多，为进一步消除数据共线性，参考刘云霞等（2021）的做法，式（4-38）两边同时除以 y_{t-1} 得：

$$\frac{y_t}{y_{t-1}} = \frac{A_t}{A_{t-1}} \left(\frac{h_t}{h_{t-1}}\right)^\beta \left(\frac{k_t}{k_{t-1}}\right)^\gamma \left(\frac{te_t}{te_{t-1}}\right)^\eta \left(\frac{in_t}{in_{t-1}}\right)^\theta \tag{4-39}$$

假设 $A_t = Ae^{rt}$，则式（4-39）取对数后为：

$$\ln y_t - \ln y_{t-1} = r + \beta(\ln h_t - \ln h_{t-1}) + \gamma(\ln k_t - \ln k_{t-1}) + \eta(\ln te_t - \ln te_{t-1}) + \theta(\ln in_t - \ln in_{t-1}) + \delta_t + \mu + \varepsilon_t \tag{4-40}$$

其中，δ_t 为时间固定效应，μ 为省份固定效应，ε_t 为随机误差项。

4.3.4　估计结果分析

4.3.4.1　创新要素产出份额估计结果分析

接下来，本节利用上文估算的普通劳动力、物质资本、人力创新要素、技术创新要素、信息创新要素和新产出的 2009~2019 年我国 30 个省份面板数据对式（4-40）采用普通最小二乘法进行估计，由于面板数据的双向固定效应能够避免内生性所带来的有偏估计，因此，本书采用模型 4 的估计结果进行分析，如表 4-2 所示。

表 4-2 弹性系数估计结果

被解释变量：$\ln(y_t/y_{t-1})$	模型 1	模型 2	模型 3	模型 4
$\ln(h_t/h_{t-1})$	0.2080 *** (0.0360)	0.1078 *** (0.0372)	0.0665 * (0.0397)	0.1902 *** (0.0457)
$\ln(k_t/k_{t-1})$	0.2308 *** (0.0508)	0.4510 *** (0.0891)	0.6306 *** (0.0931)	0.3051 ** (0.1210)
$\ln(te_t/te_{t-1})$	0.2262 *** (0.0414)	0.1339 ** (0.0610)	0.0936 * (0.0571)	0.2400 *** (0.0855)
$\ln(in_t/in_{t-1})$	0.0907 *** (0.0238)	0.0555 ** (0.0234)	0.0547 *** (0.0162)	0.1121 *** (0.0362)
常数项	−0.0678 *** (0.0047)	−0.0723 *** (0.0124)	−0.0881 *** (0.0105)	−0.0783 *** (0.0070)
年份固定效应	否	是	否	是
省份固定效应	否	否	是	是
观测值	300	300	300	300
调整后的 R^2	0.5751	0.7683	0.7438	0.5781

注：*、**、***分别表示在 10%、5%、1%的水平下显著，括号内数值为稳健标准误[1]。

由表 4-2 可知，人力创新要素、物质资本、技术创新要素、信息创新要素的产出份额分别为 0.1902、0.3051、0.2400、0.1121，进而可得普通劳动力的产出份额为 0.1526。根据分析结果可知，物质资本作为经济发展的主要投入，其对经济高质量发展的影响最大，其次为技术创新要素、人力创新要素、普通劳动力和信息创新要素，信息创新要素的弹性系数较小，这可能是由于本文核算的信息创新要素未包含数据要素资产，因而使得信息创新要素的产出弹性存在一定程度低估。本节对创新要素产出弹性的测算结果从一定程度上验证了 4.2 节的结论 1 和结论 2。

4.3.4.2 创新要素贡献率估计结果分析

本节剩余要素生产率主要指除普通劳动力、物质资本、人力创新要素、技术

---

① 参考郑世林和杨梦俊（2020）的做法，本节通过重新设置价格指数的方法重新核算各创新要素的存量并测算其产出弹性，其变化在可接受范围内。

创新要素和信息创新要素外的剩余部分对经济高质量发展的贡献，包括本书中的制度创新要素，与传统经济增长理论的全要素生产率不同。将根据式（4-39）估计得到的 β、γ、η、θ 的值代入式（4-40）即可得到剩余要素生产率和各要素对经济高质量发展的贡献率。由于本节在对物质资本、技术创新要素和信息创新要素进行估算时采用永续盘存法计算资本存量，而资本存量的测算受基期选择影响较大，同时由于折旧的原因，时间越长其受到的影响越小（田侃等，2016；陈昌兵，2014），所以本节仅报告 2014 年之后的结果。

图 4-6 描述了 2014～2019 年全国层面普通劳动力、物质资本及创新要素的贡献率。由图 4-6 可以发现，2015 年出现较为异常现象，人力创新要素和普通劳动力贡献率突然下降，而信息创新要素贡献率上升幅度较大，这可能是由于党的十八大之后我国出台了一系列数字经济政策，使信息创新要素的投入大幅增长，而从投入到产出创新要素效能发挥具有滞后性，使其效应在 2015 年才得以显现。

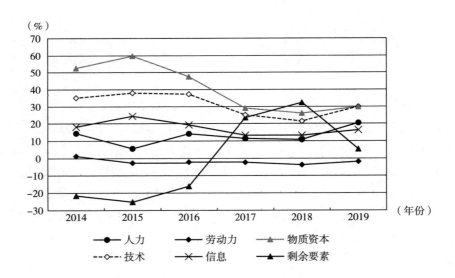

图 4-6　2014～2019 年全国层面各要素投入贡献率变化趋势

2014 年以来，从全国整体来看，物质资本对经济高质量发展的贡献率始终处于较高水平，而普通劳动力由于其增长率为负，因此，其对经济高质量发展的贡献率始终为负。在创新要素层面，技术创新要素对经济高质量发展的贡献率较高，超过了人力和信息创新要素。从创新要素和普通要素来看，创新要素（人力、技术和信息创新要素）对经济高质量发展的贡献率超过了普通要素（普通劳动力和物质资本）。由此可见，我国经济正由传统要素驱动转换为创新要素驱动，创新要素成为经济高质量发展的核心动力，尤其是技术创新要素，2019年技术创新要素的贡献率与物质资本的贡献率差距有所缩小。近年来我国加大了研发投入，"新经济"方兴未艾，互联网、人工智能、大数据、物联网、数字经济、共享经济等新业态发展迅猛，可以预判，未来信息创新要素会超越其他要素成为经济高质量发展的新动能。此外，剩余要素生产率的贡献率由负转正，表明我国经济高质量发展主要依赖本书所关注的要素投入，由于本节将制度创新要素归入了剩余要素生产率，而制度创新要素等其他要素的贡献在近年来逐步增长，表明我国社会主义经济制度在经济高质量发展阶段亦起到了关键作用。

4.3.4.3 四大区域传统要素及创新要素贡献率分析

本节进一步从东部地区、中部地区、西部地区及东北地区分析了各传统要素及创新要素对经济高质量发展的贡献，如图4-7所示。东部地区、中部地区和西部地区物质资本对经济高质量发展的贡献率最大，其次为技术创新要素、信息创新要素、人力创新要素和普通劳动力，而东北地区各要素对经济高质量发展的贡献率波动较大，但总体而言，物质资本和技术创新要素对经济高质量发展的贡献率相对较大。从图形来看，东北地区各要素贡献率变化趋势与其他地区差异较大，尤其是普通劳动力在2015年贡献率上升，信息创新要素、物质资本和剩余要素贡献率反而下降，这可能是由于以重工业为主的东北地区，在经济高质量发展阶段仍然是以普通劳动力为主，即使数字经济政策的刺激依然难以改变重工业劳动密集型特点，新技术在重工业中的应用价值体现需要更长时间。

具体来看，普通劳动力增长率对经济高质量发展的贡献为负，这主要是由于我国人口老龄化及出生率下降等，使普通劳动力增长率为负造成的。物质资本增长率在全国层面和各地区层面对经济高质量发展的贡献率均较高，说明我国经济高质量发展对物质资本的依赖度较高，尤其是中西部地区，物质资本对经济高质量发展贡献率较其他地区更高。

为了更清晰地展示各要素对经济高质量发展的贡献率，本节继续分析2014~2019年各要素平均增长率对经济高质量发展增长率的贡献率，如表4-3所示。

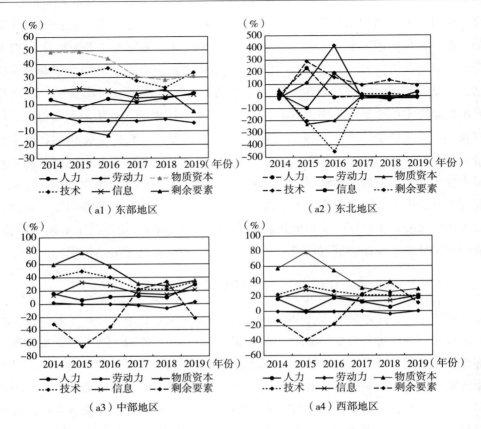

图4-7　2014~2019年四大区域传统要素及创新要素贡献率变化趋势

表4-3　2014~2019年各要素增长率对经济高质量发展的贡献率

区域	普通劳动力	物质资本	人力	技术	信息	剩余要素
全国	-2.58	36.99	12.39	29.55	16.71	6.94
东部地区	-2.46	36.46	13.02	30.32	17.71	4.95
东北地区	-26.00	13.85	-9.58	28.64	-3.77	96.86
中部地区	-1.72	41.97	13.35	31.37	20.97	-5.95
西部地区	-1.34	39.79	10.97	23.62	18.09	8.87

注：各要素和经济高质量发展增长率根据2014~2019年数据采用几何平均法计算得到，单位为%。

　　由表4-3计算结果可知，无论是全国层面还是各区域层面，普通劳动力对经济高质量发展的贡献率均为负，说明当前我国经济发展过程中面临的人口老龄化及出生率下降等问题使我国劳动力出现负增长，从而对经济高质量发展产生负向影响；东北地区各要素对经济高质量发展的贡献率与其他地区差异较大，这可能是由于东北地区以重工业为主，出现普通劳动力和创新劳动力下降幅度较其他地区大，而要素间的配置不均衡造成要素的效能发挥受到限制，从而影响了各要素对经济高质量发展的贡献。但总体来看，创新要素对经济高质量发展的贡献大于普通劳动力和物质资本对经济高质量发展的贡献，说明虽然东北地区存在一定程度的人口流出、要素投入不匹配不均衡等问题，但是依然未改变经济由传统要素驱动转为创新要素驱动的趋势，创新已成为经济发展的"新动能"。接下来主要分析除东北地区外的其他地区各要素对经济高质量发展的贡献率。

具体来看①，普通劳动力对经济高质量发展的贡献率为−3%～−1%，物质资本对经济高质量发展的贡献率为36%～42%，人力创新要素对经济高质量发展的贡献率为10%～14%，技术创新要素对经济高质量发展的贡献率为23%～32%，信息创新要素对经济高质量发展的贡献率为16%～21%。由此可见，在我国经济发展过程中，首先物质资本对经济高质量发展的贡献率最大，其次为技术创新要素、信息创新要素和人力创新要素，而普通劳动力对经济高质量发展的贡献率为负。综合来看，创新要素对经济高质量发展的贡献超过了传统要素，尤其是技术和信息创新要素，成为我国"新经济"发展的关键要素，大量资本投向研发、创新生产和新兴技术领域，促使创新要素成为我国经济的关键增长点，经济进而由传统要素驱动转化为新型要素驱动，随着经济发展新旧动能的转换，可以预判未来信息和技术创新要素将成为经济高质量发展的最主要动能。

---

① 由于东北地区各生产要素对经济高质量发展的贡献与其他地区差异较大，本节下述结论主要指除东北地区外各生产要素对经济高质量发展的贡献率。

5

综合创新要素配置对经济高质量
发展的影响机制

第4章从各单一创新要素角度探讨了创新要素配置对经济高质量发展的作用路径、作用机理，并采用生产函数法测度了各创新要素对经济高质量发展的贡献程度。按照从单一创新要素配置到综合创新要素配置这一思路，本章将创新要素配置系统细分为创新要素生产力系统和生产关系系统，基于政治经济学生产力和生产关系相互作用角度探讨创新要素生产力系统在生产关系系统调节下对经济高质量发展的影响机制。首先，基于创新要素流动性特征分析创新要素流动对经济高质量发展的影响，并结合数理模型解析创新要素配置影响经济高质量发展的内在机理；其次，从区域内部角度进行检验，并基于市场机制作用下创新要素的流动性，进一步从空间溢出层面探讨创新要素生产力系统在生产关系系统调节下对经济高质量发展的空间溢出效应。

5.1 创新要素流动对经济高质量发展的影响分析

第4章基于内生经济增长理论从各单一创新要素角度分析了区域内部创新要素对经济高质量发展的影响，发现人力创新要素、资本创新要素、技术创新要素和信息创新要素对经济高质量发展具有正向影响，即本地创新要素存量水平提升对经济高质量发展具有正向影响。然而创新要素具有稀缺性、流动性以及追逐自身效益最大化的特征，会从边际效益低的地区流向边际效益高的地区。创新要素在空间中的流动是由经济社会的客观发展规律以及创新要素的内在发展规律所决定的社会现象，促使创新要素在空间中流动既有经济发展水平、竞争机制、区域环境等宏观层面的因素，也有企业综合实力等微观方面的因素（吕海萍，2019）。

从我国各地区进行创新生产的过程来看，创新生产过程中投入的创新要素主要为自身创新资源禀赋积累所形成的创新要素和其他地区流入的创新要素。如果将创新要素在本地区的积累看作增加创新要素存量、促进创新生产的知识和技术在本地区内部溢出促进本地经济实现高质量发展的重要手段，那么创新要素在空间中的高效流动则是区域创新主体通过吸引邻地创新要素流入获取新知识和先进技术的重要手段，也是推动区域协调发展、实现区域内部和外部相互促进持续发展的经济发展新格局的内生条件。因此，对于各个地区的创新生产，创新主体（一般企业、高校和科研机构作为实施创新的关键主体，而政府和金融机构作为创新的辅助机构）通过利用本地以及邻近地区流入的人力创新要素、资本创新要素、技术创新要素和信息创新要素进行创新生产，并在本地政策指引下实现本地经济创新发展。由于创新要素在空间中的流动性，其对经济高质量发展的影响具有空间溢出效应，具体影响分析如图5-1所示。

5.1.1 知识溢出效应：创新要素在区域范围内流动促进知识溢出提升技术进步

创新要素在区域范围内适度流动有利于知识的溢出（白俊红、蒋伏心，2015），知识溢出可以帮助欠发达地区实现经济增长、创新等方面的追赶（Cassar & Nicolini，2008）。此外，经济体中存在大量的中间品和最终品，而中间产出可作为企业生产最终品的原料投入企业的创新生产中（Venables，1996），中间品可能来自本地企业生产的中间品，也可能来源于外地企业生产的中间品，因此，中间品的流动通过将研发部门（高校、科研机构、企业等）的创新知识带到周围地区而促进区域间的创新要素流动形成知识溢出。企业间的人力创新要素流动通过将人力资本所携带的先进知识和技术扩散到本地，通过资本创新要素和技术创新要素投入进行新产品、新技术和新工艺的研发和重点突破，从而实现本地企业技术水平的提高（宛群超、袁凌，2021）。数字金融通过借助区块链技术实现资产的数字化，促进不同主体将金融资源开放共享，缓解信息不对称，通过直接激励效应促进区域的创新发展，同时其具有的渗透性和包容性有利于创新网

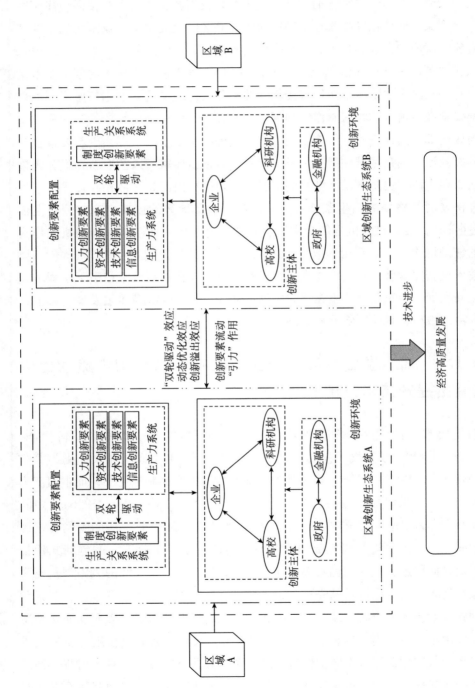

图5-1 创新要素配置对经济高质量发展的影响分析

资料来源：笔者整理。

络中创新主体的交流合作。此外，数字金融的发展能够有效打破行政区域壁垒，带动人力创新要素、资本创新要素和技术创新要素在区域间流动，通过间接激励效应促进区域创新发展（郑万腾等，2021）。

5.1.2 动态优化配置效应：夯实创新要素承接地的创新资源禀赋基础

创新生产是创新要素重新组合的过程，在市场机制作用下，创新要素会从边际收益低的地区流向边际收益高的地区。对于创新要素承接地来说，一方面，创新要素流入在一定程度上夯实了本地创新资源禀赋，强化了创新生产的要素基础；另一方面，创新要素流动在一定程度上使某些配置效率较低的要素投入配置效率较高的行业，使某些闲置要素被充分有效利用，推动创新生产技术进步，从而推动经济实现创新发展。

5.1.3 创新要素的"引力"效应：削弱"引力"较弱地区的创新资源禀赋

本地创新要素配置水平的适度提升，在一定程度上促进了创新要素在本地区的集聚，通过内部规模经济效应促使本地区内部生产能力扩大并在长期降低生产成本，提高创新要素配置效率促进技术进步。由于创新要素的流动性特征，本地区创新要素配置效率提升、成本下降会吸引一部分周围地区创新要素流入，从而影响周围地区创新要素配置水平，并对周围地区经济高质量发展产生一定程度的负向影响。

5.1.4 制度创新要素与其他要素协同的"双轮驱动"效应

创新要素驱动经济高质量发展主要体现在技术层面，创新水平提升能够提高制度创新的效益、降低制度创新的成本，制度创新为创新要素重新组合完成创新生产提供了良好的市场制度环境，激发了创新要素潜能的高效发挥，因此，其他创新要素和制度创新在创新生态系统中具有良好的协同互动关系，创新要素和制度创新"双轮驱动"正向影响全要素生产率，从而吸引创新要素流动，携带大量知识的创新要素在区域间的自由流动带动不同区域创新主体间的交流合作（Almeida & Kogut，1999），加速创新知识在区域间溢出共享，增强创新要素质量，从而推动经济实现高质量发展。

5.2　创新要素配置对经济高质量发展的影响机理

现有文献从多个角度强调了溢出效应对经济增长的影响，且这种溢出效应通过区域间贸易、研发溢出、技术转移或人力资本外部性产生影响。例如，Keller（2002）认为，知识技术的传播是具有地域性的，即研发的生产力效应随着区域间地理距离的增大而下降，地理距离邻近可以加速知识的流动（Maggioni，2007）。本章在该思想指引下，考虑创新要素配置通过影响技术进步而影响经济高质量发展的内在机理。借鉴 Ertur 和 Koch（2007）对总的生产技术水平分解的思想，对创新生产技术水平进行分解。

5.2.1　模型设定

5.2.1.1　模型假设

本节假设经济系统中存在 n 个地区，每个地区经济中均存在最终品生产部门和中间创新品生产部门两个生产部门，每个地区最终品生产部门均投入普通物质资本、普通劳动力和创新中间品进行生产，生产函数均为规模报酬不变的 Cobb-Douglas 生产函数，其产出为高质量发展的经济总产出。中间创新品生产部门投入创新要素进行创新中间品的生产，创新生产的技术水平依赖于经济中投入的创新要素、本地区的制度环境等因素，创新生产的技术水平具有区域异质性。

5.2.1.2　模型设定

（1）创新生产技术水平 A 的设定。本节在 Ertur 和 Koch（2007）的基础上，对技术水平分解项进行改进，引入制度环境和邻近地区创新要素配置水平①对本地创新生产技术水平的影响，具体分解如式（5-1）所示②。

$$A_i = X_i^\phi Z_i^\vartheta \prod_{j=1, j \neq i}^n X_j^{-\lambda w'_{ij}} \prod_{j=1, j \neq i}^n A_j^{\gamma w_{ij}} \tag{5-1}$$

其中，A_i、X_i、Z_i 分别为地区 i 的创新生产技术水平、创新要素配置水平以及制度环境水平。式（5-1）表明地区 i 的创新生产技术水平取决于以下四项：

本地创新要素配置水平。ϕ 为本地创新要素配置水平通过资本积累方式形成本地外部性的强度，$0 < \phi < 1$。

本地制度环境水平。ϑ 为本地制度环境水平通过累积投入形成本地外部性的强度。

邻近地区创新生产技术水平。项 $\prod_{j=1, j \neq i}^n A_j^{\gamma w_{ij}}$ 表示邻近地区创新要素通过知识溢出对本地创新生产技术水平影响的溢出效应，其含义为本地创新生产技术水平为邻近地区创新生产技术水平的地理加权平均值，知识空间溢出强度设为 γ（$0 < \gamma < 1$）。其中，w_{ij} 为地区 i 与地区 j 之间的连接，$j = 1, 2, \cdots, n$ 且 $j \neq i$，$0 \leqslant w_{ij} \leqslant 1$ 且当 $j = i$ 时 $w_{ij} = 0$。假设 $\sum_{j=1}^n w_{ij} = 1$（$i = 1, 2, \cdots, n$），地区 i 与其他地区间的溢出效应越强 w_{ij} 越大，此时地区 i 受益也越多。

邻近地区创新要素配置水平。项 $\prod_{j=1, j \neq i}^n X_j^{-\lambda w'_{ij}}$ 表示邻近地区创新要素配置水平对本地创新生产技术水平的影响程度。由于创新要素在流出地与流入地"推力—拉力"的共同作用下流动，而且地区 i 到地区 j 的流出量与受到的地区 j 的引力成正向关系（宛群超和袁凌，2021），即本地创新要素受到邻近地区创新要素吸引力越大，流出的创新要素数量越多，从而对本地创新生产技术水平产生负向影响。其中 $0 < \lambda < 1$ 表示邻近地区创新要素通过吸引本地创新要素流出对本地创新生产技术水平的溢出强度，w'_{ij} 表示地区 i 受到地区 j 的引力强度，当然该引力强度越大，邻近地区创新要素配置对本地创新生产技术水平的负向影响越大，$0 \leqslant w'_{ij} \leqslant 1$ 且当 $j = i$ 时 $w'_{ij} = 0$，$\sum_{j=1}^n w'_{ij} = 1$（$i = 1, 2, \cdots, n$）。

---

①　由于本章将创新要素综合系统细分为生产力系统和生产关系系统，因此，本章创新要素配置水平指创新要素生产力配置水平，制度环境实际内涵为文中的制度创新要素。
②　由于创新要素携带大量的知识，而知识本身具有部分排他性和非竞争性，因此，未单独考虑创新要素规模效应对创新生产技术水平的影响。

将式（5-1）写成矩阵形式：

$$A = \phi X + \vartheta Z - \lambda W'X + \gamma WA \tag{5-2}$$

其中，A 为创新生产技术水平对数值的 n×1 阶向量，X 为创新要素配置水平对数值的 n×1 阶向量，Z 为制度环境对数值的 n×1 阶向量，W'、W 为代表空间溢出效应的 n×n 阶矩阵。

通过求解式（5-2）得：

当 $|I-\gamma W| \neq 0$，即 $\gamma \neq 0$ 且 $\frac{1}{\gamma}$ 不是矩阵 W 的特征值时，

$$A = (I-\gamma W)^{-1}(\phi I - \lambda W')X + \vartheta(I-\gamma W)^{-1}Z \tag{5-3}$$

当 $|\gamma| < 1$ 时，可进一步将式（5-3）改写为：

$$A = \phi X - \lambda W'X + \varphi \sum_{r=1}^{\infty} \gamma^r W^{(r)}X - \lambda \sum_{r=1}^{\infty} \gamma^r W^{(r)}W'X + \vartheta Z + \vartheta \sum_{r=1}^{\infty} \gamma^r W^{(r)}Z$$

$$\tag{5-4}$$

其中 $W^{(r)}$ 为矩阵 W 的 r 次幂。于是对任意地区 i 均有：

$$A_i = X_i^{u_{ii}} \prod_{j=1, j \neq i}^{n} X_j^{u_{ij}} \times Z_i^{v_{ii}} \prod_{j=1, j \neq i}^{n} Z_j^{v_{ij}} \tag{5-5}$$

其中，

$$u_{ii} = \phi\left(1 + \sum_{r=1}^{\infty} \gamma^r w_{ij}^{(r)}\right) - \lambda \sum_{r=1}^{\infty} \sum_{k=1}^{n} \gamma^r w_{ik}^{(r)} w_{ki}', \quad u_{ij} = -\lambda w_{ij}' + \phi \sum_{r=1}^{\infty} \gamma^r w_{ij}^{(r)} -$$

$$\lambda \sum_{r=1}^{\infty} \sum_{k=1}^{n} \gamma^r w_{ik}^{(r)} w_{kj}', \quad v_{ii} = \vartheta\left(1 + \sum_{r=1}^{\infty} \gamma^r w_{ii}^{(r)}\right), \quad v_{ij} = \vartheta\left(1 + \sum_{r=1}^{\infty} \gamma^r w_{ij}^{(r)}\right), \quad w_{ij}^{(r)}$ 为矩阵 W 的 r 次幂的第 i 行第 j 列元素。

（2）关于经济总产出 Y 的设定。参照 Aghion 和 Howitt（2007）关于产出函数的设定，各地区最终品生产部门的产出函数设为：

$$Y_i = B_i K_i^{\alpha} L_i^{\beta} x_i^{1-\alpha-\beta} \tag{5-6}$$

取对数为 $\ln Y_i = \ln B_i + \alpha \ln K_i + \beta \ln L_i + (1-\alpha-\beta) \ln x_i$，其中 Y_i、B_i、K_i、L_i、x_i 分别为地区 i 的实际经济总产出、总的生产技术水平、普通物质资本投入、普通劳动力投入和创新中间品投入，$\alpha, \beta \in (0, 1)$ 分别为普通物质资本和普通劳动力的产出弹性，$1-\alpha-\beta > 0$。

假设每个地区的创新中间品生产部门均只投入创新要素进行生产，具有相同的生产函数形式，参照 Duarte 和 Restuccia（2010）关于生产函数的设定，假设各地区创新中间品生产函数为：

$$x_i = A_i X_i \tag{5-7}$$

其中，A_i、X_i 分别为各地区创新生产技术水平和创新要素投入水平，式（5-7）取对数为：

$$\ln x_i = \ln A_i + \ln X_i \tag{5-8}$$

将式（5-4）和式（5-7）的矩阵形式代入式（5-6）写成矩阵形式为：

$$Y = B + \alpha K + \beta L + (1-\alpha-\beta) \{ [(I-\gamma W)^{-1}(\phi I - \lambda W') + I] X + \vartheta (I-\gamma W)^{-1} Z \} \tag{5-9}$$

式（5-9）中的变量均为相应变量的对数值。分别对创新要素 X 和制度环境 Z 求偏导数得：

$$\frac{\partial Y}{\partial X} = (1-\alpha-\beta)(I-\gamma W)^{-1}(\phi I - \lambda W'), \quad \frac{\partial Y}{\partial Z} = (1-\alpha-\beta)\vartheta(I-\gamma W)^{-1}。$$

将式（5-5）和式（5-7）代入式（5-6）得到地区 i 经济总产出关于创新要素 X_i 的函数式为：

$$Y_i = B_i K_i^{\alpha} L_i^{\beta} \left(X_i^{1+u_{ii}} \prod_{j=1, j \neq i}^{n} X_j^{u_{ij}} \times Z_i^{v_{ii}} \prod_{j=1, j \neq i}^{n} Z_j^{v_{ij}} \right)^{1-\alpha-\beta} \tag{5-10}$$

其中，

$$u_{ii} = \phi \left(1 + \sum_{r=1}^{\infty} \gamma^r w_{ii}^{(r)} \right) - \lambda \sum_{r=1}^{\infty} \sum_{k=1}^{n} \gamma^r w_{ik}^{(r)} w_{ki}', \quad u_{ij} = -\lambda w_{ij}' + \phi \sum_{r=1}^{\infty} \gamma^r w_{ij}^{(r)} -$$

$$\lambda \sum_{r=1}^{\infty} \sum_{k=1}^{n} \gamma^r w_{ik}^{(r)} w_{kj}', \quad v_{ii} = \vartheta \left(1 + \sum_{r=1}^{\infty} \gamma^r w_{ii}^{(r)} \right), \quad v_{ij} = \vartheta \sum_{r=1}^{\infty} \gamma^r w_{ij}^{(r)}。$$

5.2.2 模型结论分析

由式（5-9）、式（5-10）得经济总产出 Y 为创新要素 X、制度环境 Z 以及普通物质资本 K 和普通劳动力 L 的函数，表明创新要素投入和制度环境均对经济高质量发展具有影响效应。

由式（5-10）可知，若不存在创新要素累积投入所形成的本地外部性、外部知识溢出和创新要素"引力"作用，即 ϕ、γ、$\lambda = 0$，则 $u_{ii} = 1$，$u_{ij} = 0$，$v_{ii} = \vartheta$，$v_{ij} = 0$，此时 $Y_i = B_i K_i^{\alpha} L_i^{\beta} (X_i Z_i^{\vartheta})^{1-\alpha-\beta}$，该函数为常规生产函数。

由于知识根植于创新要素，创新要素在本地累积投入增加本地内部知识存量，转化为提高本地创新生产技术水平的要素基础。创新要素在区域间流动方便知识以"搭便车"的方式跨区域溢出，同时由于创新主体间跨区域网络合作效应促使知识和技术在区域间流动。此外，创新要素间的"引力"作用会吸引创新要素从配置效率较低地区流向配置效率较高地区，从边际收益低的行业流向边际收益高的行业，从而影响创新生产技术水平。

综合上述分析，可得结论1。

结论1 创新要素配置通过本地要素累积投入形成本地外部性对本地经济高质量发展产生影响，通过知识空间溢出以及创新要素间的"引力"作用对邻地经济高质量发展产生空间影响。

式（5-10）对本地创新要素配置水平 X_i 求偏导数得：

$$\frac{\partial Y_i}{\partial X_i} = B_i K_i^\alpha L_i^\beta (1-\alpha-\beta) \left(X_i^{1+u_{ii}} \prod_{j=1, j\neq i}^{n} X_j^{u_{ij}} \times Z_i^{v_{ii}} \prod_{j=1, j\neq i}^{n} Z_j^{v_{ij}} \right)^{-\alpha-\beta} \times \prod_{j=1, j\neq i}^{n} X_j^{u_{ij}} \times$$

$$Z_i^{v_{ii}} \prod_{j=1, j\neq i}^{n} Z_j^{v_{ij}} (1+u_{ii}) X_i^{u_{ii}} \tag{5-11}$$

当 $1+u_{ii} = 1+\phi\left(1 + \sum_{r=1}^{\infty} \gamma^r w_{ii}^{(r)}\right) - \lambda \sum_{r=1}^{\infty} \sum_{k=1}^{n} \gamma^r w_{ik}^{(r)} w_{ki}' > 0$ 时，在保持其他条件不变的情况下，各地区经济总产出 Y_i 为本地创新要素配置水平 X_i 的增函数，此时，经济生产中投入更多创新要素，可通过适度扩大生产规模利用创新要素投入部门和行业的内部规模经济和外部规模经济带来的显著成本优势降低长期生产成本，提高创新要素配置效率（Ciccone，2000），通过提升创新生产技术水平促进本地经济高质量发展。

当 $1+u_{ii} = 1+\phi\left(1 + \sum_{r=1}^{\infty} \gamma^r w_{ii}^{(r)}\right) - \lambda \sum_{r=1}^{\infty} \sum_{k=1}^{n} \gamma^r w_{ik}^{(r)} w_{ki}' < 0$ 时，在保持其他条件不变的情况下，各地区经济总产出 Y_i 为本地创新要素配置水平 X_i 的减函数，说明此时创新要素配置水平提升不利于本地经济高质量发展。为避免出现此种情况，政府部门和企业一般根据生产情况进行干预，调整创新要素配置结构，促进创新要素在区域间流动，避免由于创新要素过度集聚造成的拥挤效应带来创新要素配置效率下降，而对经济高质量发展产生负面影响。

综合上述分析，可得结论2。

结论2 本地创新要素配置水平对本地经济高质量发展的影响具有异质性。

式（5-10）对邻地创新要素配置水平 X_l 求偏导数得：

$$\frac{\partial Y_i}{\partial X_l} = B_i K_i^\alpha L_i^\beta (1-\alpha-\beta) \left(X_i^{1+u_{ii}} \prod_{j=1, j\neq i}^{n} X_j^{u_{ij}} \times Z_i^{v_{ii}} \prod_{j=1, j\neq i}^{n} Z_j^{v_{ij}} \right)^{-\alpha-\beta} \times$$

$$X_i^{1+u_{ii}} Z_i^{v_{ii}} \prod_{j=1, j\neq i}^{n} Z_j^{v_{ij}} \prod_{j=1, j\neq i, l}^{n} X_j^{u_{ij}} u_{il} X_l^{u_{il}-1} \tag{5-12}$$

当 $u_{il} = -\lambda w'_{il} + \phi \sum\limits_{r=1}^{\infty} \gamma^r w_{il}^{(r)} - \lambda \sum\limits_{r=1}^{\infty} \sum\limits_{k=1}^{n} \gamma^r w_{ik}^{(r)} w'_{kl} < 0$ 时，在保持其他条件不变的情况下，本地经济总产出 Y_i 为邻地创新要素配置水平 X_l 的减函数，此时邻地创新要素配置水平与本地经济总产出水平具有反向变化关系，因而对本地经济高质量发展产生负向影响。此时可能由于资源有限，邻地创新要素配置水平提升吸引了大部分创新要素在邻地集聚，而本地创新要素流出从而对本地产生负向影响。

当 $u_{il} = -\lambda w'_{il} + \phi \sum\limits_{r=1}^{\infty} \gamma^r w_{il}^{(r)} - \lambda \sum\limits_{r=1}^{\infty} \sum\limits_{k=1}^{n} \gamma^r w_{ik}^{(r)} w'_{kl} > 0$ 时，在保持其他条件不变的情况下，本地经济总产出 Y_i 为邻地创新要素配置水平 X_l 的增函数，此时邻地创新要素配置水平提升有利于本地经济高质量发展。一方面邻地创新要素配置水平提升是由于某种创新要素过度集聚造成创新要素拥挤，从而邻地创新要素配置效率下降，进而引发了创新要素流出，而本地由于创新要素的流入提升了本地创新要素配置水平；另一方面可能通过创新要素流入与本地闲置创新要素有效结合，带来本地创新要素有效利用、配置效率提升而促进本地经济高质量发展。

综合上述分析，可得结论 3。

结论 3　邻地创新要素配置水平对本地经济高质量发展的影响具有异质性。

式（5-10）对本地制度环境 Z_i 求偏导数得：

$$\frac{\partial Y_i}{\partial Z_i} = B_i K_i^{\alpha} L_i^{\beta} (1-\alpha-\beta) \left(X_i^{1+u_{ii}} \prod_{j=1,\,j\neq i}^{n} X_j^{u_{ij}} \times Z_i^{v_{ii}} \prod_{j=1,\,j\neq i}^{n} Z_j^{v_{ij}} \right)^{-\alpha-\beta} \times X_i^{1+u_{ii}} \prod_{j=1,\,j\neq i}^{n} X_j^{u_{ij}}$$

$$\prod_{j=1,\,j\neq i}^{n} Z_j^{v_{ij}} v_{ii} Z_i^{v_{ii}-1} \tag{5-13}$$

当 $\vartheta > 0$，$v_{ii} > 0$ 时，$\dfrac{\partial Y_i}{\partial Z_i} > 0$，即此时本地经济高质量发展水平与本地制度环境水平同向变化，制度环境水平通过促进本地创新生产技术对经济高质量发展产生正向影响；当 $\vartheta < 0$，$v_{ii} < 0$ 时，$\dfrac{\partial Y_i}{\partial Z_i} < 0$，即此时本地经济高质量发展水平与本地制度环境水平成反方向变化，制度环境水平通过抑制本地创新生产技术对经济高质量发展产生负向影响。

综合上述分析，可得结论 4。

结论 4　本地制度环境水平对本地经济高质量发展水平的影响具有异质性。

创新要素驱动经济高质量发展主要体现在科技创新层面。创新要素作为科技创新的资源要素，一方面创新要素配置水平的提升通过增强科技创新的源动力对科技创新产生直接推动效应，科技创新水平的提升能够提高制度创新的效益、降低制度创新的成本；另一方面制度创新为科技创新提供了良好的创新环境，对科技创新形成激励效应。此外，制度创新的完善，一方面通过形成对创新主体收益的保护、降低研发成本和研发风险来体现；另一方面通过有效整合创新资源、畅通创新主体间的交流合作等方式提高科技创新资源的配置效率而强化创新效应的发挥。因此，科技创新和制度创新在创新生态系统中具有良好的协同互动关系，科技创新和制度创新"双轮驱动"通过正向影响全要素生产率进而影响高质量发展（刘思明等，2019）。

综合上述分析，可得结论5。

结论5 创新要素生产力系统和生产关系系统"双轮驱动"通过提升全要素生产率进而驱动经济高质量发展。

综合上述分析，本地和邻近地区创新要素配置水平通过知识空间溢出效应形成的技术依赖和"吸引力"效应对本地和邻地经济高质量发展产生影响，且该影响具有异质性；制度环境通过知识空间溢出效应形成的技术依赖对经济高质量发展产生空间影响，且该影响具有异质性。

通过上述分析发现，创新要素生产力系统与生产关系系统在相互作用中对经济高质量发展产生影响，且该影响具有空间溢出效应。下面从实证角度检验创新要素生产力系统在生产关系系统调节下对经济高质量发展的影响。在进行计量分析前首先需对创新要素生产力系统和生产关系系统进行测度。

5.3 变量说明与测度

5.3.1 被解释变量

本章选取经济高质量发展（hqed）作为被解释变量。指标体系和数据源于第3章对经济高质量发展系统的界定和测度。2009~2019年样本省份经济高质量发展均值如图5-2所示。

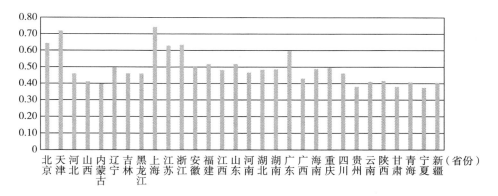

图 5-2 2009~2019 年样本省份经济高质量发展均值

根据图 5-2 可知，我国经济高质量发展水平排名靠前的省份分别为上海（0.7427）、天津（0.7188）、北京（0.6427）、浙江（0.6340）、江苏（0.6292）、广东（0.5961），排名靠后的省份为青海（0.4037）、新疆（0.4050）、内蒙古（0.3983）、贵州（0.3803）、甘肃（0.3798）、宁夏（0.3744），表明我国东部省份经济高质量发展水平相对较高，中西部省份经济高质量发展水平相对较低。从增长率来看，排名靠前的省份为广东（4.50%）、江苏（3.38%）、浙江（3.35%）、贵州（3.32%）、上海（2.46%），排名靠后的省份为四川（1.27%）、天津（1.24%）、吉林（1.12%）、辽宁（0.75%）、海南（0.72%）。由此可见，我国经济高质量发展水平排名靠前省份的增长率相对较高，排名靠后省份其增长率也相对较低，说明我国经济高质量发展的差距正逐渐增大。值得注意的是，贵州的经济高质量发展水平虽然较低，但其增长率较高，这可能与大数据中心的"落户"有关。

5.3.2 解释变量

本章核心解释变量为创新要素生产力配置水平（elem）。将创新要素生产力系统作为核心解释变量探讨创新要素配置对经济高质量发展的影响。由于本章将创新要素生产力系统作为推动经济高质量发展的重要驱动因素，其在与生产关系系统的相互协调作用中共同推动经济走向高质量发展阶段，因此，创新要素生产力系统各指标的重要程度与经济高质量发展成果直接相关，而随机森林方法能够确定各变量的重要性程度（Trevo et al.，2016）。因此，本章构建"多投入—多产出"随机森林回归树模型测度各创新要素指标权重，进而采用基于随机森林回归树[①]、TOPSIS 和灰色关联度的动态评价方法测度创新要素生产力配置综合指数。

5.3.2.1 创新要素生产力配置测度方法

随机森林回归树模型。随机森林属于监督学习，最早由 Breiman（2001）提出，主要采用集成思想使用 Bagging 方法对决策树进行集成。不同于大多数文献只将某一个变量作为监督标签（欧阳志刚、陈普，2020；陈小亮等，2021），本书选择经济高质量发展五个维度指标作为输出变量，因此，将第 i 个观测值记为 $(y_{i1}，y_{i2}，\cdots，y_{i5}，e_{i1}，e_{i2}，\cdots，e_{i35})$，其中 $y_{ij}(j=1，2，\cdots，5)$ 分别表示经济高质量发展的五个指标，$e_{ik}(k=1，2，\cdots，35)$ 分别表示创新要素生产力系统 35 个指标值，因此本节模型为"多投入—多产出"随机森林回归树模型。本章在使用随机森林模型进行估计时具体求解方法为：

（1）对标准化后的数据使用 Bootstrap 进行随机抽样，构建 B 个创新要素的随机训练集，并使用最小化残差平方和方法训练出对应的 B 棵创新要素决策树。

（2）在构建每棵创新要素决策树时，随机选择 m 种创新要素并仅从这 m 种创新要素中选择分裂点，每次均将使得五个输出变量残差平方和均值 r[②] 下降最多的创新要素 q 作为分裂节点。因此，创新要素 q 的贡献值为使 r 下降的幅度，针对下降幅度计算每棵决策树中创新要素 q 使 r 下降幅度的均值即作为创新要素 q 在该棵决策树中的重要性程度。

（3）对 B 个创新要素随机训练集进行训练，计算创新要素 q 在 B 棵决策树中重要性程度均值作为最终权重。本节在确定随机森林回归树模型参数时参照欧阳志刚和陈普（2020）的做法，选取全部创新要素投入变量个数的 1/3 作为参数 m 的取值，而创新要素决策树个数 B 足够大对结果的影响较小，本节取值为 900。

随机森林回归树在本书中的经济含义为：离回归树顶端越近的创新要素对于研究期内我国经济高质量发展越重要。因此，本节接下来将该重要性作为各创新

---

① 基于回归树的集成方法主要有装袋法、随机森林和提升法，而装袋法和提升法均不适用于多输出问题，因此本节选取随机森林方法。

② 五个输出变量残差平方和均值 $r = \left[\sum (y_{qj} - \hat{y}_{qj})^2\right]/5$，其中，$y_{qj}$ 为创新要素 q 第 j 个输出分量，$\hat{y}_{qj}$ 为相应估计值。

要素指标的权重来合成各地区创新要素生产力配置水平，具体测度方法同第 3 章对创新要素各子系统及综合系统的测度方法。

5.3.2.2　创新要素生产力配置测度结果

（1）创新要素各指标权重。本章采用"多投入—多产出"随机森林回归树模型测度各投入指标的重要性程度作为各指标权重，为保证结果稳定性，采用随机森林回归结果 10000 次的平均值作为最终测算结果，如表 5-1 所示。

表 5-1　随机森林回归树模型测度各创新要素指标权重

要素	A1	A2	A3	A4	A5	A6	A7	A8	A9	A10	A11	B1
权重	0.0093	0.0215	0.0199	0.0140	0.0201	0.0144	0.0063	0.0500	0.0110	0.0109	0.0180	0.0768

要素	B2	B3	B4	B5	C1	C2	C3	C4	C5	C6	C7	C8
权重	0.0222	0.0114	0.0342	0.0246	0.0158	0.0211	0.0222	0.0167	0.0671	0.0416	0.0247	0.0134

要素	C9	C10	D1	D2	D3	D4	D5	D6	D7	D8	D9	
权重	0.0096	0.0541	0.0263	0.0277	0.0120	0.0279	0.0375	0.1586	0.0249	0.0091	0.0252	

注：表中要素是指第 3 章建立的创新要素综合系统指标体系中相应创新要素指标。

由表 5-1 测度结果可知，权重排名靠前的依次为家用电脑拥有量（0.1586）、政府财政科技支出（0.0768）、国外技术引进合同金额（0.0671）、技术成果市场化程度（0.0541）、高新技术企业数（0.0500）、高技术产业购买国内技术经费支出（0.0416）、互联网普及率（0.0375）、高技术产业研发经费支出（0.0342）等。由此可见，随着信息化、数字化技术的迅猛发展，信息作为一种新型生产要素在经济高质量发展阶段起着关键支撑作用。我国经济高质量发展主要依靠技术引进，说明我国自主创新能力不高，创新能力不适应经济高质量发展的要求。从创新要素生产力系统中四种创新要素占比来看，信息创新要素占比最高，其次为技术、人力和资本创新要素，说明原来作为创新环境的信息和技术创新要素在经济发展新阶段正超越人力和资本创新要素，成为引领经济高质量发展的"明星"。

（2）创新要素生产力各子系统配置水平。本章根据随机森林回归树模型测度得到的各指标权重，进一步采用 TOPSIS 和灰色关联度相结合方法测度了我国 30 个省份 2009~2019 年创新要素生产力各子系统配置水平（见表 5-2），这有助于把握经济高质量发展阶段我国创新要素生产力各子系统配置水平的整体情况。

表 5-2　创新要素生产力各子系统配置水平测度结果

省份	人力创新要素		资本创新要素		技术创新要素		信息创新要素	
	平均值	增长率（%）	平均值	增长率（%）	平均值	增长率（%）	平均值	增长率（%）
北京	0.5333	3.00	0.5220	4.47	0.5705	3.31	0.7442	1.89
天津	0.3602	1.38	0.3522	1.71	0.3975	0.43	0.6223	1.61
河北	0.4216	2.06	0.3178	1.06	0.3169	0.67	0.5297	4.10
山西	0.3802	0.66	0.3094	0.70	0.3077	0.28	0.5167	3.24
内蒙古	0.3536	0.64	0.3048	0.23	0.3010	0.26	0.4975	3.51
辽宁	0.4167	0.96	0.3643	0.68	0.3787	-1.17	0.5466	2.54
吉林	0.3754	0.86	0.3088	0.44	0.3372	-0.05	0.5179	3.07
黑龙江	0.3941	0.73	0.3249	0.75	0.3174	0.73	0.5119	2.79
江苏	0.5290	4.86	0.4924	5.24	0.5731	1.43	0.5992	3.43
上海	0.4237	2.19	0.4727	2.32	0.5298	1.73	0.7811	0.80
浙江	0.4426	3.16	0.4194	4.07	0.4059	1.64	0.6451	2.41
安徽	0.4124	2.08	0.3596	3.44	0.3360	0.79	0.4894	3.85
福建	0.3820	1.51	0.3261	1.78	0.3633	-0.17	0.6073	2.62
江西	0.3800	1.60	0.3189	1.85	0.3111	0.58	0.4909	3.97
山东	0.5049	2.88	0.3770	2.81	0.3837	1.15	0.5594	3.79
河南	0.4583	2.58	0.3343	2.05	0.3318	0.14	0.4955	4.32
湖北	0.4351	2.15	0.3584	3.16	0.3554	1.74	0.5225	3.73
湖南	0.4322	2.30	0.3303	1.52	0.3326	1.05	0.4923	4.24
广东	0.5683	6.29	0.5680	7.47	0.5742	4.67	0.6526	2.82
广西	0.3859	1.30	0.3104	0.81	0.3119	0.26	0.5046	3.57
海南	0.3164	0.33	0.2921	0.23	0.3043	0.10	0.4936	3.03
重庆	0.3644	1.58	0.3209	0.92	0.4839	-0.01	0.5104	3.31
四川	0.4695	2.67	0.3611	1.81	0.3556	1.05	0.4742	3.62
贵州	0.3639	1.51	0.3083	1.31	0.3033	0.50	0.4506	3.70
云南	0.3830	1.52	0.3099	0.64	0.3089	0.25	0.4486	3.39
陕西	0.4046	1.67	0.3262	1.20	0.3398	1.30	0.5055	2.96
甘肃	0.3530	0.87	0.2995	0.35	0.3036	0.23	0.4602	3.52
青海	0.3127	0.27	0.2900	0.14	0.2965	0.09	0.4719	3.08
宁夏	0.3140	0.25	0.2920	0.39	0.2952	0.21	0.4980	4.13
新疆	0.3571	0.67	0.3046	0.45	0.2998	0.25	0.4806	2.97
全国	0.4076	2.01	0.3526	2.10	0.3676	0.95	0.5374	3.11

由表 5-2 可知，人力创新要素全国年均值为 0.4076，最高省份广东为 0.5683，最低省份青海为 0.3127，最高省份是最低省份的 1.8173 倍；资本创新要素全国年均值为 0.3526，最高省份广东为 0.5680，最低省份青海为 0.2900；技术创新要素全国年均值为 0.3676，最高省份广东为 0.5742，最低省份宁夏为 0.2952；信息创新要素全国年均值为 0.5374，最高省份上海为 0.7811，最低省份云南为 0.4486。从年均增长率来看，人力创新要素为 2.01%，资本创新要素为 2.10%，技术创新要素为 0.95%，信息创新要素为 3.11%。综合上述测度结果可以发现，我国省份间创新要素生产力各子系统配置水平呈现不均衡状态，经济发达省份各创新要素配置水平相对较高，经济欠发达省份各创新要素配置水平相对较低，充分说明创新要素在促进我国经济高质量发展中起着至关重要的作用。从增长率来看，各省份维度，不同省份间各创新要素增长率差距较大，但总体来看除信息创新要素外基本呈现差距逐渐增大趋势，而信息创新要素配置水平较高省份的增长率未必高，反而中西部省份的增长率相对较高，说明经济相对落后地区有可能通过信息创新要素实现"弯道超车"；各创新要素子系统维度，信息创新要素增长率最高，说明研究期内，信息已成为推动我国经济高质量发展最具潜力的创新要素。

（3）创新要素生产力配置水平。由表 5-3 可知，在经济高质量发展目标驱动下，研究期内我国各省份创新要素生产力配置水平均呈现正增长，表明我国创新要素配置推动经济高质量发展呈现良好局面，经济高质量发展成果正通过优化创新要素配置水平进一步推动经济高质量发展。从创新要素生产力配置水平排名来看，排名前五位的省份依次为上海（0.6879）、北京（0.6867）、广东（0.6542）、江苏（0.6171）、浙江（0.5892），以上省份创新要素生产力配置水平均超过 0.5；排名后五位的省份依次为新疆（0.4630）、青海（0.4541）、甘肃（0.4504）、云南（0.4471）、贵州（0.4453），以上省份创新要素生产力配置水平均低于 0.5；全国创新要素生产力配置水平最高省份是最低省份的 1.5450 倍。从创新要素生产力配置水平增长率来看，排名前五位的省份依次为广东（3.50%）、江苏（2.73%）、湖南（2.72%）、湖北（2.70%）、宁夏（2.67%），排名后五位的省份依次为福建（1.65%）、重庆（1.41%）、辽宁（1.29%）、天津（1.13%）、上海（0.92%）。总体来看，各省份间创新要素生产力配置水平呈现差距增大趋势。值得注意的是，虽然贵州的创新要素生产力配置水平均值最低，但其增长率跃居第十一名，可能是由于大数据中心的"落户"，进一步凸显了信息创新要素在经济高质量发展阶段的重要作用。

表 5-3 2009~2019 年创新要素生产力配置水平测度结果

省份	2009	2010	2011	2012	2013	2014	2015	2016	2017	2018	2019	均值	增长率（%）
北京	0.6073	0.6363	0.6576	0.6719	0.6904	0.6962	0.7043	0.7094	0.7208	0.7176	0.7418	0.6867	2.02
天津	0.5164	0.5347	0.5537	0.5832	0.5931	0.5776	0.5610	0.5730	0.5771	0.5743	0.5775	0.5656	1.13
河北	0.4205	0.4290	0.4400	0.4953	0.5053	0.5154	0.5257	0.5327	0.5403	0.5570	0.5456	0.5006	2.64
山西	0.4224	0.4315	0.4398	0.4895	0.5015	0.5070	0.5131	0.5170	0.5234	0.5109	0.5171	0.4885	2.04
内蒙古	0.4130	0.4241	0.4330	0.4694	0.4773	0.4817	0.4873	0.4956	0.5033	0.5083	0.5154	0.4735	2.24
辽宁	0.4736	0.4923	0.5010	0.5211	0.5343	0.5340	0.5328	0.5450	0.5515	0.5313	0.5386	0.5232	1.29
吉林	0.4346	0.4466	0.4556	0.4862	0.5010	0.5071	0.5121	0.5139	0.5180	0.5187	0.5247	0.4926	1.90
黑龙江	0.4271	0.4392	0.4501	0.5178	0.5291	0.5115	0.4931	0.5004	0.5063	0.5005	0.5084	0.4894	1.76
上海	0.6423	0.6677	0.6754	0.6893	0.7004	0.6944	0.6878	0.7092	0.7144	0.6822	0.7039	0.6879	0.92
江苏	0.5117	0.5354	0.5521	0.6241	0.6386	0.6390	0.6430	0.6551	0.6667	0.6518	0.6701	0.6171	2.73
浙江	0.5192	0.5361	0.5513	0.5904	0.6028	0.6004	0.6011	0.6075	0.6206	0.6176	0.6347	0.5892	2.03
安徽	0.4163	0.4270	0.4373	0.4725	0.4856	0.4922	0.4992	0.5053	0.5153	0.5255	0.5404	0.4833	2.64
福建	0.4871	0.5040	0.5177	0.5585	0.5721	0.5659	0.5569	0.5638	0.5740	0.5632	0.5736	0.5488	1.65
江西	0.4057	0.4125	0.4212	0.4661	0.4763	0.4877	0.5012	0.5006	0.5114	0.5113	0.5244	0.4744	2.60
山东	0.4616	0.4806	0.4954	0.5317	0.5509	0.5528	0.5544	0.5641	0.5751	0.5836	0.5995	0.5409	2.65
河南	0.4210	0.4281	0.4354	0.4754	0.4875	0.4976	0.5094	0.5208	0.5265	0.5288	0.5432	0.4885	2.58
湖北	0.4350	0.4475	0.4549	0.4963	0.5108	0.5172	0.5241	0.5315	0.5395	0.5536	0.5677	0.5071	2.70
湖南	0.4161	0.4248	0.4307	0.4661	0.4793	0.4910	0.5031	0.5113	0.5212	0.5303	0.5441	0.4835	2.72
广东	0.5503	0.5741	0.5826	0.6219	0.6513	0.6471	0.6530	0.6873	0.7149	0.7378	0.7759	0.6542	3.50
广西	0.4184	0.4265	0.4362	0.4784	0.4895	0.4955	0.5020	0.5095	0.5157	0.5125	0.5229	0.4825	2.26
海南	0.4172	0.4245	0.4307	0.4633	0.4685	0.4755	0.4833	0.4952	0.5011	0.4923	0.5053	0.4688	1.93
重庆	0.4740	0.4869	0.4895	0.5329	0.5377	0.5371	0.5310	0.5386	0.5445	0.5434	0.5450	0.5237	1.41
四川	0.4276	0.4365	0.4439	0.4715	0.4832	0.4871	0.4918	0.5050	0.5147	0.5191	0.5358	0.4833	2.28
贵州	0.3934	0.4001	0.4073	0.4312	0.4418	0.4494	0.4574	0.4660	0.4790	0.4769	0.4955	0.4453	2.33
云南	0.4005	0.4057	0.4111	0.4346	0.4463	0.4519	0.4573	0.4656	0.4726	0.4820	0.4901	0.4471	2.04
陕西	0.4265	0.4391	0.4493	0.4961	0.5031	0.5025	0.5025	0.5092	0.5204	0.5051	0.5193	0.4885	1.99
甘肃	0.3963	0.4025	0.4087	0.4359	0.4479	0.4570	0.4665	0.4764	0.4845	0.4868	0.4924	0.4504	2.19
青海	0.4032	0.4107	0.4178	0.4424	0.4524	0.4632	0.4753	0.4743	0.4818	0.4831	0.4909	0.4541	1.99
宁夏	0.3994	0.4144	0.4254	0.4590	0.4700	0.4810	0.4915	0.5000	0.5088	0.5090	0.5200	0.4708	2.67
新疆	0.4076	0.4201	0.4267	0.4565	0.4680	0.4735	0.4810	0.4879	0.4927	0.4877	0.4915	0.4630	1.89
全国	0.4515	0.4646	0.4744	0.5110	0.5232	0.5263	0.5301	0.5390	0.5479	0.5467	0.5585	0.5157	2.15

（4）制度环境。制度环境是指能为创新活动提供保障、激发创新要素潜能的政策制度及市场环境，其内涵为创新要素生产关系系统，指标选取为第 3 章构建的制度创新要素指标体系，采用熵权 TOPSIS 和灰色关联度方法进行测度。

（5）控制变量。实证研究中需要控制影响经济高质量发展的变量，一方面提升基础设施建设水平及交通便利条件能够促进人才流动（Bernard et al.，2019）；另一方面改善产业结构能够促进经济发展（孙培蕾、郭泽华，2021）。同时参考周文韬等（2021）、郑万腾等（2021）的研究方法，选取如下控制变量：产业结构（struc）采用第二产业与第三产业产值之和与第一产业产值的比值衡量；能源消耗强度（ener）采用单位 GDP 能源消耗量衡量；基础设施建设水平（road）采用城市人均道路面积表征；交通发展水平（trans）采用各省份铁路营运里程衡量。本节对所有控制变量取对数处理。各指标数据来源于国家统计局网站和《中国能源统计年鉴》。各变量描述性统计如表 5-4 所示。

表 5-4　各变量描述性统计结果

变量符号	变量说明	单位	观测值	均值	标准差	最小值	最大值
hqed	经济高质量发展	—	330	0.4909	0.1064	0.2581	0.8360
elem	创新要素生产力配置	—	330	0.5157	0.0765	0.3934	0.7759
inst	制度环境	—	330	0.5909	0.1243	0.3249	0.9329
inst_on	在线政府指数	—	330	0.5627	0.1785	0.1454	0.9219
inst_gov	政府服务满意度	—	330	3.4229	2.8130	-3.7000	11.8800
inst_non	非国有经济发展度	—	330	7.3698	2.2826	0.9800	11.5400
inst_fin	数字普惠金融指数	—	330	171.5147	107.1066	9.2500	410.2800
inst_mark	市场分配经济资源比重	—	330	9.5710	1.5443	0.5900	12.2900
lnener	能源消耗强度	吨/万元	330	0.2493	0.5052	-0.8590	1.5920
lnstruc	产业结构	—	330	2.4318	0.9520	0.9616	5.8584
lnroad	基础设施建设水平	平方米	330	2.6546	0.3619	1.3962	3.2658
lntrans	交通发展水平	千米	330	8.0150	0.6952	5.7611	9.4739

5.3.3　模型选择

本节采用双向固定效应的面板模型探讨创新要素生产力系统对经济高质量发

展的影响，并解析在作为生产关系的制度创新要素调节下创新要素生产力系统对经济高质量发展的影响程度。首先构建如下基准回归模型：

$$hqed_{it} = \alpha + \beta_1 elem_{it} + \sum_{j=1}^{k} \theta_j lnX + \mu_i + \gamma_t + \varepsilon_{it} \tag{5-14}$$

其中，$hqed_{it}$ 为 i 省份在 t 时期的经济高质量发展水平，$elem_{it}$ 为 i 省份在 t 时期的创新要素生产力配置水平，β_1 为创新要素生产力配置水平项系数，X 为一组控制变量，μ_i 表示省域效应，γ_t 为时间固定效应，ε_{it} 为误差项。

考虑到生产力与生产关系的相互作用关系，经济高质量发展不仅受到生产力要素的影响，而且是在生产力与生产关系的相互促进下实现的，因此本节进一步考虑在生产关系调节下创新要素生产力系统对经济高质量发展的影响。构建如下模型：

$$hqed_{it} = \alpha + \beta_1 elem_{it} + \beta_2 inst_{it} + \beta_3 inst_{it}^2 + \beta_4 \overline{\overline{inst_{it}}} \times \overline{\overline{elem_{it}}} + \sum_{j=1}^{k} \theta_j lnX + \mu_i + \gamma_t + \varepsilon_{it}$$

$$\tag{5-15}$$

其中，$inst$ 和 $inst^2$ 为制度环境及其平方项，在实证中分别取制度环境采用熵权 TOPSIS 和灰色关联度方法的合成值和五个层面变量，$\overline{\overline{inst}}$ 和 $\overline{\overline{elem}}$ 为中心化处理后的制度环境和创新要素生产力配置水平，其他与式（5-14）中变量含义相同。

5.3.4 实证结果与分析

5.3.4.1 基准回归分析

表 5-5 汇报了式（5-14）双向固定效应的基准回归估计结果。可以发现，不论是否加入控制变量，创新要素生产力配置水平对经济高质量发展的作用基本在 5% 的水平下显著为正，说明提高区域内部创新要素生产力配置水平确实能够促进经济高质量发展。

稳健性和内生性检验。

通过逐步加入控制变量的方法对模型的稳健性和内生性进行检验，核心解释变量创新要素生产力配置水平系数除大小差别外，符号和显著性水平基本一致，表明基准回归结果具有稳健性。

表5-5 基准回归模型估计结果

变量	模型1	模型2	模型3	模型4	模型5
elem	0.6482**	0.6522**	0.6453**	0.6477**	0.6479*
	(2.134)	(2.094)	(2.070)	(2.046)	(2.008)
lnroad		0.0124	0.0126	0.0197	0.0197
		(0.366)	(0.391)	(0.607)	(0.607)
lnener			−0.0168	−0.0100	−0.0100
			(−0.505)	(−0.258)	(−0.256)
lnstruc				0.0201	0.0201
				(0.675)	(0.686)
lntrans					−0.0001
					(−0.007)
省份效应	是	是	是	是	是
年份效应	是	是	是	是	是
观测值	330	330	330	330	330
R^2	0.7069	0.7029	0.7408	0.7866	0.7869

注：括号内为t值，*、**、***分别表示在10%、5%、1%的水平下显著。

5.3.4.2 考虑制度环境影响的进一步分析

（1）制度环境及其调节效应分析。创新要素生产力系统作为经济高质量发展的直接动力，其对经济高质量发展的影响效应是否受到制度环境的影响呢？从生产力和生产关系角度来看，一方面，当制度环境适应创新要素效能发挥时，制度环境能够促进创新要素潜能的发挥，强化创新要素对经济高质量发展的促进作用，二者间可能存在相互强化关系；另一方面，当制度环境不适应创新要素效能发挥时，制度环境则会抑制创新要素潜能的发挥，弱化创新要素对经济高质量发展的促进作用，二者间可能存在替代关系。因此制度环境对创新要素效能激发具有调节作用，而制度环境作为一种生产关系，又是如何影响我国经济高质量发展的呢？为此，在考虑制度环境的影响后根据式（5-15）估计双向固定效应模型结果，如表5-6所示。

由表5-6估计结果可知，考虑制度环境的影响后，区域内部创新要素生产力配置水平对经济高质量发展的影响仍显著为正。无论是否加入控制变量，制度环境与创新要素生产力配置水平交互项的系数均在1%的水平下显著为正，且与创

表5-6 考虑制度环境影响的双向固定效应模型估计结果

变量	模型1	模型2	模型3	模型4	模型5
elem	0.4502*** (4.174)	0.4509*** (3.554)	0.4580*** (3.977)	0.4479*** (4.237)	0.4151*** (3.338)
inst	1.1504** (2.418)	0.9035** (2.365)	0.8156* (1.952)	0.7553* (1.848)	0.7517* (1.835)
$inst^2$	−0.7783** (−2.343)	−0.6001** (−2.155)	−0.5149* (−2.785)	−0.4690 (−1.610)	−0.4919* (−1.769)
elem×inst	2.0770*** (4.081)	2.0559*** (4.001)	2.0619*** (4.294)	2.1072*** (5.006)	2.1729*** (5.312)
lnroad		0.0563** (2.299)	0.0636*** (2.374)	0.0617** (2.223)	0.0621** (2.242)
lnener			0.0357 (0.963)	0.0330 (0.891)	0.0313 (0.849)
lnstruc				−0.0230 (−1.034)	−0.0208 (−1.006)
lntrans					0.0202 (0.936)
省份效应	是	是	是	是	是
年份效应	是	是	是	是	是
观测值	330	330	330	330	330
R^2	0.7562	0.6711	0.5023	0.2079	0.0702

注：括号内为t值，*、**、***分别表示在10%、5%、1%的水平下显著。

新要素生产力配置水平回归系数符号相同，表明制度环境质量的提高有助于增强创新要素生产力配置对经济高质量发展的促进作用，因此，二者间存在相互强化关系。制度环境一阶项的回归系数显著为正，平方项的回归系数显著为负，表明制度环境质量提升促进了经济高质量发展，但制度环境对经济高质量发展的影响为倒"U"形。根据表5-6模型5可知，其临界值为0.7641[①]，比较临界值与制度环境综合指数的均值大小可知，当前我国制度环境综合指数未跨越临界值（0.5909<0.7641），制度环境与经济高质量发展之间存在正向关系，即当前阶段适度提高制度环境质量能够促进经济高质量发展。该结论的得出验证了本章结论4

---

① 计算方法为：临界值=−0.7517/（−0.9838）≈0.7641。

和结论5，表明我国目前制度环境水平处于倒"U"形的左侧阶段。

稳健性和内生性说明。逐步加入控制变量回归结果显示，创新要素生产力配置水平系数除大小差别外符号和显著性水平没有变化，制度环境一阶项、平方项和交互项除大小差别外符号和显著性水平基本未变，表明该回归结果具有稳健性。

（2）不同类型制度环境的作用效果差异。为探讨不同类型制度环境及其与创新要素生产力系统协同对经济高质量发展的影响差异，本书根据式（5-15）构建的模型采用双向固定效应面板模型估计结果，如表5-7所示①。

表5-7 不同类型制度环境异质性检验双向固定效应模型估计结果

变量	模型 1 （inst_on）	模型 2 （inst_gov）	模型 3 （inst_non）	模型 4 （inst_fin）	模型 5 （inst_mark）
elem	0.4622 ** （2.403）	0.4490 （0.117）	0.3530 ** （2.435）	0.4904 *** （3.728）	0.5138 （1.530）
inst	0.1490 （1.584）	0.0070 ** （2.116）	0.0471 *** （3.771）	0.0004 （0.574）	0.0138 （1.506）
inst²	−0.1210 （−1.468）	−0.0010 ** （−2.433）	−0.0028 *** （−4.186）	-6.43×10^{-7} （−0.500）	−0.0009 * （−1.661）
elem×inst	1.2795 *** （4.407）	0.0657 *** （2.555）	0.1847 *** （7.354）	0.0021 *** （3.069）	0.0689 （1.271）
lnroad	0.0650 ** （2.155）	0.0352 （1.190）	0.0771 ** （2.544）	0.0627 ** （1.962）	0.0310 （0.912）
lnener	0.0213 （0.497）	0.0046 （0.100）	0.0248 （0.663）	0.0355 （0.909）	−0.0007 （−0.015）
lnstruc	−0.0009 （−0.038）	0.0166 （0.618）	0.0074 （0.398）	−0.0238 （−1.002）	0.0176 （0.631）
lntrans	0.0184 （0.805）	0.0034 （0.190）	0.0172 （0.936）	0.0236 （1.211）	0.0014 （0.071）
观测值	是	是	是	是	是
省份效应	是	是	是	是	是
年份效应	330	330	330	330	330
R²	0.2639	0.6624	0.2559	0.0035	0.7178

注：第一列中inst指模型中相应类型制度环境。括号内为t值，*、**、***分别表示在10%、5%、1%的水平下显著。

---

① 限于篇幅，各不同类型制度环境逐步回归的估计结果未列出。

由逐步回归的估计结果来看，考虑不同类型制度环境的影响后，无论是否加入控制变量，区域内部创新要素生产力配置水平对经济高质量发展的影响显著为正，也印证本书的研究结论具有稳健性。

  由表 5-7 回归结果可知，政府服务满意度、非国有经济发展度一阶项的回归系数均显著为正，平方项的回归系数均显著为负，表明减少政府对企业干预、非国有经济的发展均能有效促进经济高质量发展，但其对经济高质量发展的影响为倒 "U" 形。而在线政府、数字普惠金融指数、市场分配经济资源比重一阶项的回归系数为正、平方项的回归系数为负但均不显著，表明其对经济高质量发展的影响亦为倒 "U" 形，但其发展难以显著促进经济高质量发展，可能由于我国目前区域内部政府服务国民的能力以及市场对经济高质量发展的影响效应是在多种因素综合作用下体现的，而数字普惠金融的发展处于初级阶段，对经济高质量发展的影响难以显现。通过比较五种不同类型制度环境临界值与其均值大小发现，当前该五种不同类型制度环境指数均未跨越临界值①，表明当前阶段有效改善各不同类型制度环境均能促进经济高质量发展。

  进一步分析五种不同类型制度环境与创新要素生产力配置水平交互项系数发现，在线政府、政府服务满意度、非国有经济发展度、数字普惠金融与创新要素生产力配置水平交互项均显著为正，表明该四种制度环境与创新要素生产力配置水平之间存在显著的相互强化关系，其与创新要素生产力系统的有效协同能够强化创新要素生产力系统对经济高质量发展的促进作用；而市场资源配置效应与创新要素生产力配置水平交互项系数为正但不显著，表明当前我国市场的资源配置效应与创新要素生产力系统的协同难以显著地促进经济高质量发展，一方面可能因为我国社会主义市场经济处于初级发展阶段，其与创新要素的协同有待加强；另一方面可能因为当前我国资源配置中政府宏观调控的作用较强而削弱了市场的作用（可能存在 "强政府、弱市场" 现象）。

  进一步比较五种不同制度环境影响下创新要素生产力系统对经济高质量发展的影响发现，区域内部市场分配经济资源比重影响下创新要素生产力系统对经济高质量发展的作用最强但不显著，其次为数字普惠金融、在线政府、政府服务满

---

  ① 在线政府指数均值与临界值关系为 0.5627<0.6157；政府服务满意度均值与临界值关系为 3.4229<3.5；非国有经济发展度均值与临界值关系为 7.3698<8.4107；数字普惠金融指数均值与临界值关系为 171.5147<311.042；市场分配经济资源比重均值与临界值关系为 7.5711<7.6667。

意度和非国有经济发展度，而且该影响均显著。从交互项来看，在线政府指数与创新要素生产力配置水平交互项系数最大，其次为非国有经济发展度、市场分配经济资源比重（不显著）、政府服务满意度和数字普惠金融。综合来看，在线政府制度环境影响下创新要素生产力系统对经济高质量发展的促进作用最强且显著，表明提升政府服务民生能力能够最大限度地强化创新要素生产力系统对经济高质量发展的促进作用。

在控制变量层面，基础设施建设水平、能源消耗强度、产业结构、交通发展水平对经济高质量发展的影响多数为正但多不显著，表明提升本地基础设施建设水平、促进产业结构高端化发展、大力发展交通运输均能推动经济高质量发展，只是该效应未完全显现，当前阶段我国经济高质量发展的能源依赖效应较强。

综合上述分析，区域内部创新要素生产力配置水平提高能够促进其本身经济高质量发展，在逐步加入控制变量后该影响依然显著。考虑制度环境影响后，创新要素生产力配置水平提升依然能够显著地促进经济高质量发展，且制度环境与创新要素生产力系统具有相互强化效应，不同制度环境对经济高质量发展的影响程度不同，但其与创新要素协同能够有效增强创新要素生产力系统对经济高质量发展的正向促进作用。五种不同制度环境下政府服务国民的能力提升能够有效强化区域内部创新要素生产力系统对经济高质量发展的正向促进作用，且在其影响下强化效应最强。

5.4 考虑空间溢出效应的进一步分析

在考虑创新要素配置对经济高质量发展的空间溢出效应前，本节首先探讨创新要素生产力配置的空间关联网络，明确各省份在创新要素空间关联网络中的地位及创新要素空间关联网络的演化趋势特征，为后文研究创新要素生产力配置对经济高质量发展的空间效应奠定理论基础。一方面基于创新要素的流动性特征，另一方面我国各省份政策的出台会受到邻近省份的影响，从而造成创新要素配置呈现空间关联的特征，因此，本节首先采用社会网络分析方法探讨创新要素生产力配置的空间关联特征，从有向无权网络角度探讨各省份在创新要素空间网络中的地位，将有向加权网络作为空间权重矩阵运用空间杜宾模型研究创新要素生产力配置水平对经济高质量发展的空间效应。

5.4.1 中国创新要素生产力配置空间关联网络

5.4.1.1 空间关联关系测度方法

本章所指创新要素生产力配置水平的空间关联主要是各创新要素在空间上的流动及创新的溢出效应所产生的地理空间上的关联。现有文献大多采用引力模型、VAR 格兰杰因果和距离测度等方式来确定关联关系（于洋等，2021；周游、吴钢，2021；Spelta & Araújo，2012），VAR 模型对滞后阶数的敏感使其仅适用于具有较长时间跨度的数据，而距离测度具有对称性，均不适用，因此本章采用引力模型。考虑到两个省份创新要素相互之间的引力作用受到自身经济发展水平及创新要素集聚的影响，因此两省份间创新要素生产力配置的引力联系是双向的，即 i 省与 j 省创新要素生产力配置的引力联系是不同的。由于创新要素流动性及创新的溢出性，i 省对 j 省创新要素的引力大，则会吸引 j 省创新要素流向 i 省，创新要素的流动是多种因素综合推拉作用的结果，对不同创新要素促使其流动的因素不同，而本章创新要素生产力系统为 35 种创新要素构成的创新要素综合系统，即使创新要素各子系统也是由多种要素组成的综合系统，因此，针对如此复杂的系统难以用某一变量来表征促进其流动的具体原因，进而本节参考白俊红和蒋伏心（2015）对研发人员、研发资本等要素空间关联强度构建的引力模型，构建了如下引力模型。本节在国家范围内研究省份间的空间关联关系，参照刘继生和陈彦光（2000）、Liu 和 Shen（2014）的研究，本节引力模型中距离衰减系数取 1。

$$R_{ij} = K_{ij} \frac{elem_i \times elem_j}{D_{ij}}, \quad K_{ij} = \frac{elem_j}{elem_i + elem_j} \tag{5-16}$$

其中，i、j 表示省份，R_{ij} 为 i 省到 j 省创新要素生产力配置空间关联强度，即 j 省对 i 省的引力强度；K_{ij} 为引力常数，使用创新要素配置水平占比修正；$elem_i$、$elem_j$ 为 i 省和 j 省创新要素生产力配置水平，配置水平越高，相互间的引力越大；D_{ij} 为 i 省和 j 省省会城市之间的球面距离。各创新要素子系统间的空间关联关系构建亦采用此方法。

5.4.1.2 中国创新要素生产力配置空间关联网络特征分析

为系统全面探究我国创新要素生产力配置空间关联网络的结构特征及演化趋势，本章基于 2009~2019 年我国省份数据利用修正引力模型构建创新要素生产力配置的空间关联矩阵，在此基础上构建的创新要素生产力配置空间关联网络为有向加权完备网络。为更清楚了解创新要素生产力配置空间关联网络结构，本节采用"均数原则法"（李琳、牛婷玉，2017）对完备网络进行切割得到有向无权网络，以 2009 年各省份创新要素生产力配置空间关联强度均值作为阈值，空间关联强度大于该阈值，取值为 1；反之，取值为零，最终得到省际创新要素生产力配置的有向无权网络。本节绘制出 2019 年创新要素生产力配置水平及人力、资本、技术和信息创新要素空间关联网络图，如图 5-3（a1）至（a5）所示。由于创新要素流动性、集聚性特征及创新溢出效应，探究创新要素空间关联网络对于理解创新要素配置格局及对经济高质量发展的空间效应具有重要意义。

由图 5-3 可知，我国创新要素生产力综合系统及各子系统配置水平均呈现典型的网络结构形态，说明我国创新要素配置空间关联关系紧密，但创新要素生产力综合系统、人力、技术和信息创新要素配置水平的空间关联网络中新疆均游离于整个网络之外，可能是由于新疆地理位置偏远且经济发展相对落后，导致与其他省份联系较弱。

（1）宏观层面创新要素生产力各系统配置水平空间关联网络结构特征分析。通过测算我们发现，研究期内，我国创新要素生产力综合系统及各子系统配置水平的空间关联网络等级度较低[①]，说明研究期内我国创新要素空间关联网络不存在严格的等级制度。由图 5-4（a1）和（a2）可以发现，研究期内，我国创新要素生产力综合系统及各子系统配置水平的空间关联网络密度逐渐增强、网络效率逐渐下降，说明不论是创新要素生产力综合系统还是各子系统，其空间关联关系数显著增加、网络逐渐变得稠密庞大，说明我国创新要素流动及创新溢出在逐渐增强。尤其是信息创新要素空间关联网络的密度增加了 1 倍，值得注意的是，2012 年其网络密度迅速增大，网络效率下降，之后趋于平缓，可能由于出台了加快发展信息咨询、电子商务等信息产业、积极发展网络购物等新型消费业态一

---

① 除资本创新要素配置水平空间关联网络 2019 年网络等级度为 0.0667 外，其他创新要素各年网络等级度均为零。

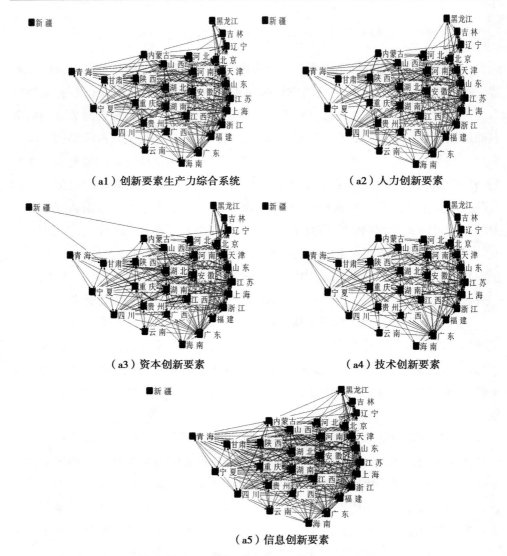

（a1）创新要素生产力综合系统　　　　　（a2）人力创新要素

（a3）资本创新要素　　　　　（a4）技术创新要素

（a5）信息创新要素

图 5-3　2019 年我国创新要素生产力综合系统及各子系统空间关联网络

系列措施，使基于互联网、数字技术等途径溢出的信息创新要素，其溢出途径更加便利，但后期数据产权保护意识的增强使得信息创新要素的溢出受限。

从平均路径长度和聚类系数来看［见图 5-4（a3）和（a4）］，研究期内，我国创新要素生产力综合系统及各子系统配置水平空间关联网络的平均路径长度介于 1.1~1.8 并逐渐下降，说明每个省份均可以通过 1~2 个省份与其他省份产生关联关系。聚类系数研究期内始终超过 0.7 并呈上升趋势，说明我国创新要素配置空间关联网络的"小世界"特征变得日益显著，表明我国不同省份间由于创新要素的流动及创新的溢出效应相互影响的传递速度非常快，空间溢出效应越发明显。

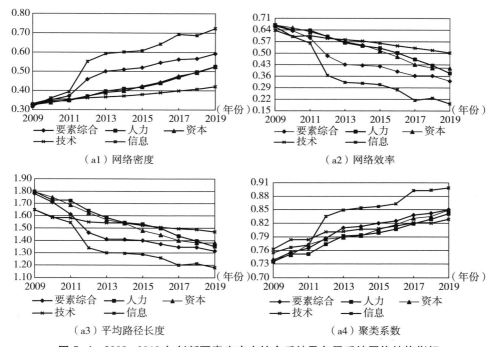

图 5-4　2009~2019 年创新要素生产力综合系统及各子系统网络结构指标

综合上述分析，从四个指标的动态演化趋势来看，无论是创新要素生产力综合系统还是各创新要素子系统，其空间关联网络结构呈相似的变化趋势，我国创新要素的关联关系越来越紧密，创新要素配置的相互影响越来越大，各省份创新的溢出效应越来越显著。究其原因，可能与互联网等信息和数字技术的迅速发展有效促进创新要素频繁流动和创新溢出渠道的多样化相关。

（2）微观层面创新要素生产力各系统配置水平空间关联网络结构特征分析。节点中心性表征网络中节点位置的重要性，代表我国创新要素的主要流动和创新溢出方向。表 5-8 列出了我国创新要素生产力综合系统及各子系统 2019 年空间关联网络排名前 15 的省份。通过表 5-8 可以发现，无论是创新要素生产力综合系统还是各子系统，其空间关联网络总度数排名靠前的省份基本相同，均集中于

表 5-8　2019 年我国创新要素生产力综合系统及各子系统
空间关联网络度数排名 TOP15

	创新要素生产力综合系统						人力创新要素						资本创新要素				
序号	地区	出度	入度	总度数	中介中心度	序号	地区	出度	入度	总度数	中介中心度	序号	地区	出度	入度	总度数	中介中心度
1	江苏	20	27	47	19.104	1	河南	22	26	48	32.459	1	北京	20	29	49	79.801
2	湖北	22	25	47	19.942	2	广东	19	28	47	56.528	2	广东	18	29	47	70.65
3	北京	22	25	47	33.028	3	江苏	18	28	46	23.008	3	江苏	18	28	46	20.14
4	重庆	23	23	46	27.368	4	山东	19	26	45	25.548	4	湖北	19	26	45	21.36
5	河南	23	23	46	14.998	5	北京	19	26	45	42.45	5	浙江	17	27	44	15.202
6	山东	21	24	45	18.175	6	四川	19	25	44	34.185	6	河南	21	22	43	20.63
7	上海	18	26	44	13.818	7	陕西	21	23	44	28.991	7	上海	16	26	42	11.899
8	湖南	21	23	44	20.559	8	河北	19	23	42	20.753	8	陕西	21	21	42	28.567
9	广东	18	25	43	22.472	9	湖北	18	23	41	12.945	9	安徽	18	23	41	9.062
10	河北	22	21	43	12.806	10	湖南	19	22	41	16.624	10	山东	18	23	41	12.747
11	陕西	22	21	43	9.123	11	浙江	17	21	38	5.634	11	四川	19	20	39	30.956
12	浙江	17	24	41	8.622	12	安徽	18	20	38	6.064	12	湖南	16	20	36	9.045
13	安徽	20	21	41	6.2	13	山西	19	17	36	9.06	13	江西	17	19	36	6.222
14	山西	21	19	40	7.877	14	江西	17	18	35	5.676	14	天津	16	17	33	10.005
15	天津	20	20	40	18.609	15	上海	17	16	33	2.805	15	河北	18	15	33	4.521

	技术创新要素						技术、信息创新要素						信息创新要素				
序号	地区	出度	入度	总度数	中介中心度	序号	地区	出度	入度	总度数	中介中心度	序号	地区	出度	入度	总度数	中介中心度
1	江苏	17	27	44	91.819	11	安徽	15	15	30	4.418	6	山东	24	26	50	11.216
2	北京	18	26	44	47.694	12	湖南	16	14	30	12.949	7	河南	25	25	50	7.611
3	广东	16	27	43	79.333	13	浙江	13	16	29	3.915	8	重庆	25	25	50	8.076
4	上海	15	25	40	28.812	14	河北	15	12	27	3.571	9	天津	24	25	49	9.931
5	重庆	15	24	39	61.135	15	山西	15	10	25	3.02	10	河北	24	25	49	9.931
6	陕西	18	20	38	43.08	1	北京	24	28	52	15.456	11	安徽	24	25	49	7.303
7	湖北	17	18	35	13.071	2	上海	24	28	52	12.51	12	湖南	24	25	49	7.175
8	山东	15	19	34	14.398	3	江苏	24	28	52	10.783	13	四川	25	24	49	7.593
9	河南	16	16	32	7.676	4	浙江	24	28	52	12.51	14	陕西	25	24	49	6.775
10	天津	16	15	31	14.643	5	湖北	26	26	52	11.378	15	山西	23	25	48	6.624

注：本表均按照总度数和入度进行排名。

北京、天津、上海、广东、江苏、浙江、山东、河北、湖北、湖南、河南、安徽、陕西等省份，且多数省份为东部省份，而中西部省份相对较少，说明东部省份作为我国创新要素集聚地区，是我国创新要素配置空间关联网络的核心。进一步分析发现，北京、上海、广东、江苏、浙江等作为我国经济发达省份，不仅其创新要素流动相对频繁而且入度和出度差距较大，说明创新要素流入及高效流动有力地促进了这些地区经济高质量发展，而经济欠发达地区创新要素的流动相对低效①。

从中介中心度来看，创新要素生产力系统空间关联网络排名靠前省份为北京、重庆、广东、湖南、湖北、江苏等，人力创新要素空间关联网络排名靠前省份为广东、北京、四川、河南、陕西、山东、江苏等，资本创新要素空间关联网络排名靠前省份为北京、广东、四川、陕西、湖北、河南、江苏等，技术创新要素空间关联网络排名靠前省份为北京、广东、重庆、江苏、陕西、上海等，信息创新要素空间关联网络排名靠前省份为北京、上海、浙江、湖北、山东、江苏等。综合上述排名结果来看，北京作为全国政治经济文化中心，在我国创新要素配置空间关联网络中起着重要的"桥梁"作用，广东、江苏、上海、湖北等经济相对发达省份在创新要素配置空间关联网络中亦起着重要的"桥梁"作用，而大多数中西部省份，不仅其出度和入度相对较低，而且其中介中心度也较低②。

综合上述分析，在创新要素生产力系统空间关联网络中，经济相对发达东部省份不论其出度、入度还是中介中心度排名均比较靠前，在网络中占据相对核心位置，而经济较为落后地区在网络中则处于边缘位置。根据第三节对创新要素生产力配置水平测度结果绘制 2009～2019 年各省份创新要素生产力配置水平均值图，如图 5-5 所示。

通过对创新要素生产力配置水平测度、区域内部创新要素生产力系统对经济高质量发展的促进效应，以及对创新要素生产力配置空间关联网络的分析，结合图 5-2 与图 5-5 的结果发现，创新要素配置与经济高质量发展密切相关，且位于

---

① 2019 年创新要素生产力综合系统入度由大到小排名为：江苏、上海、湖北、北京、广东、山东、浙江、重庆、河南、湖南、陕西、河北、安徽、山西、天津、江西、福建、四川、内蒙古、宁夏、甘肃、辽宁、贵州、广西、青海、海南、吉林、云南、黑龙江、新疆；出度由大到小排名为：重庆、河南、湖北、北京、陕西、河北、山东、湖南、山西、四川、江苏、安徽、天津、江西、宁夏、上海、广东、内蒙古、甘肃、贵州、浙江、福建、青海、辽宁、广西、海南、吉林、云南、黑龙江、新疆。

② 2019 年创新要素生产力综合系统中介中心度由大到小排名为：北京、重庆、广东、湖南、湖北、江苏、天津、山东、河南、上海、四川、河北、江西、陕西、浙江、内蒙古、山西、福建、贵州、安徽、辽宁、甘肃、宁夏、广西、吉林、海南、青海、云南、黑龙江、新疆。

创新要素配置空间关联网络中心位置省份的经济高质量发展水平相对较高，基于此，本书亦可判断创新要素配置对经济高质量发展的作用存在空间影响，因此，进一步从空间计量角度来分析创新要素配置对经济高质量发展的空间效应。

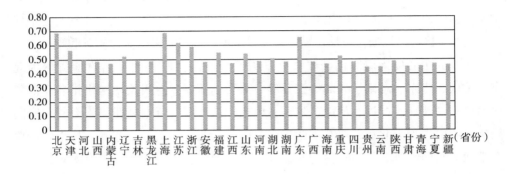

图 5-5   2009~2019 年各省份创新要素生产力配置水平均值

通过对比图 5-2 和图 5-5 发现，创新要素生产力配置水平较高地区的经济高质量发展水平相对也较高，创新要素生产力配置水平较低地区的经济高质量发展水平相对也较低，因此，可以初步推断经济高质量发展水平的空间分布状态与创新要素生产力配置水平空间分布状况呈正相关关系。

5.4.2 模型及空间权重矩阵设定

由于上文研究了创新要素生产力配置水平的空间关联，即创新要素生产力配置存在空间关联效应，因此选择空间杜宾模型（Spatial Durbin Model，SDM）研究创新要素生产力配置水平对经济高质量发展的空间效应，建立模型如下：

$$hqed_{it} = \alpha + \rho \sum_{j=1}^{N} W_{ij} hqed_{jt} + \beta_1 elem_{it} + \beta_2 \sum_{j=1}^{N} W_{ij} elem_{jt} + \sum_{j=1}^{k} \theta_j \ln X + \mu_i + \varepsilon_{it} \quad (5-17)$$

其中，$hqed_{it}$ 为 i 省份在 t 时期的经济高质量发展水平，ρ 为空间自回归系数，$elem_{it}$ 为 i 省份在 t 时期的创新要素生产力配置水平，β 为创新要素生产力配置水平及其空间滞后项系数，X 为一组控制变量，μ_i 为省域效应，ε_{it} 为误差项。

为进一步考察制度环境及制度环境与创新要素生产力系统对经济高质量发展的共同影响，在回归模型中加入制度环境及二者交互项变量，构建如下模型：

$$
\begin{aligned}
\mathrm{hqed}_{it} = {} & \alpha + \rho \sum_{j=1}^{N} W_{ij}\mathrm{hqed}_{jt} + \beta_1 \mathrm{elem}_{it} + \beta_2 \sum_{j=1}^{N} W_{ij}\mathrm{elem}_{jt} + \beta_3 \mathrm{inst}_{it} + \beta_4 \mathrm{inst}_{it}^2 + \beta_5 \overline{\overline{\mathrm{inst}_{it}}} \times \\
& \overline{\overline{\mathrm{elem}_{it}}} + \sum_{j=1}^{k} \theta_j \ln X + \mu_i + \varepsilon_{it}
\end{aligned}
\tag{5-18}
$$

其中，β 为创新要素生产力配置水平及其空间滞后项系数，X 为一组控制变量，inst 和 inst^2 为制度环境及其平方项，在实证中分别取制度环境采用熵权 TOPSIS 和灰色关联度方法的合成值和五个层面变量，$\overline{\mathrm{inst}}$ 和 $\overline{\mathrm{elem}}$ 为中心化处理后的制度环境和创新要素生产力配置水平，μ_i 为省域效应，ε_{it} 为误差项。

空间权重矩阵代表各地区间相互关联的网络结构矩阵，由于创新要素在地区间的流动及创新溢出效应，致使各地区间的经济行为产生空间关联，基于此本节将创新要素生产力配置水平的空间关联强度矩阵 W 作为空间权重矩阵。由于本书研究期间为 2009~2019 年，因此选取创新要素生产力配置水平整个研究期间空间关联强度均值作为空间权重矩阵 W。

5.4.3 实证结果与分析

本章采用英兰指数（Moran's I）测度了经济高质量发展的空间相关性，如表5-9所示。由表5-9可知，经济高质量发展研究期内均在1%水平下存在显著空间自相关且英兰指数均大于零，说明经济高质量发展存在较强的正空间相关性。

表5-9　2009~2019年经济高质量发展的空间自相关检验英兰指数

年份	2009	2010	2011	2012	2013	2014	2015	2016	2017	2018	2019
英兰指数	0.133***	0.134***	0.135***	0.156***	0.159***	0.165***	0.161***	0.166***	0.172***	0.154***	0.152***
Z值	4.804	4.792	4.749	5.329	5.443	5.584	5.497	5.622	5.788	5.262	5.22

注：*** 表示在1%的水平下显著。

为避免出现"伪回归"，在进行 SDM 模型估计前本章采用面板数据的 Hadri 和 IPS 方法对各变量的平稳性进行了检验，检验结果如表5-10所示。

由表5-10可知，各变量均至少在5%显著性水平下通过了平稳性检验。

为确定本节适用的计量模型，本节通过 LM 检验、Hausman 检验以确定空间计量模型的估计形式，检验结果如表 5-11 所示。由 LM 检验结果并结合本节的研究目标及空间权重矩阵选择，本节选择含有空间滞后项的空间杜宾模型。由 Hausman 检验结果可知，本书适合选用固定效应模型。进一步由 Wald 检验结果可知，本节空间杜宾模型均不能退化为空间误差模型 SEM 和空间自回归模型 SAR，因此空间杜宾模型为本节的最优模型。综合上述分析，本节适用空间固定效应的空间杜宾模型 SDM。

表 5-10　各变量平稳性检验结果

检验	hqed	elem	lnener	lnstruc	lnroad	lntrans
Hardi	15.527 ***	14.438 ***	10.910 ***	10.886 ***	11.116 ***	4.418 ***
IPS	-1.827 **	-2.088 **	-2.784 ***	-2.429 ***	-1.822 **	-4.912 ***
检验	inst_on	inst_gov	inst_non	inst_fin	inst_mark	
Hardi	5.107 ***	8.108 ***	8.663 ***	2.367 ***	2.492 ***	
IPS	-5.280 ***	-3.343 ***	-5.947 ***	-1.752 **	-6.486 ***	

注：表中数值为相应检验统计量。**、***分别表示在 5%、1% 的水平下显著。

表 5-11　空间计量模型选择检验结果

检验	统计量	检验	统计量
LM（lag）检验	44.983（0.000）	Hausman	10.670（0.058）
稳健 LM（lag）检验	54.559（0.000）	Wald（SAR）	20.530（0.000）
LM（error）检验	0.773（0.379）	Wald（SEM）	5.520（0.019）
稳健 LM（error）检验	10.349（0.001）		

注：括号内为 p 值。

5.4.3.1　基准回归分析

表 5-12 汇报了式（5-17）空间固定效应的基准回归估计结果。Elhost（2014）指出，应用空间杜宾模型测度得到的空间溢出效应是全局效应而非局部效应，而针对全局效应的分析易产生偏误，因此本节同时给出直接效应和间接效应。

可以发现，空间自回归系数在 1% 的水平下显著为正，说明经济高质量发展存在显著的空间溢出效应。无论是否加入控制变量，本地创新要素生产力配置水

表 5-12　基准回归空间杜宾模型 SDM 估计结果

变量	模型 1	模型 2	模型 3	模型 4	模型 5
elem	0.6689** (2.154)	0.6742** (2.060)	0.6714** (2.055)	0.6703** (2.028)	0.6445** (1.971)
W×elem	-0.4448 (-1.318)	-0.5109 (-1.449)	-0.4973 (-1.436)	-0.5684* (-1.728)	-0.5848* (-1.752)
lnroad		0.0257 (0.881)	0.0257 (0.902)	0.0349 (1.209)	0.0324 (1.161)
lnener			-0.0070 (-0.222)	0.0042 (0.116)	0.0014 (0.037)
lnstruc				0.0350 (1.394)	0.0363 (1.383)
lntrans					0.0215 (0.973)
ρ	0.7010*** (6.615)	0.6855*** (6.070)	0.6851*** (6.096)	0.6104*** (4.205)	0.5668*** (3.634)
直接效应	0.6803** (2.181)	0.6833** (2.080)	0.6780** (2.028)	0.6718** (2.008)	0.6444* (1.955)
间接效应	0.0212 (0.039)	-0.1012 (-0.126)	-0.1725 (-0.087)	-0.4007 (-0.935)	-0.4869 (-1.034)
总效应	0.7014 (1.410)	0.5821 (0.754)	0.5055 (0.250)	0.2711 (0.648)	0.1574 (0.376)
观测值	330	330	330	330	330
R^2	0.7350	0.7144	0.7359	0.7677	0.7036
LogL	779.7404	781.4272	781.5285	785.7148	786.7261

　　注：括号内为 t 值，LogL 为 log likelihood，下同。*、**、***分别表示在 10%、5%、1%的水平下显著。

平对经济高质量发展的作用在 5%的水平下显著为正，说明提高创新要素生产力配置水平确实能够促进本地经济高质量发展。同时创新要素生产力配置水平的空间滞后项对经济高质量发展的作用为负，说明邻地创新要素生产力配置水平的提高会吸引本地创新要素流出，从而抑制经济高质量发展。从直接效应和间接效应来看，创新要素生产力配置水平提高能够显著促进本地经济高质量发展，而对邻地经济高质量发展产生负向影响，只是该效应并不显著；从总效应来看，创新要素生产力配置水平提升能够促进经济高质量发展，但该效应并未完全显现，一方面由于经济高质量发展受多种因素综合影响，当其他因素与创新要素对经济高质量发展的影响形成竞争效应时，可能会导致总效应难以显现；另一方面在创新要素生产力配置水平提升的同时也需要各创新要素匹配发展，由某种要素配置水平提升导致的创新要素生产力综合配置水平的提升反而会形成要素错配，进而减弱创新要素配置效率，影响经济高质量发展。该研究结论验证了本章结论1、结论2和结论3。

本节通过逐步加入控制变量的方法对模型的稳健性和内生性进行检验，核心解释变量创新要素生产力配置系数除大小差别外，符号和显著性水平一致，空间滞后项系数除大小差别外，符号一致而逐渐变得显著，表明基准回归结果具有稳健性。

5.4.3.2 考虑制度环境影响的进一步分析

（1）制度环境及其调节效应分析。

上文从区域内部角度探讨了创新要素生产力配置水平在制度环境调节下对经济高质量发展的影响程度，研究发现就区域内部而言，制度环境总体和不同制度环境对经济高质量发展的影响均呈现倒"U"形，且制度环境能够强化创新要素生产力系统对经济高质量发展的影响。那么在考虑空间溢出效应影响后，创新要素生产力系统又是如何在生产关系系统调节下影响经济高质量发展的呢？本节将参照上文加入制度环境后创新要素生产力系统对经济高质量发展的影响分析框架，根据式（5-18）估计空间固定效应SDM模型结果如表5-13所示。

由表5-13可知，考虑制度环境的影响后，空间自回归系数依然为正，创新要素生产力配置水平对经济高质量发展的影响仍显著为正，邻地创新要素生产力配置水平提升对本地经济高质量发展仍具有负向影响。不论是否加入控制变量，制度环境与创新要素生产力配置水平交互项的系数均在1%的水平下显著为正，且与创新要素生产力配置水平回归系数符号相同，表明制度环境质量的提高有助于增强创新要素生产力系统对经济高质量发展的促进作用，因此两者间存在相互强化效应。制度环境一阶项的回归系数在1%的水平下显著为正，平方项的回归系数在5%的水平下显著为负，表明制度环境质量提升促进了经济高质量发展，但制度环境对经济高质量发展的影响为倒"U"形，根据表5-13模型5可知其

表 5-13 考虑制度环境影响的空间杜宾模型 SDM 估计结果

变量	模型 1	模型 2	模型 3	模型 4	模型 5
elem	0.4360 *** (3.933)	0.4320 *** (3.301)	0.4398 *** (3.756)	0.4329 *** (4.054)	0.4056 *** (3.331)
W×elem	−0.3048 (−1.564)	−0.3365 (−1.569)	−0.3826 ** (−2.136)	−0.3508 ** (−2.146)	−0.3424 ** (−2.024)
inst	1.0036 *** (2.782)	0.8388 *** (2.841)	0.7457 *** (2.593)	0.7178 ** (2.493)	0.7046 ** (2.446)
inst^2	−0.6711 ** (−2.340)	−0.5636 ** (−2.295)	−0.4865 ** (−2.126)	−0.4575 ** (−1.925)	−0.4650 ** (−1.994)
elem×inst	1.9295 *** (3.734)	1.9910 *** (3.667)	2.0135 *** (3.916)	2.0612 *** (4.469)	2.1078 *** (4.598)
lnroad		0.0556 ** (2.415)	0.0623 *** (2.368)	0.0606 ** (2.467)	0.0614 ** (2.502)
lnener			0.0394 (1.121)	0.0376 (1.073)	0.0359 (1.039)
lnstruc				−0.0193 (−0.932)	−0.0170 (−0.878)
lntrans					0.0196 (0.941)
ρ	0.2836 (1.539)	0.2563 (1.398)	0.2209 (1.178)	0.2449 (1.304)	0.2314 (1.216)
直接效应	0.4364 *** (3.916)	0.4327 *** (3.291)	0.4400 *** (3.726)	0.4326 *** (4.039)	0.4063 *** (3.309)
间接效应	−0.2679 (−1.157)	−0.3159 (−1.292)	−0.3790 * (−1.853)	−0.3392 (−1.531)	−0.3273 (−1.627)
总效应	0.1685 (0.940)	0.1168 (0.710)	0.0610 (0.420)	0.0934 (0.538)	0.0790 (0.554)
观测值	330	330	330	330	330
R^2	0.7302	0.6303	0.3830	0.1505	0.0451
LogL	837.7805	846.0670	849.8740	851.2718	852.2147

注：表中 ρ 为空间自回归系数，**、*** 分别表示在 5%、1%的水平下显著。

临界值为 0.7576①，比较临界值与制度环境综合指数的均值大小可知，当前我国

---

① 计算方法为：临界值=−0.7046÷［2×（−0.4650）］ ≈0.7576。

制度环境综合指数未跨越临界值（0.5909<0.7576），制度环境与经济高质量发展之间存在正向关系，即当前阶段适度提高制度环境质量能够促进经济高质量发展。该结论验证了本章的结论4和结论5。

逐步加入控制变量回归结果显示，创新要素生产力配置水平系数除大小差别外，符号和显著性水平没有变化；空间滞后项系数除大小差别外，符号一致且逐渐变得显著；制度环境一阶项、平方项和交互项除大小差别外，符号和显著性水平基本未变，表明该回归结果具有稳健性。

（2）不同类型制度环境的作用效果差异。

为探讨不同类型制度环境及其与创新要素生产力系统协同对经济高质量发展的影响差异，本书根据式（5-18）采用空间固定效应的SDM模型估计结果如表5-14所示。

由逐步回归的估计结果来看，考虑不同类型制度环境的影响后，无论是否加入控制变量，空间自回归系数均显著为正，再次印证经济高质量发展具有显著空间溢出效应。在不同类型制度环境下，创新要素生产力配置水平对本地经济高质量发展的影响显著为正，也印证了本章的研究结论具有稳健性。邻地创新要素生产力配置水平提升对本地经济高质量发展具有负向影响，但该影响在在线政府、政府服务满意度和市场分配经济资源比重三种制度环境影响下不显著。

由表5-14回归结果可知，在线政府、政府服务满意度、非国有经济发展度、市场分配经济资源比重一阶项的回归系数均显著为正，平方项的回归系数均显著为负，表明政府服务水平的提升、减少政府对企业的干预、非国有经济的发展、市场的资源配置作用均能有效促进经济高质量发展，但其对经济高质量发展的影响为倒"U"形。而数字普惠金融指数一阶项的回归系数为正、平方项的回归系数为负，但均不显著，表明其对经济高质量发展的影响亦为倒"U"形，但其发展难以显著促进经济高质量发展，可能由于其发展处于初级阶段，对经济高质量发展的影响难以显现。通过比较该五种不同类型制度环境临界值与其均值大小发现，当前该五种不同类型制度环境指数均未跨越临界值①，表明当前阶段有效改善不同类型制度环境均能促进经济高质量发展。

①　在线政府指数均值与临界值关系为0.5627<0.6783；政府服务满意度均值与临界值关系为3.4229<4.4286；非国有经济发展度均值与临界值关系为7.3698<8.6897；数字普惠金融指数均值与临界值关系为171.5147<446.4286；市场分配经济资源比重均值与临界值关系为7.5711<10.0556。

表 5-14 不同类型制度环境异质性检验空间杜宾模型 SDM 估计结果

变量	模型 1 （inst_on）	模型 2 （inst_gov）	模型 3 （inst_non）	模型 4 （inst_fin）	模型 5 （inst_mark）
elem	0.4592** (2.496)	0.4931* (1.664)	0.3700*** (2.693)	0.4995** (3.296)	0.5111 (1.520)
W×elem	−0.3101 (−1.326)	−0.5260 (−1.606)	−0.4128** (−2.064)	−0.4609*** (−2.587)	−0.5078 (−1.477)
elem×inst	1.3232*** (4.660)	0.0547** (2.307)	0.1857*** (7.244)	0.0018*** (3.416)	0.0765 (1.485)
inst	0.1830** (2.204)	0.0062** (2.004)	0.0504*** (4.390)	0.0001 (0.784)	0.0181* (1.785)
$inst^2$	−0.1349* (−1.810)	−0.0007 (−1.933)	−0.0029*** (−4.364)	-1.12×10^{-7} (−0.252)	−0.0009* (−1.733)
elem×inst	1.3232*** (4.660)	0.0547** (2.307)	0.1857*** (7.244)	0.0018*** (3.416)	0.0765 (1.485)
lnroad	0.0697** (2.547)	0.0453* (1.755)	0.0785*** (2.759)	0.0654** (2.049)	0.0434 (1.515)
lnener	0.0315 (0.804)	0.0096 (0.240)	0.0312 (0.882)	0.0428 (1.141)	0.0121 (0.283)
lnstruc	0.0081 (0.389)	0.0331 (1.402)	0.0164 (1.083)	−0.0185 (−0.904)	0.0338 (1.367)
lntrans	0.0233 (1.039)	0.0206 (1.087)	0.0249 (1.371)	0.0289 (1.438)	0.0232 (1.071)
ρ	0.3732** (2.060)	0.6021*** (4.411)	0.3586* (1.854)	0.3055** (1.964)	0.5641*** (3.726)
直接效应	0.4614** (2.499)	0.4890 (1.593)	0.3665*** (2.696)	0.4999*** (3.229)	0.5095 (1.516)
间接效应	−0.2299 (−0.797)	−0.5595 (−0.316)	−0.4667 (−1.190)	−0.4027 (−1.601)	−0.5351 (−1.028)
总效应	0.2316 (1.172)	−0.0705 (−0.039)	−0.1002 (−0.297)	0.0972 (0.340)	−0.0257 (−0.064)
观测值	330	330	330	330	330
R^2	0.2557	0.6504	0.2739	0.0021	0.6022
LogL	817.2885	801.3332	858.0964	842.7419	790.9068

注：第一列中 inst 指模型中相应类型制度环境。*、**、***分别表示在 10%、5%、1% 的水平下显著。

进一步分析五种不同类型制度环境与创新要素生产力配置水平交互项系数发现，在线政府、政府服务满意度、非国有经济发展度、数字普惠金融与创新要素生产力配置水平交互项均显著为正，表明该四种制度环境与创新要素生产力配置之间存在显著的相互强化关系，其与创新要素配置的有效协同能够强化创新要素对经济高质量发展的促进作用。而市场资源配置效应与创新要素配置水平交互项系数为正但不显著，表明当前我国市场的资源配置效应与创新要素协同难以显著促进经济高质量发展，一方面可能因为我国社会主义市场经济处于初级发展阶段，其与创新要素的协同有待加强；另一方面可能因为当前我国资源配置中政府宏观调控的作用较强而削弱了市场的作用（可能存在"强政府、弱市场"现象）。

进一步比较五种不同制度环境影响下创新要素生产力配置对本地经济高质量发展的影响发现，市场分配经济资源比重影响下创新要素生产力配置对本地经济高质量发展的作用最强但不显著，其次为数字普惠金融、政府服务满意度、在线政府和非国有经济发展度，而且该影响均显著。创新要素生产力配置的负向溢出效应在政府服务满意度影响下最大但不显著，其次为市场分配经济资源比重、数字普惠金融、非国有经济发展度和在线政府。从交互项来看，在在线政府指数与创新要素生产力配置水平交互项系数最大，其次为非国有经济发展度、市场分配经济资源比重（不显著）、政府服务满意度和数字普惠金融。综合来看，在线政府制度环境影响下创新要素生产力配置对经济高质量发展的促进作用最强且显著，且在其影响下负向溢出效应最弱，表明提升政府服务民生能力能够最大限度地强化创新要素配置对经济高质量发展的促进作用。

在控制变量层面，基础设施建设水平、能源消耗强度、产业结构、交通发展水平对经济高质量发展的影响均为正但多数不显著，表明提升本地基础设施建设水平、促进产业结构高端化发展、大力发展交通运输均能推动经济高质量发展，只是该效应未完全显现，当前阶段我国经济高质量发展的能源依赖效应较强。

从直接效应和间接效应来看，在不同制度环境的影响下，创新要素生产力配置水平提升会显著促进本地经济高质量发展，同时对周围地区经济高质量发展具有负向空间溢出效应；从总效应来看，创新要素生产力配置水平提升能够促进经济高质量发展（可能具有异质性），只是该效应并未完全显现。可能是因为创新要素作为经济高质量发展的源动力，其配置水平提升能够有效促进经济高质量发展，但同时创新要素又具有集聚特征、拥挤效应、竞争效应、规模效应等而资源总量有限，本地创新要素生产力配置水平提升可能导致邻地创新要素流出，对邻地经济高质量发展产生抑制效应；同时影响经济高质量发展的因素众多，而创新要素作用的有效发挥是多种因素合力作用的结果。

经济高质量发展目标下创新
要素配置效率的测度与评价

本书第 5 章对创新要素综合系统中各创新要素子系统的功能从生产力和生产关系角度重新进行了细分，将人力、资本、技术和信息创新要素作为推动经济高质量发展的生产力系统，而制度创新要素则作为具有调节作用的生产关系系统，从生产力和生产关系角度解析创新要素生产力系统在生产关系系统调节下对经济高质量发展的影响程度和空间溢出效应。而创新要素整体配置系统对经济高质量发展系统的作用程度如何，又是如何衡量的？本章立足于经济增长理论，首先将创新要素综合系统中各创新要素子系统作为"五维"投入要素、将经济高质量发展新发展理念层面作为创新要素投入的效益采用包含非期望产出的非导向、超效率 EBM 模型结合 luenberger 模型和 MetaFrontier-Malmquist 模型测度经济高质量发展目标下创新要素配置效率；其次将创新要素配置效率进行分解以分析创新要素配置效率增强的内在驱动力，并探究外部环境因素对创新要素配置效率的影响。

6.1 创新要素配置效率内涵及影响因素分析

6.1.1 创新要素配置效率的内涵

根据本书创新要素配置内涵，创新要素配置是利用创新要素优化配置理论实现对创新资源的合理配置，用有限的创新要素投入创造最大化的经济效益和发展质量，以尽可能小的配置成本获取尽可能大的经济、社会效益，调控现有创新要素分布的非均衡性，最终实现创新生态系统的可持续发展以及经济高质量发展。创新要素配置效率是指在既定创新要素投入和生产技术条件下，生态系统中各创新主体利用现有技术开发和利用创新要素资源禀赋、借助创新要素流动性特征实现经济高质量发展效益最大化，或以尽可能少的创新要素投入获取尽可能大的经济高质量发展成效。

经济增长理论始终将生产要素作为经济增长的动力源泉，在经济发展不同阶段，驱动经济增长的要素动力不同。立足于经济增长理论，结合本书第 4 章的研究结论，我国目前阶段已实现由传统要素驱动到创新要素驱动的经济增长动力转换，因此创新要素作为创新生产的必备投入要素，是创新的基础资源禀赋。经济高质量发展是在新发展理念指导下实现的，创新、协调、绿色、开放、共享发展成效作为检验经济高质量发展的成果，人均新产品销售收入的增长、产业结构的合理化、外商直接投资以及我国人均消费支出的增长都有利于促进经济实现高质量发展，作为"好产出"或期望产出，而经济生产过程中能源的消耗必然带来环境的污染，生态环境的脆弱性和污染的不可逆性要求在创新生产过程中必须加强环境保护，减少二氧化硫等污染物的排放，因此在这里可以理解为"坏产出"或非期望产出。

从创新要素配置效率增长的内部驱动力来看，立足于区域同质性视角，将基于全局前沿的创新要素配置效率 MML 指数增长动力分解为技术效率（EC）和技术进步（TC）两种类型。同时由于创新要素作用于经济高质量发展具有一定的区域异质性，因此需要进一步考虑创新要素配置效率增长的内部驱动力异质性问题，在进一步考虑区域异质性的情况下，通过比较各群组的生产前沿和全国生产前沿的变化，将创新要素配置效率 MML 指数增长驱动力分解为追赶效应（EC）、创新效应（BPC）和领先效应（TGC）三种类型，其实际内涵为技术赶超、技术创新和技术领先。基于上述分析，创新要素配置效率的实现机理及增长驱动力分解如图 6-1 所示。

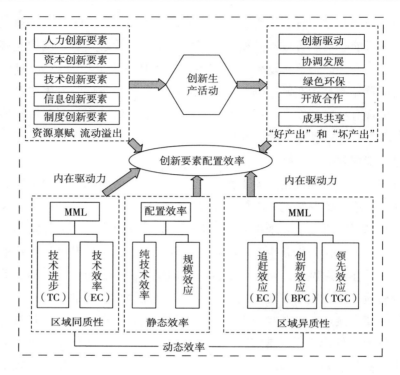

图 6-1　创新要素配置效率的实现机理及增长驱动力分解

6.1.2　创新要素配置效率影响因素的作用机制

上文从创新要素配置效率的内在驱动力角度首先基于区域同质性视角对创新要素配置效率变化进行分解，分为技术效率和技术进步，其次进一步考虑区域异质性，将创新要素配置效率进一步分解为技术效率变化（EC）、当期前沿与组内全局前沿差距的变化（BPC）和组内全局与不分组共同前沿差距的变化（TGC），分别称为追赶效应、创新效应和领先效应，且该三种效应是驱动创新要素配置效率增强的内在驱动力。本节将该三种效应分别作为创新要素配置效率增强的关键驱动因素，其实际内涵为技术赶超、技术创新和技术领先，进一步分析创新要素配置效率的影响因素。

本章所研究的创新要素配置效率是指在一段时间内，研究区域通过内部创新资源禀赋（即人力、资本、技术、信息和制度创新要素）的高效配置，在实现经济高质量发展的同时减少二氧化硫等污染物的排放。由于本章创新要素配置效率从创新投入和经济高质量发展产出角度选择指标进行测算，而创新生产除了受创新投入要素影响外，还处在一定的创新环境中，创新环境对创新要素配置效率的影响较大，因此本节主要基于创新生产环境角度选取创新要素配置效率的潜在影响因素，构建创新要素配置效率的影响因素作用机制框架。

6.1.2.1 创新效率差异理论观

创新效率的差异理论观认为，我国创新生产过程因所在地区的环境或者行业等的不同，创新要素配置效率会有所差异（Hashimoto & Haneda，2008；冯志军、陈伟，2014）。在创新资源禀赋、政府对创新的政策支持力度、地理区位、人才的支持力度以及产业结构等方面我国东部地区较中西部地区和东北地区具有明显的优势，因此创新要素配置效率也较高，即东部地区在拥有相对优越的创新资源禀赋的基础上，其创新生产也由引进消化吸收再创新转为原始创新和集成创新，在技术创新生产中具有一定的领先水平。而中西部地区由于资源禀赋等劣势，技术创新的方式主要以引进消化吸收再创新为主，因此创新要素配置效率一般较低。同时，由于我国经济高质量发展过程中创新生产的技术环境、市场机制等还不够成熟和完善，我国各省份间也存在着激烈的竞争合作关系，导致区域间文化交流、技术壁垒等尚存，造成企业的创新效率存在明显的地域性。尤其是处于不同创新环境下，创新要素效能激发的程度不同，也导致各地区创新要素配置效率存在较大差异。

6.1.2.2 技术差距理论观

技术差距理论观认为，我国各地区由于创新资源禀赋不同、所处创新环境具有差异性等，各地区不同的人才引进政策、市场环境、创新资源禀赋基础等因素对创新生产技术的扩散具有显著的影响，造成各地区创新生产的企业可以利用的创新技术集（人力、资本、技术和信息创新要素的组合）有所差别，即各地区进行创新生产的前沿面是不同的（O'Donnell et al.，2008）。传统的效率测算假定各地区各企业拥有相同的创新生产技术前沿，这也隐含了假设各地区企业在创新生产中面临相同的生产技术集，由此得出的研究结论与现实情况会存在一定程度的偏差。但是，如果各地区采用不同的创新生产技术前沿，就会导致测得的各地区创新要素配置效率无法比较。Battese 等（2004）引入了共同前沿创新生产函数，将共同前沿模型下的生产前沿面设定为所有区域所有时期不同生产技术集的包络线，如图6-2所示。共同前沿代表全国最优的生产技术水平，而群组前沿代表各地区的最优生产技术水平，当期前沿代表当期生产的最优技术水平。以群组二为例，对于不同时期的创新生产，如从 a_1 到 a_2 效率的变化称为追赶效应（EC），表示技术效率沿时间趋势变化；当期前沿与群组前沿差距 b_1c_1 的变化称为创新效应（BPC），表示在群组内部接近群组前沿的程度，越接近群组前沿表示"创新效应"越显著；群组前沿与共同前沿差距的变化称为领先效应（TGC），表示各地区生产前沿接近全国生产前沿的速度越快，其领先效应越明显（Battese，2004）。技术差距理论认为，在效率分解理论中，效率的损失一方面来源于两种前沿之间的生产技术差距，另一方面来源于群组内部自身管理水平的低下（王群伟等，2014）。

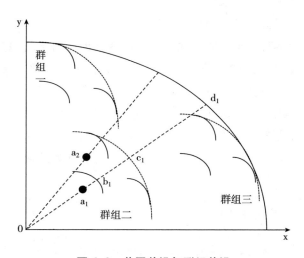

图6-2 共同前沿与群组前沿

6.1.2.3 创新生态系统观

生态系统的概念由 Tansley 于1935年首先提出，其认为整个生态系统不仅包括复杂的有机体成分，还包括环境这个物理要素。由于研究对象不同，学者对生态系统的定义也略有不同，但多数学者均认同戴宁对生态系统的定义，即生态系统是指在特定时间和空间范围内，由生物主体和非生物环境共同构成的具有特定大小及结构的动态功能组合体（吕鲲，2019）。生态系统中的主体与周围环境通过信息、能量等的交流维持生态系统的动态平衡。Granstrand 和 Holgersson

（2020）认为，创新生态系统是不断变化的参与者及其与周围环境关系（包括互补和替代关系）的集合，它们对于参与者或参与者群体的创新绩效至关重要。我国创新生态系统的根本目标是在新发展理念下促进创新持续涌现，通过将创新投入、创新需求与创新环境在创新过程中的有机结合实现高质量的经济发展（李万等，2014）。根据创新生态系统理论，我国创新要素配置效率的提升不仅依赖于创新主体利用投入的创新要素组合实现创新产出最大化，还依赖于创新生产环境，因此创新环境作为生态系统的重要组成部分，通过影响创新主体和创新资源的相互作用而影响创新要素配置效率。

基于以上分析，创新要素配置效率影响因素的综合作用机制框架如图 6-3 所示。

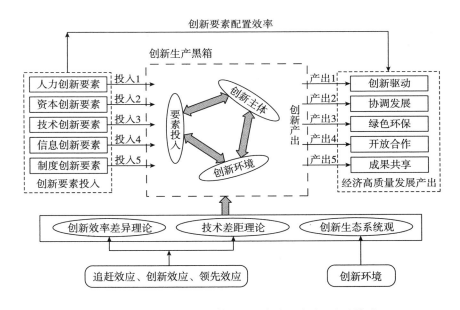

图 6-3　创新要素配置效率影响因素的综合作用机制框架

6.1.3　创新要素配置效率影响因素的作用机理

本章主要从创新要素配置效率的内在驱动力和创新生态系统角度选择影响创新要素配置效率的主要因素。

创新效应、追赶效应和领先效应是由创新要素配置效率通过考虑区域异质性分解得到，因此该三种效应作为创新要素配置效率的内在驱动力，是创新要素配置效率增强的直接驱动因素。根据效率分解理论，创新要素配置效率损失的原因一方面来源于本身技术和管理水平的低下，另一方面来源于不同前沿面生产技术水平差距。在考虑区域异质性的情况下，存在两个生产技术前沿面：一个为当期前沿与区域群组前沿的差距，另一个为群组前沿与全国总体前沿的差距，本章分别称为追赶效应、创新效应和领先效应，其实际内涵为技术赶超、技术创新和技术领先。根据效率分解理论，技术赶超、技术创新和技术领先是实现创新要素配置效率增强的直接驱动力。

立足于创新生态系统理论，创新生态系统是由创新主体、创新资源和创新环境共同构成的，创新主体是创新的重要参与者，创新生产活动是创新主体利用创新资源与创新环境发生交互作用进行创新生产的过程，因此，创新环境是影响创新要素潜能发挥的重要因素。本章主要从创新要素的流动环境创新生产的基础环境、文化环境、金融环境、政策环境、能源环境角度分析创新要素配置效率影响因素对创新要素配置效率的作用机理。

（1）创新要素的流动环境：交通发展水平。交通基础设施本身具有网络特性，尤其是我国铁路系统将各个地区的经济活动联系起来，通过扩散效应带动经济落后地区的发展。基于创新要素的流动性特征，尤其是人力创新要素是最本质的创新要素，人力创新要素的流动会带动资本创新要素、技术创新要素和信息创新要素在区域间流动，促进创新要素在区域间的高效流动从而促进创新要素配置效率的提升。交通的便利尤其是高铁的开通能够促进人才流动（Bernard et al.，2019），从而促进创新要素在区域间的高效流动来提升创新要素配置效率。

（2）创新生产的基础环境：经济发展水平。经济发展水平是区域创新要素配置效率差异化的主要原因之一，区域经济增长能够为创新生产技术进步提供资金支持，还能通过改善市场环境、提高低碳生产与消费理念、优化公共服务水平和吸引外商投资等影响创新要素配置效率。

（3）创新生产的文化环境：创新氛围。企业进行创新活动需要一定的环境和氛围，良好的创新氛围能够激发企业员工的创造力，从而促进企业和行业乃至整个产业的创新，进而通过激励效应促进创新效率的提高（肖仁桥等，2018）。创新氛围涵盖的内容较多，如创新支持以及创新参与的安全性等都属于创新氛围（Anderson & West，1996）。

（4）创新生产的金融环境：金融发展水平。创新生产离不开创新金融资本的支持，尤其是在经济高质量发展阶段，随着数字技术的发展，数字金融等成为金融资源配置的主要方式，在一定程度上降低了融资端与供给端信息不对称，改善了传统金融模式下中小企业的弱势地位，有利于降低中小企业融资成本，迸发出巨大的乘数效应。同时数字金融的迅猛发展也可能由于监管制度的跟进不足产生监管空白，从而形成数字金融的伴生风险，影响整个金融市场环境，影响经济发展。

（5）创新生产的政策环境：环境规制。新古典经济增长理论认为，环境规制的实施必然会增加企业的私人成本，挤占研发资本的投入，从而影响企业生产绩效的提高。然而，波特于1991年提出了波特假说，认为合理的环境规制能够促进企业进行技术创新，强化绿色创新动力，通过"创新补偿"效应形成新的竞争优势（Yang et al.，2012），从而促进经济的绿色发展，对经济发展产生正向影响。因此，环境规制对创新要素配置效率的影响存在行业或地区的差异性。

（6）创新生产的能源环境：能源消耗强度。现有研究表明，能源消耗强度的主要影响因素有产业结构、技术进步等，也就是说能源消耗强度在一定程度上代表了产业结构的合理性和创新生产技术的先进性。煤炭作为我国的主要能源，其过度消费不利于"双碳"目标的实现，使用清洁能源、提高创新生产技术减少能源消耗，均能弱化对生态环境的负向影响，由使用传统能源转向清洁能源，优化能源结构，有利于我国产业结构转型升级，推动"双碳"目标实现。

创新要素配置效率影响因素对创新要素配置效率的作用机理如图6-4所示。

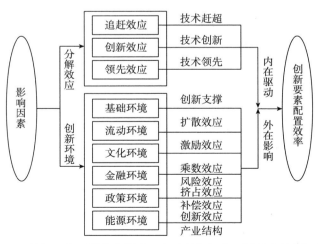

图6-4 创新要素配置效率影响因素对创新要素配置效率的作用机理

6.2 创新要素配置效率的测算方法

6.1节从创新要素配置效率内涵及增长的驱动力角度分析了创新要素配置效率增强的实现机理，基于区域同质性视角将其分解为技术效率和技术进步，在考虑区域异质性情况下将创新要素配置效率增强的内在驱动力分解为追赶效应、创新效应和领先效应，本节具体阐述其测算和分解方法。

现有文献关于效率的测度方法主要包括以数据包络分析（DEA）为主的非参数方法和以随机前沿分析（SFA）为主的参数方法。由于参数方法在应用时需要事先设定函数的具体形式，而数据包络分析方法更适合基于多投入多产出数据构建技术前沿面而无须设定生产函数具体形式及假定指标权重，所以更适合包含期望产出和非期望产出的创新要素配置效率测算研究（Fall et al.，2018）。基于此，本章选取数据包络分析方法测度我国各省份创新要素配置效率。

6.2.1 创新要素配置静态效率的测度方法[①]

首先测度各省份各年度在不考虑跨期的情况下创新要素配置效率揭示各年度创新要素配置对经济高质量发展的作用效果。将创新要素配置效率作为衡量创新要素配置对经济高质量发展综合作用程度的指标，采用包含非期望产出的非导向超效率混合距离（Epsilon-Based Measure，EBM）模型对创新要素配置效率进行测度以揭示创新要素配置对经济高质量发展的作用效果。EBM 模型是一种同时包含径向和 SBM 两类距离函数的混合模型（Tone & Tsutsui，2010），克服了传统径向模型同比例缩减或扩张投入产出的局限，同时克服了传统 DEA 模型无法区分多个有效 DMU 效率高低的局限。选取该模型进行创新要素配置效率的测度，既能体现投入角度的优化方向，又能兼顾创新要素配置的产出目标，从投入冗余和产出不足角度找到非有效配置的原因。

[①] 由于本章同时测算了跨期可比的创新要素配置效率及跨期不可比的创新要素配置效率，因此将跨期不可比的创新要素配置效率称为静态效率，将跨期可比的创新要素配置效率称为动态效率。

将本书研究的 n = 30 省份作为决策单元，构造不同省份创新要素配置投入产出的最佳前沿面，每个决策单元有 m 种投入，q_1 种期望产出和 q_2 种非期望产出，则包含非期望产出、非导向、超效率 EBM 模型的规划式可表示为：

$$\min \frac{\theta - \varepsilon^- \frac{1}{\sum_{i=1}^{m} w_i^-} \sum_{i=1}^{m} \frac{w_i^- s_i^-}{x_{ik}}}{\varphi + \varepsilon^y \frac{1}{\sum_{r=1}^{q_1} w_r^+} \sum_{r=1}^{q_1} \frac{w_r^+ s_r^+}{y_{rk}} + \varepsilon^b \frac{1}{\sum_{p=1}^{q_2} w_p^+} \sum_{p=1}^{q_2} \frac{w_p^+ s_p^+}{b_{pk}}}$$

$$\text{s. t.} \begin{cases} \sum_{j=1}^{n} x_{ij}\lambda_j - \theta x_{ik} + s_i^- = 0, \ i = 1, 2, \cdots, m \\ \sum_{j=1}^{n} y_{rj}\lambda_j - \varphi y_{rk} - s_r^+ = 0, \ r = 1, 2, \cdots, q_1 \\ \sum_{j=1}^{n} b_{pj}\lambda_j - \varphi b_{pk} + s_p^- = 0, \ p = 1, 2, \cdots, q_2 \\ \lambda_j \geqslant 0, \ s_i^- \geqslant 0, \ s_r^+ \geqslant 0, \ s_p^- \geqslant 0, \ \theta \leqslant 1, \ \varphi \geqslant 1 \end{cases} \quad (6-1)$$

其中，λ 为决策单元的线性组合系数，j 为决策单元的个数，x_{ik} 为决策单元 k 的第 i 类投入，y_{rk} 为决策单元 k 的第 r 类期望产出，b_{pk} 为决策单元 k 的第 p 类非期望产出，s_i^- 为投入创新要素的松弛变量，s_r^+ 为期望产出的松弛变量，s_p^- 为非期望产出的松弛变量，θ 为由 CCR 模型计算的径向效率值，w 为各种投入产出指标的相对权重（主要用以反映重要程度），满足 $\sum w = 1$，φ 为产出扩大比，ε 是关键参数，取值范围为 [0, 1]，表示在效率计算中非径向部分的重要程度。本章在计算时选取投入和产出导向的径向距离参数均为 0.5。

6.2.2 创新要素配置动态效率的测度方法

本章在测算了创新要素配置的静态效率之后进一步结合 Malmquist 模型测度创新要素配置的动态效率，采用超效率规模报酬可变的 EBM 模型和 Malmquist-luenberger 指数相结合的方法测度创新要素配置效率的变化情况。将该模型与 luenberger 模型、MetaFrontier-Malmquist 模型有效结合，既综合考察了创新要素配置中非期望产出问题，又能合理、准确地评估我国各省份创新要素配置效率的区域异质性，同时还能动态反映各地区创新要素配置效率在时间维度上的变化。

将 MetaFrontier 方法应用于全局参比的 Malmquist 生产率指数模型，并对共同前沿 Malmquist 指数进行分解，超效率 EBM-MetaFrontier-Malmquist-luenberger 指数计算步骤如下：

（1）求解模型（6-1）以获取非径向、非导向、规模报酬可变的非期望 EBM 超效率模型的效率值。

（2）按照四大区域的省份划分，将各省份非径向、非导向、规模报酬可变的超效率非期望 EBM 模型的超效率值划分为四个群组，每个群组各自以自身作为"参考集"，分别在各区域内部进行"自评"，通过比较没有分组的 DEA 模型的结果和划分群组后的自我参比结果，即可得到技术缺口比率（Technology Gap Ratio，TGR），TGC 即为由 t 期到 t+1 期 TGR 发生的变化。

（3）结合以上的分析模型及全局参比的 Malmquist 模型对创新要素配置效率进行测算以及 MetaFrontier-Malmquist-luenberger 指数的分解。

6.2.3　区域同质视角下 MML 指数及其分解

Pastor 和 Lovell（2005）将生产前沿的参考集设定为所有时期，由于在计算过程中使用的是区域的全局前沿，该方法能够克服效率研究不可跨期比较的缺陷，同时也不存在规模报酬可变下模型无可行解问题，具有循环累加性和传递性的优势。在测算 EBM 静态效率的基础上，本章进一步引入基于全局前沿的 MML 指数方法，考察创新要素配置效率的长期增长趋势，定义 t+1 期的 MML 指数为：

$$
\begin{aligned}
MML_{t+1}^{t}(x^{t}, y^{t}, b^{t}, x^{t+1}, y^{t+1}, b^{t+1}) &= \frac{E^{G}(x^{t+1}, y^{t+1}, b^{t+1})}{E^{G}(x^{t}, y^{t}, b^{t})} \\
&= \frac{E^{G}(x^{t+1}, y^{t+1}, b^{t+1})}{E^{G}(x^{t}, y^{t}, b^{t})} \times \\
&\quad \left[\frac{E^{G}(x^{t+1}, y^{t+1}, b^{t+1})/E^{t+1}(x^{t+1}, y^{t+1}, b^{t+1})}{E^{G}(x^{t}, y^{t}, b^{t})/E^{t}(x^{t}, y^{t}, b^{t})} \right] \\
&= EC_{t+1}^{t} \times TC_{t+1}^{t}
\end{aligned}
\tag{6-2}
$$

其中，MML_{t+1}^{t}、EC_{t+1}^{t}、TC_{t+1}^{t} 分别为决策单元 t 期和 t+1 期的创新要素配置效率、技术效率变化以及技术进步，x^{t}、y^{t}、b^{t}、x^{t+1}、y^{t+1}、b^{t+1} 分别为 t 期和 t+1 期投入、期望产出和非期望产出，E^{G} 表示参考集为全局前沿，MML_{t+1}^{t}、EC_{t+1}^{t}、

TC_{t+1}^{t} 大于（小于）1 代表跨期比较下创新要素配置效率水平提升（下降）、技术效率水平提升（下降）和技术进步（或倒退）。利用 MML 指数及其分解结果，可进一步分析创新要素配置效率的变化趋势以及驱动因素的变动情况，为创新要素配置效率的增强提供参考。

6.2.4　区域异质视角下 MML 指数及其分解

创新生产技术的差异、经济发展水平、区域地理位置、创新资源的投入、经济高质量发展的产出及创新要素配置能力等因素的综合作用造成了我国创新要素配置及经济高质量发展呈现区域不均衡特征，而区域同质视角下基于全局前沿的 MML 指数假定了各省份技术水平是相同的，显然这不符合我国的实际，有必要将不同省份按照地理区位、经济发展水平等进行分类，以减少不同省份间前沿生产技术水平的差距。因此，本章在测算了基于全局前沿 MML 指数基础上又进一步考虑了创新要素配置效率的区域异质性问题，参考我国四大区域的划分，通过共同前沿生产函数构造 MML 指数，将本书所研究的 30 个省份划分为东部、东北、中部和西部 4 组，基于此测算不同群组内的技术效率和技术进步变化，定义t+1 期的 MML 指数为：

$$
\begin{aligned}
MML_{t+1}^{t}(x^{t}, y^{t}, b^{t}, x^{t+1}, y^{t+1}, b^{t+1}) &= \frac{E^{G}(x^{t+1}, y^{t+1}, b^{t+1})}{E^{G}(x^{t}, y^{t}, b^{t})} \\
&= \frac{E^{G}(x^{t+1}, y^{t+1}, b^{t+1})}{E^{G}(x^{t}, y^{t}, b^{t})} \times \\
&\quad \left[\frac{E^{G}(x^{t+1}, y^{t+1}, b^{t+1})/E^{t+1}(x^{t+1}, y^{t+1}, b^{t+1})}{E^{G}(x^{t}, y^{t}, b^{t})/E^{t}(x^{t}, y^{t}, b^{t})}\right] \\
&= \frac{E^{t+1}(x^{t+1}, y^{t+1}, b^{t+1})}{E^{t}(x^{t}, y^{t}, b^{t})} \times \\
&\quad \left[\frac{E^{I}(x^{t+1}, y^{t+1}, b^{t+1})/E^{t+1}(x^{t+1}, y^{t+1}, b^{t+1})}{E^{I}(x^{t}, y^{t}, b^{t})/E^{t}(x^{t}, y^{t}, b^{t})}\right] \times \\
&\quad \left[\frac{E^{G}(x^{t+1}, y^{t+1}, b^{t+1})/E^{I}(x^{t+1}, y^{t+1}, b^{t+1})}{E^{G}(x^{t}, y^{t}, b^{t})/E^{I}(x^{t}, y^{t}, b^{t})}\right] \\
&= EC \times BPC \times TGC
\end{aligned}
\tag{6-3}
$$

其中，EC 表示各研究对象两个时期组内的创新要素配置效率变化，可理解为追赶效应；BPC 为各研究对象从 t 期到 t+1 期组内技术进步（或倒退）的变化，可视为创新效应；TGC 为技术缺口比率（TGR）的变化，TGR $\in$（0，1]，当 TGR=1 时，表明群组前沿与共同前沿技术水平相同，越接近于 1 表示群组前沿与共同前沿的差距越小。如果各组内部 TGR=1 的决策单元数量越多，表明该组越接近共同技术前沿。TGC 为两期 TGR 的变化情况，TGC>1 表示技术缺口比率在变大，可理解为领先效应。

6.2.5　离散系数

离散系数用来衡量不同条件下各地区创新要素配置效率的差异程度，以此来从区域异质性角度验证创新要素配置效率的科学性，其公式为：

$$v = \frac{\sqrt{\sum_{i=1}^{n}(x_i - \overline{x})/n}}{\overline{x}} \tag{6-4}$$

其中，v 为离散系数，其值越大，表明各省份间创新要素配置效率的差异程度越大，反之则越小；x_i 为各省份创新要素配置效率值；$\overline{x}$ 为各省份创新要素配置效率均值，n 为省份个数。

6.3　创新要素配置效率的测度及结果分解

本书的研究对象为我国内地（不包含西藏）的 30 个省份，将其作为数据包络分析方法中的决策单元（DMU），而数据包络分析方法测度得到的效率为相对效率，为避免出现绝大多数甚至全部 DMU 的效率均为有效的非期望结果而失去对 DMU 效率评价的意义，其投入产出指标数量受决策单元数目的限制，一般要求 DMU 的数量不少于投入产出指标之和的 3 倍且不少于投入产出指标数量的乘积（Cooper et al.，2007）。而本书创新要素综合系统中包含创新要素指标 40 个，经济高质量发展指标 5 个，显然不适用数据包络分析方法，因此在进行测度前需对创新要素配置系统和经济高质量发展系统进行处理。

6.3.1 测度数据处理

6.3.1.1 投入指标

由于 DEA 模型对投入产出指标的要求不宜过多，而本书创新要素的"五维"子系统均为多个指标构成的综合系统，本章将创新要素"五维"子系统作为测度创新要素配置效率的投入指标，同时为消除多个指标不同量纲而造成的数量级差异，本章首先将创新要素"五维"投入分别作为五个系统，采用熵权 TOPSIS 和灰色关联度相结合的方法对创新要素"五维"子系统分别进行合成（王恩旭、武春友，2011；卢新海等，2020），得到各子系统的合成指数值，将其作为创新要素投入指标数据。

6.3.1.2 产出指标

本章将经济高质量发展作为创新要素投入的效益，而经济高质量发展系统指标体系中涵盖五个层面指标，本章将其作为五个层面的产出指标。创新驱动层面"人均新产品销售收入"采用其具体数值；协调发展层面的"泰尔指数"为逆向指标，考虑到将其作为非期望产出不符合经济意义，本章采用倒数方法对其进行正向化处理；绿色环保层面采用"二氧化硫排放强度"进行测度，将其视为经济高质量发展的非期望产出；开放合作层面直接采用"对外资本依存度"的测算数据；成果共享层面采用"人均消费支出"原始数据。

基于以上分析，本章构建的数据包络分析模型为包含 5 个投入指标、5 个产出指标的 DEA 模型，具体采用基于包含非期望产出的超效率 EBM 模型结合 luenberger 指数及 MetaFrontier-Malmquist 模型进行测度。

6.3.2 创新要素配置静态效率测算及分解结果分析

本章首先采用包含非期望产出、规模报酬可变的非导向、超效率 EBM 模型测度各省份创新要素配置静态效率，并对测得的静态效率进行分解。

6.3.2.1　创新要素配置静态效率测度结果

由表6-1可知，从全国整体来看，各省份创新要素配置静态效率值2009~2019年处于0.2~0.4，表明我国整体创新要素配置静态效率水平较低。分区域来看，东部地区整个研究期间创新要素配置静态效率均值为0.7186，东北地区为0.4021，中部地区为0.4391，西部地区为0.2366。显然，东部地区创新要素配置静态效率明显高于其他地区，尤其是西部地区，绝大多数年份创新要素配置静态效率均较低，基本在0.5以下，这可能是因为西部地区经济相对落后，无论是传统基础设施还是新型基础设施投入均较少，对提升创新要素配置静态效率没有产生积极的效果。从整个研究期间来看，我国各区域创新要素配置静态效率呈现东部、中部、东北、西部依次递减趋势。

表6-1　2009~2019年创新要素配置静态效率测度结果

地区	2009年	2010年	2011年	2012年	2013年	2014年	2015年	2016年	2017年	2018年	2019年	均值
辽宁	0.6175	1.0006	0.5784	0.5672	0.5500	0.5098	0.3732	0.4058	0.4231	0.4586	0.4311	0.5378
吉林	0.3819	0.2853	0.2729	0.3194	0.2578	0.3113	0.3337	0.3605	0.3574	0.4574	0.5235	0.3510
黑龙江	0.2603	0.2234	0.2164	0.2288	0.2152	0.2105	0.2155	0.2283	0.3247	0.3609	1.0097	0.3176
东北地区	0.4199	0.5031	0.3559	0.3718	0.3410	0.3438	0.3075	0.3315	0.3684	0.4256	0.6548	0.4021
北京	1.1294	1.1172	1.0742	1.0977	1.1290	1.0864	1.1165	1.2948	1.2312	1.3206	1.2945	1.1720
天津	1.0746	1.0771	1.0769	1.0911	1.1126	1.1113	1.1343	1.0813	1.0545	1.0311	1.0257	1.0791
河北	0.2629	0.2525	0.2602	0.3007	0.3075	0.2989	0.3137	0.3492	0.3762	0.4751	0.5089	0.3369
上海	1.1108	1.1486	1.1717	1.1341	1.1167	1.1688	1.1246	1.0693	1.1666	1.1344	1.1616	1.1370
江苏	0.6349	0.5940	0.5674	0.6001	0.5902	0.5713	0.5947	0.6235	0.5923	0.6396	0.6422	0.6046
浙江	0.6056	0.5777	0.6041	0.6542	0.6665	0.6489	0.7052	0.7267	0.7237	0.8063	1.0077	0.7024
福建	0.5081	0.4775	0.4886	0.5084	0.5253	0.5130	0.5373	0.5845	0.5827	0.5665	0.5669	0.5326
山东	0.3821	0.3295	0.3495	0.4160	0.4412	0.4287	0.4584	0.4934	0.4730	0.5430	0.4831	0.4362
广东	0.4763	0.4307	0.4225	0.4598	0.4524	0.4151	0.4497	0.4572	0.4342	1.0712	1.0703	0.5581
海南	1.0152	1.0257	1.0002	0.3225	0.3461	0.3087	0.3027	1.0132	1.0137	0.2596	0.2922	0.6273
东部地区	0.7200	0.7031	0.7015	0.6585	0.6688	0.6551	0.6737	0.7693	0.7648	0.7847	0.8053	0.7186
山西	0.2303	0.2148	0.2365	0.2821	0.2892	0.2830	0.3335	0.3276	0.3681	0.3437	0.3335	0.2906
安徽	0.3558	0.3626	0.3741	0.3984	0.3969	0.4478	1.0064	1.0037	0.7419	0.7660	1.0064	0.5720
江西	0.2997	0.3189	0.3180	0.3339	0.3406	0.3524	1.0037	1.0074	1.0163	1.0272	1.0037	0.5818

续表

地区	2009 年	2010 年	2011 年	2012 年	2013 年	2014 年	2015 年	2016 年	2017 年	2018 年	2019 年	均值
河南	0.2638	0.2584	0.2885	0.2936	0.3414	0.3378	0.4375	0.4788	0.5241	0.5035	0.4375	0.3722
湖北	0.3091	0.2803	0.2789	0.3201	0.3568	0.3443	0.4113	0.4333	0.4815	0.4996	0.4113	0.3721
湖南	0.3823	0.3426	0.3371	0.3763	0.3966	0.3794	0.4950	0.5242	0.6077	0.6541	0.4950	0.4459
中部地区	0.3068	0.2963	0.3055	0.3341	0.3536	0.3574	0.6146	0.6292	0.6233	0.6324	0.6146	0.4391
内蒙古	0.2632	0.2408	0.2412	0.2854	0.3055	0.2901	0.3038	0.3527	0.3782	0.4058	0.4034	0.3155
广西	0.2471	0.2172	0.2209	0.2011	0.1894	0.2040	0.2426	0.2538	0.2661	0.2525	0.2976	0.2357
重庆	0.4537	0.4738	1.0089	0.3617	0.4058	0.3970	0.4513	0.4750	0.4425	0.4801	0.4728	0.4930
四川	0.2929	0.2922	0.3097	0.2928	0.2818	0.2772	0.2723	0.2798	0.3100	0.3330	0.2936	0.2941
贵州	0.1215	0.1350	0.1529	0.1582	0.1412	0.1411	0.1284	0.2102	0.2137	0.2376	0.2482	0.1716
云南	0.1530	0.1445	0.1535	0.1830	0.1629	0.1784	0.1752	0.1829	0.2158	0.2415	0.2368	0.1843
陕西	0.2431	0.2285	0.2377	0.1874	0.2138	0.1956	0.2251	0.2488	0.2742	0.3252	0.3734	0.2502
甘肃	0.1553	0.1436	0.1015	0.0827	0.0787	0.0933	0.0958	0.1271	0.0796	0.0871	0.1367	0.1074
青海	0.2285	0.1516	0.0559	0.0602	0.0549	0.0374	0.0709	0.0708	0.1072	0.0360	0.2664	0.1036
宁夏	0.2274	0.2180	0.2137	0.2558	0.2288	0.1713	0.2495	0.3013	0.3425	0.3906	0.3971	0.2724
新疆	0.1440	0.1423	0.1549	0.1613	0.1572	0.1638	0.1747	0.2169	0.1670	0.1917	0.2449	0.1744
西部地区	0.2300	0.2171	0.2592	0.2027	0.2018	0.1954	0.2172	0.2472	0.2542	0.2710	0.3064	0.2366
全国	0.3185	0.3035	0.3361	0.2387	0.2392	0.2279	0.2499	0.3332	0.3377	0.3472	0.3834	0.3014

在整个研究期间，始终处于有效状态的省份只有 3 个，分别是北京、天津和上海，除广东、海南等省份个别年份创新要素配置有效外，绝大多数省份创新要素配置均处于无效状态，这说明我国整体创新要素配置静态效率处于较低水平，绝大多数省份仍有较大提升空间。东部地区除北京、天津、上海、海南外，其余省份并没有实现资源最优配置，尤其是广东、江苏、浙江的配置效率相对于北京、天津、上海而言则较低，说明经济发达地区的创新要素配置静态效率并不一定达到有效配置，相反可能会存在创新要素利用率低、资源重复配置等现象（张子珍，2020）。

分时期来看，全国整体层面"十一五"（2009～2010 年）时期创新要素配置静态效率均值为 0.3110，"十二五"（2011～2015 年）时期为 0.2583，"十三五"（2016～2019 年）时期为 0.3504。[①] 由此可见，创新要素配置静态效率整体水平

---

① 本书数据选取年限为 2009～2019 年，故"十一五"时期、"十三五"时期涵盖时间较短。

偏低。分区域、分时期来看，"十一五"时期、"十二五"时期、"十三五"时期东部地区创新要素配置静态效率均值分别为 0.7115、0.6715、0.7811，东北地区分别为 0.4615、0.3440、0.4451，中部地区分别为 0.3015、0.3455、0.6248，西部地区分别为 0.2235、0.2153、0.2697，再次表明，除"十一五"时期外，我国各区域创新要素配置静态效率呈现东部、中部、东北、西部地区依次递减趋势。

综合上述分析，整个研究期间，我国整体层面创新要素配置静态效率均较低，表明我国整体创新要素投入并没有更好地转化为经济高质量发展成果，可能存在创新要素浪费和配置结构不合理情况。从分区域创新要素配置静态效率测度结果来看，研究期内，东部地区创新要素配置静态效率显著高于其他地区，基本呈现东部、中部（东北）和西部地区依次递减趋势。

由图 6-5 可知，从全国范围来看，创新要素配置静态效率离散系数从 2009 年的 0.6779 下降到 2019 年的 0.5525，表明我国样本省份创新要素配置静态效率研究期内呈现差距逐步缩小趋势。分区域来看，东北地区创新要素配置静态效率均值的离散系数为 0.2409，东部地区为 0.3980，中部地区为 0.2444，西部地区为 0.4450。可见，我国各区域内部创新要素配置静态效率差异程度不同，其中西部地区内部差异最大，而东北地区内部差异最小。从时间趋势来看，除中部地区创新要素配置静态效率离散系数在波动中呈上升趋势外，其他地区均在波动中呈下降趋势。

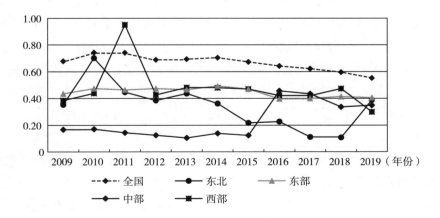

图 6-5　2009~2019 年创新要素配置静态效率离散系数变化趋势

6.3.2.2 创新要素配置纯技术效率分解结果

由表 6-2 可知,从全国范围来看,创新要素配置纯技术效率平均值整个研究期间介于 0.8~0.92,表明我国整体层面创新要素配置纯技术效率相对较高。分区域来看,东部地区整个研究期间创新要素配置纯技术效率均值为 0.9315,东北地区为 0.9297,中部地区为 0.8853,西部地区为 0.8839。显然,东部地区创新要素配置纯技术效率明显高于其他地区,呈现出东部、东北、中部、西部地区依次递减趋势。

表 6-2 2009~2019 年创新要素配置纯技术效率分解结果

地区	2009 年	2010 年	2011 年	2012 年	2013 年	2014 年	2015 年	2016 年	2017 年	2018 年	2019 年	均值
辽宁	1.0108	1.0066	1.0049	1.0086	1.0016	0.6831	0.6075	0.6480	0.7746	0.7716	0.7642	0.8438
吉林	1.0080	1.0048	1.0001	0.7308	1.0016	1.0020	1.0020	1.0030	1.0070	1.0056	1.0116	0.9797
黑龙江	0.8025	1.0029	1.0003	0.7285	1.0037	1.0053	1.0051	1.0033	1.0068	1.0183	1.0452	0.9656
东北地区	0.9404	1.0048	1.0018	0.8226	1.0023	0.8968	0.8715	0.8848	0.9295	0.9318	0.9403	0.9297
北京	1.1708	1.1807	1.1293	1.1350	1.1490	1.1361	1.1453	1.4239	1.2982	1.4439	1.4052	1.2380
天津	1.1172	1.1133	1.1116	1.1267	1.1544	1.1537	1.1674	1.1077	1.0860	1.0735	1.0629	1.1159
河北	0.6980	0.7026	0.6896	0.7101	0.7252	1.0009	1.0025	0.7301	0.7155	0.9072	0.8881	0.7973
上海	1.1103	1.1514	1.1713	1.1347	1.1175	1.1703	1.1305	1.0701	1.1733	1.1536	1.1812	1.1422
江苏	0.8413	0.8048	1.0001	0.7882	0.7527	0.6787	0.6983	0.6724	0.6914	1.0040	1.0051	0.8125
浙江	0.7728	0.7553	0.7579	0.7939	0.7935	0.7745	1.0017	0.8068	0.7788	1.0004	1.0086	0.8404
福建	1.0046	1.0047	1.0038	1.0023	1.0020	1.0034	0.7800	0.7829	0.8062	0.7559	0.7150	0.8964
山东	0.6683	0.6389	0.6719	0.7327	0.5495	0.5701	0.6062	0.6509	0.6848	0.6910	0.6395	0.6458
广东	0.6158	0.5684	0.5530	0.5880	0.5771	0.5292	0.5827	0.5708	0.5313	1.0715	1.0712	0.6599
海南	1.2658	1.2223	1.1836	1.1644	1.1929	1.1917	1.1717	1.1096	1.1064	1.1084	1.1211	1.1671
东部地区	0.9265	0.9142	0.9272	0.9176	0.9014	0.9208	0.9286	0.8925	0.8872	1.0209	1.0098	0.9315
山西	0.5751	0.6030	0.7268	0.7356	0.7667	0.7219	0.6714	0.6945	0.6610	0.7987	0.6543	0.6917
安徽	1.0045	1.0051	1.0032	1.0030	1.0027	1.0035	1.0014	1.0114	1.0072	1.0161	1.0076	1.0060
江西	1.0098	1.0096	1.0084	1.0075	1.0094	1.0092	1.0069	1.0095	1.0085	1.0416	1.0438	1.0149
河南	0.7271	0.7118	0.7662	0.8132	0.7621	0.7278	0.7426	0.7464	1.0052	1.0082	1.0065	0.8197
湖北	0.7982	1.0004	1.0006	0.7423	0.7614	0.7433	1.0000	0.7244	0.7440	0.7623	0.7763	0.8230
湖南	1.0028	0.8381	0.9434	1.0020	1.0037	1.0017	1.0012	0.7210	1.0015	1.0038	1.0022	0.9565
中部地区	0.8529	0.8613	0.9081	0.8839	0.8843	0.8679	0.9039	0.8179	0.9046	0.9385	0.9151	0.8853
内蒙古	1.0061	1.0057	1.0134	1.0151	1.0196	1.0204	1.0174	1.0143	1.0087	1.0150	1.0102	1.0133
广西	1.0003	0.7399	1.0051	1.0014	1.0022	1.0015	1.0015	1.0026	1.0007	1.0002	0.5504	0.9369

续表

地区	2009 年	2010 年	2011 年	2012 年	2013 年	2014 年	2015 年	2016 年	2017 年	2018 年	2019 年	均值
重庆	1.0011	1.0078	1.0283	0.7817	0.7563	0.7407	0.7489	0.7683	0.6822	0.7657	0.7626	0.8222
四川	0.7522	0.7203	0.7656	0.7355	0.6566	0.5587	0.4675	0.4117	0.4968	0.5147	0.4524	0.5938
贵州	1.0090	1.0080	1.0069	1.0047	1.0043	1.0027	0.7570	0.7191	0.6383	0.5609	0.4647	0.8342
云南	1.0011	1.0009	1.0017	1.0080	1.0064	1.0066	1.0064	1.0007	1.0020	1.0002	0.5100	0.9585
陕西	0.6625	0.5463	0.5416	0.3917	0.3893	0.3981	0.4504	0.4330	1.0011	0.6761	1.0001	0.5900
甘肃	1.0046	1.0122	1.0154	1.0144	1.0114	1.0086	1.0067	1.0037	1.0012	1.0007	0.4149	0.9540
青海	1.0259	1.0186	1.0269	1.0266	1.0259	1.0237	1.0201	1.0277	1.0206	1.0205	1.0249	1.0238
宁夏	1.0149	1.0157	1.0134	1.0101	1.0098	1.0100	1.0198	1.0138	1.0190	1.0251	1.0255	1.0161
新疆	1.0045	1.0093	0.7427	1.0020	1.0013	1.0027	1.0027	1.0014	1.0017	1.0025	1.0070	0.9798
西部地区	0.9529	0.9168	0.9237	0.9083	0.8985	0.8885	0.8635	0.8542	0.8975	0.8711	0.7475	0.8839
全国	0.9155	0.8864	0.8985	0.8839	0.8659	0.8545	0.8584	0.8185	0.8791	0.8973	0.8161	0.8704

整个研究期间，纯技术效率始终处于有效状态的省份有 9 个，分别是北京、天津、上海、内蒙古、安徽、江西、海南、青海和宁夏，这说明我国整体创新要素配置纯技术效率大多数省份并没有达到有效配置，仍有较大的提升空间。东部地区除北京、天津、上海、海南外，其余省份并没有实现技术资源最优配置，尤其是相对于北京、天津、上海而言广东、江苏、浙江配置效率较低，说明经济发达地区的创新要素配置纯技术效率并不一定达到有效配置，相反可能会存在创新要素利用率低、资源重复配置等现象。出人意料的是，青海和宁夏纯技术效率均有效，可能原因是纯技术效率为假定生产规模已经达到最优规模下的效率，而后文分解得到的规模效应青海和宁夏均较低，再次表明创新要素配置静态效率是受二者共同作用的，规模效应的无效造成了这两个地区整体创新要素配置静态效率偏低。

分时期来看，在全国层面，"十一五"时期创新要素配置纯技术效率均值为 0.9010，"十二五"时期为 0.8722，"十三五"时期为 0.8527。分区域、分时期来看，"十一五"时期、"十二五"时期、"十三五"时期东部地区创新要素配置纯技术效率均值分别为 0.9204、0.9191、0.9526，东北地区分别为 0.9726、0.9190、0.9216，中部地区分别为 0.8571、0.8896、0.8940，西部地区分别为 0.9349、0.8965、0.8426。由此可见，我国创新要素配置纯技术效率东部地区相对其他地区而言仍较高，而西部地区创新要素配置纯技术效率相对较低。

由图 6-6 可知，从全国范围来看，创新要素配置纯技术效率离散系数从

2009 年的 0.1860 上升到 2019 年的 0.2701，表明我国各省份创新要素配置纯技术效率在研究期内呈差距逐步扩大趋势。分区域来看，东北地区创新要素配置纯技术效率均值的离散系数为 0.0656，东部地区为 0.2213，中部地区为 0.1321，西部地区为 0.1716。可见，我国各区域内部创新要素配置纯技术效率差异程度不同，其中东部地区内部差异最大，而东北地区内部差异最小。从时间趋势来看，除东部和中部地区创新要素配置纯技术效率离散系数在波动中呈略微下降趋势外，其他地区均在波动中呈明显的上升趋势。

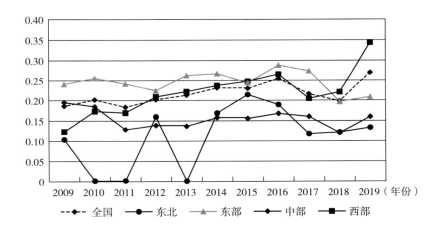

图 6-6　2009~2019 年创新要素配置纯技术效率离散系数变化趋势

6.3.2.3　创新要素配置规模效应分解结果

由表 6-3 可知，全国各区域各省份创新要素配置规模效应在整个研究期间均小于 1，说明我国创新要素配置整体规模没有达到最优生产规模，存在创新要素投入冗余或高质量发展产出不足。

具体来看，在全国层面，创新要素配置规模效应 2009~2019 年平均值介于 0.3~0.5，总体规模效应相对较低。分区域、分时期来看，"十一五"时期、"十二五"时期、"十三五"时期创新要素配置规模效应均值东部地区分别为 0.7428、0.7248、0.8066，东北地区分别为 0.4691、0.3885、0.4907，中部地区分别为 0.3556、0.3916、0.6822，西部地区分别为 0.2494、0.2662、0.3557。由此可见，东部地区规模效应显著大于其他地区，尤其是西部地区，创新要素配置规模效应始终较低，存在较大提升空间，基本呈东部、中部（东北）、西部地区依次递减趋势。

表6-3　2009~2019年创新要素配置规模效应分解结果

地区	2009年	2010年	2011年	2012年	2013年	2014年	2015年	2016年	2017年	2018年	2019年	均值
辽宁	0.6109	0.9940	0.5756	0.5624	0.5491	0.7463	0.6143	0.6263	0.5462	0.5943	0.5642	0.6349
吉林	0.3789	0.2839	0.2728	0.4370	0.2574	0.3106	0.3331	0.3595	0.3550	0.4549	0.5175	0.3600
黑龙江	0.3243	0.2227	0.2163	0.3141	0.2144	0.2093	0.2144	0.2275	0.3225	0.3544	0.9660	0.3260
东北地区	0.4380	0.5002	0.3549	0.4378	0.3403	0.4221	0.3873	0.4044	0.4079	0.4678	0.6826	0.4403
北京	0.9647	0.9462	0.9512	0.9671	0.9826	0.9562	0.9749	0.9093	0.9484	0.9147	0.9212	0.9488
天津	0.9619	0.9675	0.9688	0.9684	0.9637	0.9632	0.9716	0.9762	0.9710	0.9604	0.9651	0.9671
河北	0.3766	0.3594	0.3773	0.4234	0.4240	0.2986	0.3129	0.4783	0.5257	0.5237	0.5730	0.4248
上海	1.0005	0.9975	1.0003	0.9994	0.9993	0.9987	0.9948	0.9992	0.9943	0.9833	0.9834	0.9955
江苏	0.7547	0.7380	0.5673	0.7614	0.7841	0.8418	0.8517	0.9272	0.8567	0.6371	0.6389	0.7599
浙江	0.7837	0.7649	0.7970	0.8241	0.8400	0.8379	0.7040	0.9007	0.9293	0.8060	0.9991	0.8352
福建	0.5058	0.4753	0.4867	0.5073	0.5242	0.5113	0.6889	0.7466	0.7228	0.7495	0.7929	0.6101
山东	0.5718	0.5157	0.5201	0.5677	0.8030	0.7520	0.7563	0.7581	0.6908	0.7858	0.7554	0.6797
广东	0.7735	0.7577	0.7642	0.7820	0.7840	0.7844	0.7716	0.8010	0.8173	0.9997	0.9991	0.8213
海南	0.8021	0.8392	0.8451	0.2770	0.2902	0.2590	0.2583	0.9132	0.9162	0.2342	0.2607	0.5359
东部地区	0.7495	0.7361	0.7278	0.7078	0.7395	0.7203	0.7285	0.8410	0.8373	0.7594	0.7889	0.7578
山西	0.4004	0.3561	0.3254	0.3836	0.3772	0.3921	0.4282	0.4802	0.4957	0.4608	0.5253	0.4205
安徽	0.3542	0.3608	0.3729	0.3972	0.3959	0.4462	0.4379	0.9950	0.9966	0.7301	0.7602	0.5679
江西	0.2968	0.3158	0.3154	0.3314	0.3374	0.3492	0.3786	0.9943	0.9990	0.9757	0.9841	0.5707
河南	0.3628	0.3630	0.3766	0.3610	0.4480	0.4641	0.4936	0.5862	0.4763	0.5198	0.5003	0.4501
湖北	0.3873	0.2802	0.2788	0.4312	0.4686	0.4632	0.3783	0.5678	0.5825	0.6316	0.6436	0.4648
湖南	0.3813	0.4088	0.3573	0.3755	0.3951	0.3787	0.4096	0.6866	0.5235	0.6054	0.6527	0.4704
中部地区	0.3638	0.3475	0.3377	0.3800	0.4037	0.4156	0.4210	0.7183	0.6789	0.6539	0.6777	0.4907
内蒙古	0.2616	0.2395	0.2380	0.2812	0.2996	0.2844	0.2986	0.3477	0.3750	0.3998	0.3993	0.3113
广西	0.2470	0.2936	0.2198	0.2008	0.1890	0.2037	0.2423	0.2532	0.2659	0.2524	0.5407	0.2644
重庆	0.4532	0.4701	0.9811	0.4627	0.5366	0.5360	0.6026	0.6182	0.6486	0.6270	0.6200	0.5960
四川	0.3893	0.4057	0.4045	0.3982	0.4292	0.4962	0.5825	0.6797	0.6240	0.6470	0.6491	0.5187
贵州	0.1204	0.1339	0.1518	0.1574	0.1406	0.1407	0.1696	0.2923	0.3347	0.4235	0.5341	0.2363
云南	0.1529	0.1444	0.1533	0.1816	0.1619	0.1772	0.1741	0.1827	0.2154	0.2414	0.4643	0.2045

续表

地区	2009 年	2010 年	2011 年	2012 年	2013 年	2014 年	2015 年	2016 年	2017 年	2018 年	2019 年	均值
陕西	0.3669	0.4182	0.4389	0.4783	0.5491	0.4915	0.4998	0.5746	0.2738	0.4809	0.3734	0.4496
甘肃	0.1546	0.1419	0.0999	0.0816	0.0778	0.0925	0.0952	0.1266	0.0795	0.0870	0.3295	0.1242
青海	0.2227	0.1488	0.0545	0.0586	0.0535	0.0366	0.0695	0.0689	0.1050	0.0353	0.2599	0.1012
宁夏	0.2240	0.2146	0.2109	0.2532	0.2266	0.1696	0.2447	0.2972	0.3361	0.3810	0.3872	0.2677
新疆	0.1433	0.1410	0.2086	0.1610	0.1570	0.1634	0.1742	0.2166	0.1667	0.1912	0.2432	0.1787
西部地区	0.2487	0.2502	0.2874	0.2468	0.2564	0.2538	0.2866	0.3325	0.3113	0.3424	0.4364	0.2957
全国	0.3454	0.3441	0.3697	0.3107	0.3271	0.3238	0.3444	0.4576	0.4244	0.4238	0.4972	0.3789

由图 6-7 可知，从全国范围来看，创新要素配置规模效应离散系数从 2009 年的 0.5572 下降到 2019 年的 0.3772，表明我国各省份创新要素配置规模效应在研究期内呈差距逐步缩小趋势。分区域来看，东北地区创新要素配置规模效应均值的离散系数为 0.3141，东部地区为 0.2415，中部地区为 0.1177，西部地区为 0.5183。可见，我国各区域内部创新要素配置规模效应差异程度不同，其中西部地区内部差异最大，而中部地区内部差异最小。从时间趋势来看，除中部地区创新要素配置规模效应离散系数在波动中呈上升趋势外，其他地区均在波动中呈下降趋势，尤其是西部地区，创新要素配置规模效应的内部差异下降最明显。

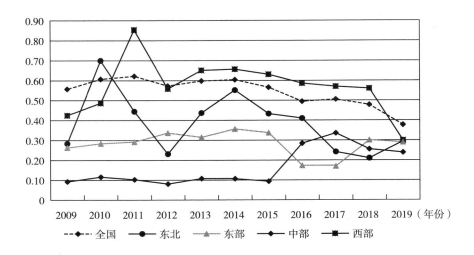

图 6-7　2009~2019 年创新要素配置规模效应离散系数变化趋势

综合上述关于创新要素配置静态效率测度结果分析发现，我国整体创新要素配置静态效率处于较低水平。无论从创新要素配置的静态效率还是纯技术效率和规模效应，基本呈东部、中部（东北）、西部地区依次递减趋势。从静态效率分解结果来看，无论是全国层面还是各区域层面，我国创新要素配置静态效率主要来自纯技术效率，即我国经济高质量发展主要依靠技术驱动，其次为规模效应。从规模效应测度结果来看，在整个研究期内，我国各省份创新要素配置规模效应均处于无效状态，存在创新要素投入冗余或高质量发展产出不足。从离散系数来看，我国整体创新要素配置静态效率的区域差异呈缩小趋势，表明我国创新要素配置效率低水平地区和高水平地区的差距在缩小。具体而言，西部地区内部差异最大而东北地区内部差异最小。创新要素配置的纯技术效率全国总体内部差异呈扩大趋势，其中东部地区差异最大，东北地区差异最小。创新要素配置的规模效应全国总体内部差异呈缩小趋势，其中西部地区差异最大，中部地区差异最小。

6.3.3 创新要素配置动态效率增强的内部驱动力分析

6.3.3.1 区域同质性视角：MML 指数结果及其分解效应分析

在综合分析创新要素配置静态效率及其分解效应时间趋势变化和内部差异基础上，本书结合基于全局前沿（区域同质）的 MML 方法，考察创新要素配置效率的长期增长趋势及内在驱动力。在测算得到 2009～2019 年我国 30 个省份创新要素配置效率 MML 指数基础上，本章进一步将其分解为创新要素配置技术效率变化指数（EC）和技术进步指数（TC），结果如表 6-4 所示。

表 6-4 测算结果表明，创新要素配置效率增长主要来自技术效率变化的省份有 15 个，其中主要来自技术进步的省份有 11 个。分地区来看，东部地区创新要素配置效率增长源于技术效率和技术进步的共同推动作用，东北和中部地区创新要素配置效率增长来源于技术效率变化，西部地区则受制于技术效率变化和技术进步的双重拖累，创新要素配置效率在整个研究期间停滞不前甚至出现了退步现象，主要原因可能是，西部地区受金融危机冲击恢复经济需要经历的时间相对经济发达地区更长。总体研究结果表明，我国创新要素配置效率增长的驱动因素包含了技术效率和技术进步的综合作用，创新要素配置效率增长的驱动因素具有区域异质性，各省份应主要从改善经营管理方式和提升科技进步水平等方面增强创

新要素配置效率。

表 6-4　2009~2019 年我国各省份创新要素配置效率 MML 指数均值及其分解

省份	MML	EC	TC	省份	MML	EC	TC	省份	MML	EC	TC
北京	1.0185	1.0184	1.0001	福建	0.9810	0.9675	1.0140	云南	0.8762	0.9715	0.9019
天津	1.0003	0.9951	1.0051	江西	1.0086	1.0042	1.0043	陕西	0.9205	1.0001	0.9204
河北	0.9890	1.0009	0.9879	山东	0.9681	0.9604	1.0080	甘肃	0.8707	0.9996	0.8710
山西	0.9961	1.0008	0.9953	河南	0.9860	1.0005	0.9855	青海	1.0442	0.9997	1.0446
内蒙古	1.0003	0.9992	1.0011	湖北	1.0036	0.9997	0.9939	宁夏	0.9998	1.0007	0.9990
辽宁	0.9683	0.9995	0.9687	湖南	1.0088	0.9996	0.9710	新疆	0.9712	1.0001	0.9711
吉林	1.0037	1.0009	1.0028	广东	1.0639	1.0572	1.0063	东部	1.0093	1.0121	1.0095
黑龙江	0.9873	1.0041	0.9965	广西	0.9073	0.9992	0.9080	东北	1.0002	1.0015	0.9990
上海	1.0137	1.0062	1.0075	海南	1.0011	0.9879	1.0133	中部	1.0002	1.0080	0.9922
江苏	1.0075	1.0180	0.9896	重庆	0.9385	0.9995	0.9389	西部	0.9633	0.9917	0.9723
浙江	1.0141	1.0270	0.9962	四川	0.8975	0.9435	0.9513				
安徽	0.9889	1.0018	0.9872	贵州	0.9412	0.9684	0.9768				

6.3.3.2　区域异质性视角：MML 指数结果及其分解效应分析

上述分解并没有考虑区域异质性，而是在假设各区域生产技术相同的基础上进行测算并分解的。实际上，我国各地区由于受创新环境政策、地理区位等因素的影响，各区域创新生产技术是存在差异的，因此在上述分解的基础上，本章进一步考虑区域生产的异质性，并按照四大区域划分标准对我国创新要素配置效率的 MML 指数进一步分解为组内技术效率变化（EC）、各组内部当期前沿与组内全局前沿的技术变化（BPC）、各组前沿与共同前沿差距的变化（TGC），将各地区创新要素配置效率增强的内在驱动力分解为追赶效应、创新效应和领先效应，测算结果如表 6-5 所示。

由表 6-5 可知，从四大地区 MML 指数及其分解项的几何均值来看，在整个研究期间，东部地区 MML、EC、BPC、TGC 指数年均增长分别为 0.93%、1.21%、-0.51%、0.23%，说明东部地区创新要素配置效率的增长来源于追赶效应的作用，其技术创新效应反而起到了拖累作用，领先效应的作用显著；东北地区 MML、EC、BPC、TGC 指数年均增长分别为 0.02%、0.10%、0.32%、-0.39%，说明东北地区创新要素配置效率的增长来源于技术创新效应的作用，追赶效应的作用较为显著，领先效应起到了拖累作用；中部地区 MML、EC、BPC、

表 6-5　2009～2019 年我国创新要素配置效率分地区 MML 指数及其分解

时间	东部地区				东北地区			
	MML	EC	BPC	TGC	MML	EC	BPC	TGC
2009～2010 年	1.0044	0.9871	0.9481	1.0733	0.9932	1.0083	0.9789	1.0063
2010～2011 年	0.9697	1.0161	0.9592	0.9950	0.9514	1.0017	0.9864	0.9628
2011～2012 年	0.9842	0.9867	0.9933	1.0042	0.9455	1.0033	1.0105	0.9325
2012～2013 年	0.9661	0.9546	1.0411	0.9721	0.7502	0.9982	0.9933	0.7566
2013～2014 年	0.9999	0.9877	1.0038	1.0085	1.0224	1.0091	0.9907	1.0227
2014～2015 年	1.0132	1.0224	0.9860	1.0050	0.9975	0.9907	1.0251	0.9823
2015～2016 年	1.0600	1.0462	1.0491	0.9658	1.0084	1.0063	1.0090	0.9931
2016～2017 年	0.9819	0.9936	0.9901	0.9981	1.0518	0.9886	0.9968	1.0674
2017～2018 年	1.1172	1.1523	0.9651	1.0046	1.0227	1.0124	1.0219	0.9886
2018～2019 年	1.0053	0.9873	1.0181	1.0001	1.3520	0.9915	1.0205	1.3362
几何均值	1.0093	1.0121	0.9949	1.0023	1.0002	1.0010	1.0032	0.9961

时间	中部地区				西部地区			
	MML	EC	BPC	TGC	MML	EC	BPC	TGC
2009～2010 年	0.9751	0.9983	0.9573	1.0204	0.9069	1.0018	0.9120	0.9927
2010～2011 年	1.0374	0.9779	1.0356	1.0244	0.8595	0.9963	0.8980	0.9607
2011～2012 年	0.9943	1.0180	1.0114	0.9657	1.0198	0.9901	1.1091	0.9287
2012～2013 年	0.9678	1.0004	0.9465	1.0221	0.8516	1.0049	0.9510	0.8911
2013～2014 年	0.9680	1.0032	0.9865	0.9780	0.9848	1.0123	0.9538	1.0199
2014～2015 年	0.9881	0.9990	1.0039	0.9853	0.9546	0.9847	1.0349	0.9367
2015～2016 年	1.0229	1.0108	1.0529	0.9611	1.0783	1.0080	1.2178	0.8785
2016～2017 年	1.0187	1.0129	0.9995	1.0062	0.9385	0.9940	0.9127	1.0345
2017～2018 年	1.0214	1.0019	0.9989	1.0206	0.9695	0.9959	1.0218	0.9527
2018～2019 年	1.0117	1.0018	1.0127	0.9973	1.1015	0.9687	1.0978	1.0358
几何均值	1.0002	1.0024	1.0001	0.9978	0.9633	0.9956	1.0061	0.9616

TGC 指数年均增长分别为 0.02%、0.24%、0.01%、-0.22%，说明中部地区创新要素配置效率的增长来源于追赶效应的作用，技术创新效应起到了微弱的推动作用，领先效应起到了拖累作用；西部地区 MML、EC、BPC、TGC 指数年均增长分别为-3.66%、-0.44%、0.61%、-3.84%，说明西部地区创新要素配置效率主要受制于追赶效应和领先效应的拖累作用，技术创新效应起到了微弱的推动

作用。

从时间趋势看，四大地区 MML 指数变动相对较大，2009~2015 年大部分年份的 MML 值小于 1，表明这一时期东部、东北、中部和西部地区创新要素配置效率在震荡中呈现不稳定的上升和下降状态；2016~2019 年大部分年份的 MML 值大于 1，表明这一时期各地区创新要素配置效率总体呈提升态势，而 2009~2015 年创新要素配置效率的提升不明显，可能原因是 2008 年前我国经济飞速发展，而金融危机造成我国经济增长缓慢，我国创新要素投入大幅增长，从而使"十一五"后两年及"十二五"时期经济恢复期的生产相对整个研究期间的生产前沿面而言较为落后。

从四大区域内部技术效率（EC）的变化趋势看，东部、东北和中部地区技术效率均有不同程度的增长，其中东部地区实现了年均增长 1.21%，东北地区实现了年均增长 0.10%，中部地区实现了年均增长 0.24%，西部地区呈现下降趋势，这说明东北和中部地区追赶效应对创新要素配置效率提升的影响较低，西部地区反而起到了拖累作用。从各组内部当期前沿与组内全局前沿的技术变化（BPC）时序特征来看，2015 年之后四大地区技术创新效应的作用逐步凸显，表明"十三五"时期在我国大力发展数字经济，大数据、互联网、物联网等新一代通用型信息通信技术的使用使我国各地区技术创新效应对创新要素配置效率增强的作用逐步显现，尤其是党的十八大后我国数字经济政策的叠加效应，技术创新效应对创新要素配置效率增强发挥着主导作用。从各组前沿与共同前沿差距的变化（TGC）时序特征来看，东部地区的领先效应明显，整个研究期间实现了年均增长 0.23%，而东北、中部和西部地区技术缺口的变化大部分年份呈现负增长状态，这表明东北、中部和西部组内的技术前沿与共同技术前沿的差距在扩大，技术领先效应对创新要素配置效率增强的拉动能力有限，甚至拉低了创新要素配置效率水平。

6.4 创新要素配置动态效率的演变特征分析

本节将基于时间维度、从全国和四大区域视角分析区域技术同质（MML）

和区域技术异质（GML）时我国创新要素配置效率的演变趋势①。

6.4.1 全国视角创新要素配置效率分时期演变特征

我国创新要素配置效率分时期样本期间区域同质不分组 M 指数 MML 及区域异质四个群组 M 指数 GML 和技术差距的变化指数 TGC 核密度估计如图 6-8 所示。

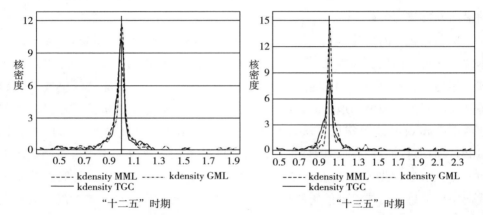

图 6-8 我国创新要素配置效率分时期 MML、GML 和 TGC 核密度估计

从不同时期核密度曲线的分布位置来看，我国创新要素配置效率的区域同质不分组 M 指数中心位置从"十二五"时期到"十三五"时期发生了轻微右移②，说明我国创新要素配置效率在"十三五"时期呈上升趋势，但幅度不是很大。总体来看，"十二五"时期和"十三五"时期我国创新要素配置效率保持较稳定的状态，呈现略微的上升趋势。同理，我国技术异质的创新要素配置效率从"十二五"时期到"十三五"时期核密度曲线的中心位置呈现右移状态，说明我国基于技术异质的创新要素配置效率也呈现出较稳定的增长趋势。

从不同时期核密度曲线的峰值和宽度来看，我国基于技术同质的创新要素配

---

① 本节所说的技术同质是指基于区域同质不分组的 MML 指数，技术异质是指基于区域异质分组的 GML 指数。

② 由于本书中的"十一五"时期涵盖时间较短，只有 2009~2010 年的 M 指数，因此本章只选取了"十二五"时期和"十三五"时期进行分析。

置效率 M 指数核密度曲线峰值下降、宽度略微变宽，右尾拉长，"双峰"逐渐消失，说明我国技术同质的创新要素配置效率从"十二五"时期到"十三五"时期极化现象逐渐减弱、各省份增长的差异程度增大。同理，基于技术异质的我国各省份创新要素配置效率核密度曲线峰高上升、峰宽略微变窄，表明我国各省份技术异质的创新要素配置效率增长的差异在缩小。技术差距变化的峰值下降、峰宽略微变窄，说明我国基于技术异质与技术同质的创新要素配置效率差距变化的绝对差异在扩大。

6.4.2 区域视角创新要素配置效率分时期演变特征

由图 6-9 可知，整个样本期间，东部地区基于技术同质的创新要素配置效率增长最多，高于全国平均水平，而西部地区基于技术同质的创新要素配置效率增长最少，低于全国平均水平。"十一五"时期、"十二五"时期和"十三五"时期基于技术同质的创新要素配置效率增长最多的分别是中部地区、东部地区和东北地区，增长最少的分别是西部地区、东北地区和西部地区。表明无论是从整个样本期间来看，还是从分时期来看，东部地区技术同质的创新要素配置效率始终保持较好的增长，而西部地区基于技术同质的创新要素配置效率增长相对较少，说明西部地区创新要素配置有待进一步强化，需促进创新要素配置与经济高质量协同发展，进一步提升创新要素配置效率。

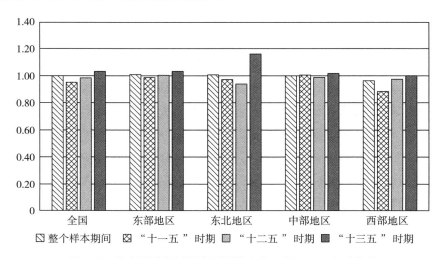

图 6-9 四大区域创新要素配置效率分时期 MML 变动趋势

由图 6-10 可知，整个样本期间，东部地区基于技术异质的创新要素配置效率增长最多，高于全国平均水平，而西部地区基于技术异质的创新要素配置效率增长最少，低于全国平均水平。"十一五"时期、"十二五"时期和"十三五"时期基于技术异质的创新要素配置效率增长最多的分别是东部地区、西部地区和东部地区，增长最少的分别是西部地区、东部地区和西部地区。表明无论是从整个样本期间来看，还是从分时期来看，东部地区技术异质的创新要素配置效率始终保持较好的增长，而西部地区基于技术异质的创新要素配置效率在"十一五"时期和"十三五"时期增长相对较少，"十二五"时期增长相对较多。

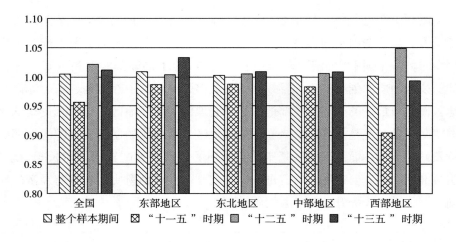

图 6-10　四大区域创新要素配置效率分时期 GML 变动趋势

综合上述分析可以发现，无论是基于技术同质的创新要素配置效率还是基于技术异质的创新要素配置效率，东部地区创新要素配置效率增长均相对较高，说明东部地区保持了较好的优势，有效促进了创新要素配置效率的提升。而西部地区基于技术同质的创新要素配置效率增长则相对较少，基于技术异质的创新要素配置效率仅在"十二五"时期增长较多，说明西部地区创新要素配置劣势相对较为明显，需进一步优化创新要素配置，促进创新要素配置效率的有效提升。

6.5   创新要素配置效率影响因素实证分析

6.5.1   变量选取与数据来源

被解释变量：创新要素配置效率（eff）。本节选取基于共同前沿的创新要素配置效率进行影响因素分析。由于本文测度的创新要素配置效率为效率的变化指数，因此参照杨先明等（2016）的做法，对该指数进行以2009年为基期的累积处理。

影响因素：本书将分解得到的追赶效应（ec）、创新效应（bpc）和领先效应（tgc）作为影响创新要素配置效率的主要因素，并将ec、bpc、tgc进行累积处理；创新氛围（inno）采用有研发活动企业数占地区企业总数的比重衡量；交通发展水平（trans）采用各省份铁路营运里程衡量；金融发展水平（fin）采用贷款总额占存贷款总额比重衡量；经济发展水平（pgdp）采用人均GDP衡量，以2009年为基期进行处理；环境规制（envir）采用市场型环境规制，用地区排污税占GDP比重衡量；能源消耗强度（ener）采用单位GDP能源消耗量衡量，以2009年为基期进行处理。本书对所有解释变量取对数处理。各指标数据来源于国家统计局网站、《中国统计年鉴》、《中国环境统计年鉴》和《中国能源统计年鉴》。

6.5.2   计量模型选择

本章通过以2009年为基期进行累积处理得到的创新要素配置效率均大于零，属于典型的受限因变量，因而在构建面板模型时应采用Tobit模型，以克服使用传统OLS回归带来的估计结果偏差问题，因而构建如下面板Tobit模型从回归角度进一步分析创新要素配置效率的影响因素。

$$eff_{it} = \begin{cases} \alpha + \beta_1 lnec_{it} + \beta_2 lnbpc_{it} + \beta_3 lntgc_{it} + \beta_4 lntrans_{it} + \beta_5 lnenvir_{it} + \beta_1 lnener_{it} + \\ \quad lninno_{it} + lnfin_{it} + lnpgdp_{it} + \varepsilon_{it}, \quad eff_{it} > 0 \\ 0, \quad eff_{it} \leq 0 \end{cases} \tag{6-5}$$

其中，eff_{it} 为 i 省份在 t 时期的创新要素配置效率指数，其他变量分别为创新效应、追赶效应、领先效应、交通发展水平、环境规制、能源消耗强度、创新氛围、金融发展水平、经济发展水平的对数，ε_{it} 为误差项。

6.5.3 实证结果分析

由于本章选取的影响因素相对较多，在进行回归之前，首先对所选取的影响因素解释变量进行多重共线性检验。一般而言，解释变量的方差膨胀因子越大，说明解释变量多重共线性越严重，总体上解释变量的最大方差膨胀因子应小于 10，均值应小于 5。经检验，最大方差膨胀因子为 3.02，均值为 1.74，表明本章所选取的创新要素配置影响因素的共线程度在合理范围之内。本章进一步采用逐步回归法对所选取的影响因素进行面板 Tobit 模型回归估计，结果如表 6-6 所示。

通过对面板 Tobit 模型进行 LR 检验发现，适合使用随机效应的面板 Tobit 模型，故使用该模型进行估计。模型 1 至模型 7 通过逐步加入创新氛围、交通发展水平、环境规制、能源消耗强度、金融发展水平和经济发展水平变量对模型进行估计，可以发现，在逐步加入各个影响因素后，模型的似然函数值逐渐增大，回归结果相对较好，并且各个变量的系数除大小不同以外，符号均保持不变，显著性水平虽略有变化，但均在 10% 的水平下显著，表明模型回归结果的稳健性相对较好。

模型回归结果分析：

（1）追赶效应（lnec）、创新效应（lnbpc）和领先效应（lntgc）。通过表 6-6 可以发现，在没有加入和逐步加入其他影响因素的情况下，追赶效应、创新效应和领先效应的回归系数均为正，并且在 1% 的水平下显著，表明创新要素配置效率的内在驱动力因素对效率水平提升均具有正向的促进效应。具体来看，对于同一省份而言，创新生产的技术水平的提升能够促进其创新要素配置效率的提高。对于同一区域内部而言，各省份创新生产的技术水平越接近区域内部创新生产的

表 6-6　创新要素配置效率影响因素的面板 **Tobit** 模型回归结果

变量	模型 1	模型 2	模型 3	模型 4	模型 5	模型 6	模型 7
lnec	1.7719*** (25.819)	1.7801*** (27.178)	1.7903*** (27.469)	1.7815*** (27.376)	1.7770*** (27.332)	1.7730*** (27.456)	1.7735*** (27.432)
lnbpc	1.5158*** (26.337)	1.5257*** (27.421)	1.5442*** (27.721)	1.5459*** (27.912)	1.5322*** (27.438)	1.5301*** (27.587)	1.5334*** (27.320)
lntgc	1.5629*** (44.915)	1.6223*** (47.083)	1.6412*** (46.737)	1.6229*** (45.695)	1.6284*** (45.964)	1.6323*** (46.152)	1.6278*** (46.151)
lninno		0.0386*** (5.860)	0.0316*** (4.307)	0.0370*** (4.561)	0.0367*** (4.517)	0.0327*** (3.876)	0.0287*** (3.307)
lntrans			0.0314** (2.296)	0.0318** (2.286)	0.0438*** (2.796)	0.0434*** (2.796)	0.0469*** (3.054)
lnenvir				0.0128* (1.601)	0.0161** (1.979)	0.0195** (2.326)	0.0218*** (2.582)
lnener					−0.0396** (−1.929)	−0.0576** (−2.433)	−0.0420* (−1.695)
lnfin						0.1060* (1.574)	0.1044* (1.563)
lnpgdp							0.0488* (1.749)
cons	−2.3436*** (−32.966)	−2.3139*** (−33.656)	−2.6111*** (−17.477)	−2.6060*** (−17.141)	−2.6834*** (−16.578)	−2.5967*** (−15.412)	−3.1365*** (−8.766)
sigma_u	0.0617*** (6.883)	0.0593*** (6.827)	0.0590*** (6.695)	0.0593*** (6.618)	0.0591*** (6.429)	0.0596*** (6.504)	0.0581*** (6.446)
sigma_e	0.0528*** (24.359)	0.0502*** (24.334)	0.0498*** (24.280)	0.0496*** (24.244)	0.0493*** (24.158)	0.0490*** (24.188)	0.0489*** (24.169)
Wald chi2	3251.20	3576.56	3674.75	3713.25	3755.84	3783.61	3760.55
LogL	460.648	476.983	479.741	481.019	482.920	484.158	485.678
LR 检验（p 值）	0.0000	0.0000	0.0000	0.0000	0.0000	0.0000	0.0000
观测值	330	330	330	330	330	330	330

　　注：括号内为 t 值，LogL 为 log likelihood，p 值均为 0.0000，cons 为常数项。*、**、*** 分别表示在 10%、5%、1%的水平下显著。

领先技术，越能够促进其创新要素配置效率提升。从全国范围来看，各区域创新生产的技术水平与全国总体的创新生产技术水平越接近，其创新要素配置效率越高。综合上述分析可知，各省份首先应以自身为标杆，逐步提高自身生产技术水平，追赶区域内部领先技术最后向全国范围看齐，逐步达到最前沿的生产技术水平。各地区在创新生产过程中一方面应注重总结自身先进生产经验和管理水平，另一方面也应注重从外部引进先进生产技术来弥补自身研发缺陷，共同推动本地区创新生产技术水平的提高和通过改善经营管理方式来提高创新要素配置效率。

（2）创新氛围（lninno）。创新氛围的回归系数为正，并且在1%的水平下显著，表明提升创新的文化环境有利于创新要素配置效率的改进。原因是进行研发活动的企业占比越多，地区内部和地区间企业的竞争与合作越频繁，从而促进创新要素在企业、行业、区域和全国范围内流动，一方面有效激发创新要素潜能，另一方面促进经济产出增加。由于我国目前处于创新要素驱动阶段，相比于研发投入的增多，创新产出相对更多，从而使创新要素配置效率得到提升。

（3）交通发展水平（lntrans）。交通发展水平的回归系数为正，且至少在5%的水平下显著，表明交通发展水平的提升有利于促进创新要素配置效率的改进。原因是我国中西部地区创新要素资源禀赋相对落后、创新生产的条件设施不完备，尤其是西部省份处于相对较为边远的地区，其分散化不利于创新生产网络的构建、创新要素的流动及创新效应的溢出。交通发展水平提升能够有效促进人力创新要素在地区间流动，从而带动其他创新要素流动，加快地区内部和地区间的交流合作，增强创新能力，提高效率水平。

（4）环境规制（lnenvir）。环境规制的回归系数为正，且至少在10%的水平下显著，表明环境规制水平提升有利于带动创新要素配置效率提高。这一研究发现支持了"波特假说"。随着地区环境规制水平的不断提高，企业排污治污的成本会越来越高，在该种情况下，有远见的生产企业会用较高的治污投入以引进或研发更先进的清洁技术，这样既可实现环保目标又能赢得竞争力，促进经济绿色可持续发展。因此，严格并且合理的环境规制能有效地激发创新生产企业的技术创新，从而使科学技术成为第一生产力，同时也成为第一环保力。

（5）能源消耗强度（lnener）。能源消耗强度的回归系数为负，且至少在10%的水平下显著，表明单位GDP能源消耗量的增加对创新要素配置效率产生负向影响。原因是创新生产过程中能源的消耗必然带来环境的污染（雷燕燕，2021），能源消耗越多，所带来的污染程度可能越大，对生态环境的破坏和污染的不可逆性违背了新发展理念中的绿色发展理念，从而对经济高质量发展产生负向影响，因此能源消耗强度与创新要素配置效率为反向作用关系。

（6）金融发展水平（lnfin）。金融发展水平回归系数为正，且在10%的水平下显著，表明提升金融发展水平有利于提高创新要素配置效率。原因可能是金融发展水平的提升，有利于改善中小企业融资环境、降低中小企业融资成本、激发中小企业创新活力、改善市场环境，从而提高创新要素配置效率。

（7）经济发展水平（lnpgdp）。经济发展水平的回归系数为正，且在10%的水平下显著，表明各地区经济发展水平的提升有利于创新要素配置效率的增强。原因是创新要素配置效率与经济发展本身是相互依赖、相互促进的关系，经济发展水平提升能够为创新生产提供更加坚实的创新资源禀赋、完善的创新生产基础设施、有序的市场竞争环境，同时经济发展水平提升本身意味着新发展理念的践行，有助于创新生产提质增效、提高创新要素配置效率。

为进一步验证回归结果的稳健性，本章分别采用普通最小二乘法及面板数据的随机效应模型进行了回归，其结果与前文基本一致，表明本章研究结论具有一定的稳健性（表6-7）。

表6-7 创新要素配置效率影响因素稳健性检验回归结果

变量	OLS回归	随机效应	变量	OLS回归	随机效应
lnec	1.4918*** (20.369)	1.7381*** (26.463)	lnener	-0.0260** (-2.042)	-0.0340* (-1.624)
lnbpc	1.1600*** (26.060)	1.4768*** (28.228)	lnfin	0.0331 (0.720)	0.0920 (1.434)
lntgc	1.6575*** (50.225)	1.6308*** (45.452)	lnpgdp	0.0487*** (3.870)	0.0455** (1.954)
lninno	0.0361*** (4.407)	0.0317*** (3.725)	cons	-2.5823*** (-16.962)	-2.9787*** (-10.191)
lntrans	0.0240*** (3.892)	0.0381*** (3.312)	R^2	0.9317	0.9218
lnenvir	0.0207*** (2.761)	0.0214*** (2.536)	观测值	330	330

注：括号内为t值，cons为常数项。*、**、***分别表示在10%、5%、1%的水平下显著。

7

创新要素配置推动经济高质量
发展的政策设计

本书首先从外围系统创新要素配置与经济高质量发展的耦合关系入手探讨了创新要素配置系统与经济高质量发展系统的耦合特征，其次分别从理论和经验层面检验创新要素配置与经济高质量发展的因果关系，进一步证实了创新要素为经济高质量发展的源泉，创新要素的优化配置能够显著促进经济高质量发展。在高质量发展视阈下，优化创新要素配置主要包括两个方面：一是创新要素配置数量的增加即增量方面，意味着可供配置的创新要素存量水平增加；二是创新要素配置质量的提升即提质方面，意味着创新要素配置效率提升及创新要素配置与经济高质量发展的耦合度提升。根据该思路，结合本书前述研究结论，本章提出创新要素通过增量提质来促进经济高质量发展的政策建议。

7.1 优化创新要素存量配置

研究表明，适度提高创新要素配置水平对我国经济高质量发展具有正向影响，人力、技术和信息创新要素对经济高质量发展的贡献率分别达到了 10%～14%、23%～32% 和 16%～21%，创新要素对经济高质量发展的贡献已超越了传统要素，未来信息和技术创新要素将成为经济高质量发展的新引擎，充分表明优化各创新要素配置水平有利于推动我国经济实现高质量发展。

7.1.1 优化创新要素配置水平，夯实创新资源禀赋

发挥人力创新要素在创新生态系统中的核心作用。一方面重视人力健康投入，建立完善的医疗卫生保障机制，提高人口健康素质刻不容缓；另一方面积极推进人力组织建设，完善人才流动的共享机制。东部地区应继续发挥人力创新要素核心关键优势，激发各创新主体创新活力，推进创新人才信息共享。完善人力创新要素在企业、高校和科研机构之间的流动机制，促进人力创新要素的"柔性流动"和"柔性聘用"，鼓励智力要素以各种形式参与创新收益分配。中部地区、西部地区和东北地区应积极学习发达地区的先进经验，因地制宜地实施配套措施，加大政府奖励，一方面留住本地人才，另一方面通过吸引外部人才流入提升本地人力创新要素配置水平，如实行期权、分红、年薪制等政策措施，增强对关键岗位的激励，进一步激发人才创新活力。

对于资本和技术创新要素，各地区应优化科技经费投入结构，一方面适当调整竞争性经费和非竞争性经费投入比例，以便保证科研创新活动顺利开展；另一方面适当调整基础研究、应用研究和试验发展等各研究阶段的经费投入比重，加大基础研究经费投入。立足于我国产业发展战略，对资金需求大、研发风险高、社会影响广的关键产业的研发、科技成果转化与推广等给予足够的支持和关注，更好地向关键性技术领域倾斜，以增强产业的竞争力和创新实力。中部地区和西部地区继续发挥制度优势，通过提高数字政府建设水平引领其他各创新要素子系统的同步提升进而实现高质量发展。

挖掘各地区的信息创新要素潜力，激发信息创新要素的强大势能。研究表明，信息创新要素在我国创新要素生产力系统中占比最高，而家用电脑拥有量、互联网普及率、移动互联网用户数、互联网网页数、域名数对信息创新要素的贡献度较大，这表明发挥信息创新要素的巨大潜力，一方面需要强化信息采集、传输和信息处理能力，深入推进我国实施的大数据发展战略，重点打造信息创新要素供应链，拓宽信息创新要素的应用范围，通过信息创新要素的协同渗透特征，促进创新要素间的协同配置，缓解各地区创新要素错配，通过深化产业结构调整促进经济实现低碳发展；另一方面需要提升信息使用质量，深入挖掘信息背后的潜在价值，妥善构建信息生态系统，充分发挥信息创新要素的共享特性。

7.1.2 加快数字化政府建设，完善数字金融体系

完善社会主义市场经济制度，充分发挥我国社会主义市场经济制度的先进作用。研究表明，当前我国制度环境均未跨越临界值，适度改善制度环境有利于经济高质量发展。不同制度环境均能有效强化创新要素对经济高质量发展的促进效应，尤其是在线政府强化作用最强且其影响下负向影响最弱。因此，积极推进在线政府服务，提高政府服务企业效率，加快数字化政府建设迫在眉睫。

数字化政府建设的关键在于运用人工智能、大数据、互联网、云计算等新一代信息通信技术，对政务数据进行整合、开放及共享，从而实现跨地域、跨部门、跨系统的业务协同。推进有效信息共享是数字化政府的活力之源，但有效信息共享的关键在于信息保护。为加快数字化政府建设，一方面应注重建设过程中的信息保护，为避免信息安全问题导致的社会公众和政府损失，各级政府应开展常态化的业务培训，充分认识信息安全的重要性，建立健全信息安全制度，制定统一标准，并促进相关信息人员按规章作业，降低信息安全风险，同时也要引进专业型人才做好信息技术的升级与创新工作，做到与时俱进；另一方面在做好信息安全保护的同时，也要促进常态化监管。实施绩效考核机制，将考核结果与人员的职务晋升、绩效福利等紧密结合，同时开展相应的业务培训，提高管理能力。

研究表明，金融发展水平能够正向促进创新要素配置效率提升，同时数字普惠金融也是一种制度环境，因此需大力发展数字普惠金融，响应数字经济发展的需求，鼓励金融市场向数字化方向转型升级。调整财政支出规模，优化财政支出结构，注重其与数字普惠金融的协调发展。政府应精确把握各方面的财政支出比例，适当增加投资性支出。建立健全数字化政府服务平台，加强对现代金融体制改革的引导，努力推进金融大数据共享，同时完善数字化监管和网格化管理制度，保障数字普惠金融的健康发展。

优化政府和市场对创新要素的协同配置功能，有针对性地引导创新要素流动。在市场机制的作用下，创新要素会流向边际效益高、边际成本低的地区，造成各地区创新要素存在无序竞争的现象。经济发达地区拥有较强的创新要素集聚能力，会吸引更多优质创新要素流入，甚至出现部分地区创新要素的拥挤效应，导致创新要素市场配置的扭曲。在市场配置引导下，政府也应完善与创新相关的

制度环境，做好政策引导，充分发挥政府与市场的双重作用，减少创新要素错配。

7.1.3 促进创新要素空间流动，发挥空间溢出效应

增强我国省份间创新要素流动，发挥空间溢出效应。创新要素配置空间关联网络显示，我国的创新要素配置呈典型的空间关联网络状态，并且创新要素配置水平通过知识空间溢出对本地和邻近地区经济高质量发展产生影响，但我国创新要素配置空间关联网络的密度与理论最大值有一定差距，表明创新要素配置的区域协调性和整体配置效率水平仍有待提升。因此，各地区在实施创新生产推动经济向高质量发展迈进的过程中应加强交流合作，鼓励携带大量知识的创新要素在区域间高效流动，减少创新要素的闲置和错配，优化创新要素配置结构，提高创新要素配置效率。

促进创新要素在我国省份间的高效流动，推动区域平衡发展。研究表明，一方面，创新要素配置正向影响本地经济高质量发展，而对邻地具有负向溢出效应；另一方面，在创新要素配置空间关联网络中，经济发达地区占据网络中的核心位置。东部地区是我国经济高质量发展的"火车头"，创新要素存量水平总体上处于较高水平，是各类创新要素流入较强的区域，广东、江苏、北京、山东、湖北、上海等是我国人力、资本和技术创新要素流入较强的地区，但从创新要素流动的主要承接地角度来看，这些区域均在东部地区，即我国创新要素仍是在"强—强"区域间进行优化竞争效应，东部地区作为经济高质量发展的"火车头"，其带动作用并没有很好地展示，因此，东部地区除了要继续保持优先发展势头外，还要多途径、多渠道发挥对中西部地区和东北地区的辐射带动作用。

东北地区应继续执行"全面振兴东北"战略，深入推进东北地区产业结构改革，增强创新活力，从而更好带动创新要素在区域内外部流动共享。目前，中部地区发展势头相对较好，湖北、安徽、湖南的创新要素吸引力不断增强，但与东部地区相比仍有差距，因此应继续推进"中部崛起"战略，尤其是借助虚拟现实技术行业（VR产业）实现对创新要素的有效吸引，推进产业结构改革。

西部地区应在留住和培育本地创新要素的基础上，加大外部区域创新要素流入，积极拓展沟通渠道，加强与经济发达省份的创新交流，建立长期稳定的合作关系，加强人才引进力度，通过人才引进而带动其他创新要素的高效流入，特别

是信息创新要素，可能助力其实现"弯道超车"。中央和政府应在优化和统筹全国产业空间布局的同时，因地制宜地向西部地区倾斜，推进新兴产业和高技术产业向西部地区集聚，构建西部地区战略性新兴产业生态圈，培育西部地区的创新"核动力"。

长期来看，政策制定应从全局出发，从促进区域平衡发展角度出发，妥善构建创新生态系统，打破地区间文化、行政等壁垒，改善制度环境，促进创新要素的高效流动进而减少错配、提升创新要素配置效率。

7.2　挖掘创新要素配置与经济高质量发展耦合潜力

挖掘信息创新要素与经济高质量发展耦合潜力，打造数字经济新优势，营造良好数字生态。研究发现，全国各地区、各省份创新要素各子系统与经济高质量耦合发展增长率最高的是信息创新要素，因此，激发信息创新要素潜力，有利于提升创新能力适配经济高质量发展，推动碳达峰碳中和目标实现。各地区应结合自身基础环境的比较优势，制定适宜的激发信息创新要素与经济高质量发展相互促进的政策制度。当前，东部地区拥有相对较多的高新技术和创新资源，可率先利用人工智能、区块链和大数据、云计算等先进技术推动企业生产变革，积极响应国家号召，率先建立信息要素产业集聚区，培育信息型"独角兽"企业，促进全社会信息要素有效供给。同时加强信息网络建设，信息创新要素是数字经济发展的关键生产要素，发挥数字经济网络化和信息化特征优势有利于促进创新要素在空间中的自由流动，更大程度地释放数字经济红利效应。中西部地区和东北地区更应制定适宜的数字经济政策，借助数字经济发展的网络外部性和外生交互效应，进一步完善信息通信技术基础设施建设，加强信息创新要素基础设施建设，大力推进 5G 技术、智能化和大数据平台等"新基建"工程，完善网络基础设施，以数字技术导向促进创新生产的智能化、网络化和数字化转型，发挥信息创新要素的空间溢出效应。

7.2.1 重视创新要素配置与经济高质量发展的协同建设

研究发现，创新要素配置与经济高质量耦合发展的区域差异有所扩大，不平衡性加剧。为此，在推动创新要素配置与经济高质量耦合发展的同时，应进一步强化区域协同发展意识，优化各创新要素与经济高质量发展耦合机制，共同提升创新能力，形成各创新要素与经济高质量优质协调发展。突破经济区间的行政、制度壁垒，建立高水平地区和低水平地区的有效合作机制，发挥高水平地区的示范带动作用。

注重耦合协同性建设。在市场机制的调节下，各类创新要素在各产业部门间此消彼长，通过需求和供给因素降低相对成本、优化资源配置，各资源在部门间分配不合理趋向合理，从而推动产业结构不断向高级化发展。创新要素配置适应高质量发展阶段产业优化升级的需求，聚焦重点产业、重点区域和重点工程，与改造提升传统优势制造业相适应，与先进制造业和战略性新兴产业的发展相匹配，实现资本、技术与产业之间的耦合发展。通过创新要素配置集群发展产生规模经济效应，通过经济中心辐射效应逐步达到较高水平的区域协调发展，这也是高质量发展的最终目标之一。通过创新要素集约化来提供可持续发展的动力，提高技术创新要素等无形资产的生产力，为经济高质量发展提供新的动能。

7.2.2 推动创新要素配置与经济高质量发展同步提高

研究发现，全国创新要素配置系统发展持续滞后于经济高质量发展系统，从而导致创新要素配置与经济高质量发展耦合协调度相对较低。创新要素配置与经济高质量发展耦合水平较高的地区，应加快要素市场化改革，促进各创新要素在不同地区、不同产业间的高效流动，将创新要素与经济高质量耦合发展推向更高水平。创新要素配置与经济高质量发展耦合水平较低的地区，其经济高质量发展对创新要素投入的支撑作用较弱，一方面应努力发挥本地优势，大力推进经济的高质量发展从而促进其对要素投入的支撑；另一方面要正视现实，制定适宜的政策制度，引导本地创新要素向优势产业、高新技术企业转移，实现有地区特色的发展从而实现赶超。

7.3 增强创新要素配置效率

7.3.1 构建创新发展格局，引领创新效应驱动

研究发现，我国创新要素配置效率处于较低水平，表明我国创新要素配置不适应经济高质量发展，而我国创新要素配置效率提升主要来自纯技术效率驱动，受制于规模效应，因此提升创新要素配置的规模效应同时促进技术效率提升是关键。为此，构建创新驱动发展新格局，引领创新效应发挥、实现内生驱动是关键。

企业是实施创新驱动最关键的主体，首先应加快建立并完善现代企业制度，增强企业创新的内在驱动力。一方面，应积极深化企业科研技术转换及创新产权所有制等方面的改革，构建完善的科技创新管理体制和合理有效的激励机制，提升企业在高新技术产业化和行业技术创新中的作用与影响力；另一方面，要把技术创新能力建设作为考核科技型企业的重要指标，在高新技术企业产权制度改革中，将技术要素参与分配作为重要内容，努力探索在市场经济条件下，依靠利益驱动来引导企业进行科技创新。

东部地区创新要素配置效率受技术领先的内在驱动，表明东部地区企业技术水平处于全国领先地位，需要从提升企业内部管理水平出发，减少内生性障碍，跟踪国际前沿技术，推进本土化的现代企业管理制度，建立和完善科技成果转化平台。中西部地区创新要素配置效率受限于技术领先，需要学习发达国家或地区先进的管理经验和技术，深入开展技术引进消化吸收再创新活动，争取实现原始创新和集成创新，努力加快技术变革的步伐，加强高技术产业和行业上下游企业间的交流合作，鼓励从事跨地区、跨行业的技术联合攻关，实现产品的跨界融合创新，提高各地区整体创新水平。

加强区域间的合作，引导创新要素在区域间高效流动，促进协同创新，构建区域间产业与创新协调发展的新机制。破除制约创新要素在区域间高效流动的政策体制性障碍，优化各个地区的就业结构，最大限度地激发和释放创新要素流动

和集聚的空间效应，形成优势互补、协同发展的区域经济发展新格局。

7.3.2 强化数字技术应用，提升科技创新水平

研究发现，我国创新要素配置效率提升受到技术效率和技术进步的共同推动，但技术效率是主要的动力来源，因此推动技术进步成为促进创新要素配置效率提升的关键。当前，推动创新要素的高效化配置是提升创新要素配置效率的关键，而数字技术在促进创新要素高效化配置中发挥重要作用，因此，借助数字技术加快企业的智能化转型，推动企业生产技术进步，建立创新要素的市场体系，有助于实现创新要素配置效率增强。

发挥数字技术的协同作用，促进信息创新要素与其他传统要素如普通劳动力和物资资本的融合，提高生产要素间衔接配合的契合度，降低要素间的摩擦成本，提高要素使用效率。同时，将数字服务平台作为载体，充分发挥要素的市场导向作用，推动创新要素向生产效率高、边际产出高的行业和企业流动，打通"信息孤岛"以及"数据壁垒"，促进创新要素的高效化配置。

发挥数字技术的替代作用，将"人工智能资本"等新型创新要素作为独立的生产要素不断积累并实现对其他劳动、资本等要素的替代。加大对新一代信息通信技术领域关键核心技术的研发支持力度，综合运用财政、金融信贷、保险等政策工具，支持企业和高校在新一代信息通信技术领域的技术攻关和成果转化，推动生产技术进步。

7.3.3 发展数字经济，推动经济发展质量提升

研究发现，"十三五"时期我国基于技术同质的创新要素配置效率增幅达到最大，说明我国实施创新驱动发展战略以及数字经济政策以来，经济发展取得了令人瞩目的成果。因此继续实施创新驱动发展战略，把科技创新摆在驱动经济发展的首要位置，发展数字经济。

大力实施对外开放，促进数字经济发展。为了提高创新要素配置效率，解决我国创新要素配置不适应经济高质量发展问题，一方面应优化创新要素配置，另一方面应提升经济高质量发展水平。为促进数字经济推动经济高质量发展，政府应结合地区优势，营造良好的营商环境，吸收国外先进的数字技术和理念，充分

发挥知识和技术的溢出效应，并提供良好的培训平台，提高各地区劳动者素质，引领我国数字经济向更高水平迈进。

积极打造数字产业生态，推动数字经济发展。首先，大力推进人工智能、大数据和云计算等新型基础设施建设，为数字经济发展提供源动力；其次，打造数字化产业生态，促进数字经济与传统产业融合，政府通过减税降费等措施为数字经济企业发展降低生产成本和运营成本，增强数字经济企业创新发展动力；再次，加强监管，保护企业知识产权，尤其是数据要素产权问题，为数字经济发展提供良好的制度环境；最后，构建数字经济发展特色园区，培育数字经济核心企业，促进数字产业集聚，形成良性互动的数字经济创新生态环境。

针对我国创新要素配置效率的区域差异性，推行差异化政策。结合我国创新要素配置效率发展的不平衡性，需要政府的宏观调控对政策资源进行合理配置，尤其是东部地区依据其经济发达的优势占据着我国大部分创新资源，应充分发挥政府在创新要素配置中的作用，将有限的创新政策资源向中西部地区倾斜，加快推进我国中西部地区数字化基础设施建设，提高中西部地区劳动力质量，促进中西部地区经济实现高质量增长，从而引导中西部地区数字经济实现高速发展，缩小中西部地区与东部地区间的"数字鸿沟"，实现数字经济的均衡发展，从而推动经济实现高质量发展。

7.3.4　优化创新环境，培育良性创新生态系统

研究表明，创新环境作为创新生态系统的重要组成部分，其对创新要素配置效率具有显著的正向影响，因此优化创新环境、树立生态系统观、培育良性循环创新生态系统有利于增强创新要素配置效率。从影响创新要素配置效率的环境因素来看，金融发展水平和经济发展水平对创新要素配置效率的影响较大，各地区首先应注重数字金融体系建设，加强风险防范，优化经济发展的基础环境。

与此同时，需要完善交通网络基础设施，促进创新要素高效流动。研究表明，交通发展水平能够增强创新要素配置效率，因此，各省份应加大对交通基础设施的投资力度，提高本地交通发展水平，加强与其他地区间的联动合作，构建互联互通的交通关联网络。对于创新要素配置效率较低并且交通发展落后地区，应充分利用交通网络促进创新要素流动的优势，发展交通吸引创新要素流入，增强本地区创新要素的可进入性，提高创新要素配置效率。对于交通网络发达、创

新要素配置效率较高的东部地区，应统筹交通基础设施建设的空间布局，全面推进建设绿色交通基础设施，注重使用低碳环保型的交通工具，引领中西部地区逐渐推动交通科技创新。

普及低碳生产理念，推进"双碳"目标有效落地。将优化环境政策工具有效结合，加快环境规制创新，发挥环境规制政策的组合效果，并充分发挥环境规制的"双重红利"，在改善环境质量的同时鼓励企业技术创新，促进经济低碳绿色发展。东部地区应充分利用其改革开放及市场化程度优势，增加绿色技术创新研发投入，形成自主创新能力，率先实现经济朝着绿色低碳发展模式转变，而中西部地区等省份应加强环境规制，提高环境治理水平和治理效率。优化能源消费结构，鼓励风能、太阳能、水力发电等清洁能源开发和使用，减少煤炭等传统不可再生能源使用，推进生产、生活、生态"三生"融合协调发展。

培育良好文化环境，激励创新行为。各地区应尽力营造一种公平竞争且自由宽松的创新文化环境，鼓励企业加大实施技术创新实践。国有企业应适度引入民营资本，深入推进国有企业股份制改造。高技术行业民营企业，尤其是中小企业，应给予金融与政策支持，缓解中小企业创业风险大、融资成本高等难题。加大知识产权保护力度，鼓励企业对创新生产技术申请专利，完善技术市场交易环境，促进技术供给方与需求方的深入交流合作。

8

结论与展望

8.1 研究结论

本书以创新要素配置推动经济高质量发展的机制为研究对象，在"三大变革"与新发展理念指导下，界定内涵、构建指标体系并从政治经济学生产力与生产关系视角将创新要素细分为生产力系统与生产关系系统。首先从系统论视角基于统计学角度构建了耦合协调模型测度创新要素配置与经济高质量发展的耦合情况，解析其时空特征、区域差异及分布动态；其次立足于经济增长理论转而研究二者间的因果关系，依次解析了创新要素对经济高质量发展的作用效应、创新要素生产力系统在生产关系系统调节下对经济高质量发展的影响程度和空间溢出效应、创新要素配置效率及影响因素。本书得出以下具体结论：

第一，我国各省份创新要素配置与经济高质量发展的耦合水平呈现"东高西低""沿海优于内陆"的不均衡空间分布特征。全国各地区两系统耦合度均呈正增长，但高水平耦合地区增长率相对较高，低水平耦合地区增长率相对较低，区域差异不断增大。全国各地区、各省份信息创新要素与经济高质量发展耦合度的增长率最高。从区域差异来源来看，全国创新要素配置与经济高质量耦合发展差异总体呈上升趋势；东部地区与东北地区的区域间差异涨幅达到了 46.13%；整个样本期内，区域间差异是区域总体差异的主要来源，区域内部差异次之，超变密度贡献最低。从分布动态来看，总体上全国创新要素配置与经济高质量耦合发展水平存在一定的两极分化现象，且高水平地区与低水平地区的差距呈扩大趋势；东北地区和中部地区存在极化现象；各地区创新要素配置与经济高质量耦合发展分布曲线波峰均呈右移状态，全国创新要素配置与经济高质量耦合发展水平不断提升。

第二，从创新要素存量水平来看，我国各创新要素投入在各省份间分布存在不均衡现象，而且极化现象较为严重，四种创新要素分布规律都是东部地区较多而中西部较少，各创新要素投入全国省份间的差距却逐渐增大；我国各创新要素投入均存在不同程度的增长趋势，信息创新要素增长率居于首位。从产出份额来看，普通劳动力、物质资本、人力创新要素、技术创新要素和信息创新要素的弹性系数分别为 0.1526、0.3051、0.1902、0.2400、0.1121；从创新要素对经济高质量发展的贡献率来看，2014～2019 年人力创新要素贡献率达到了 10%～14%，技术创新要素达到了 23%～32%，信息创新要素达到了 16%～21%。总体来看，我国经济正由传统要素驱动转换为创新要素驱动，创新要素成为经济高质量发展的核心动力。

第三，从创新要素生产力系统各指标权重来看，信息创新要素占比最高，技术、人力和资本创新要素次之，说明信息和技术创新要素在经济发展新阶段正超越人力和资本创新要素，成为引领经济高质量发展的"明星"。在宏观层面，我国创新要素生产力综合系统及各子系统均呈现典型的网络结构形态，除新疆外，其他省份均呈现较为紧密的关联关系；创新要素配置的空间关联强度逐渐增大，空间关联网络变得稠密庞大，且"小世界"特征越发明显；在微观层面，北京、广东、江苏、上海等省份，不仅在创新要素配置空间关联网络中占据核心位置，而且这些省份在空间关联网络中亦起着重要的"桥梁"作用，其在创新要素的流动中占据着核心有利位置。不论是否考虑空间效应以及无论是否加入控制变量，区域内部创新要素生产力系统配置水平提升能够有效促进本地经济高质量发展，但对邻地经济高质量发展具有负向空间溢出效应；不同类型制度环境对经济高质量发展的影响呈现倒"U"形，我国在线政府、政府服务满意度、非国有经济发展度、数字普惠金融、市场资源配置层面的制度环境均未跨越临界值，均能促进经济高质量发展，同时其与创新要素生产力系统的有效协同能够进一步激发创新要素潜能，强化创新要素配置对经济高质量发展的正向影响，但在线政府的强化作用最强且其影响下负向影响最弱。

第四，从创新要素配置的静态效率来看，我国创新要素配置效率呈现明显的

"东高西低"的空间分布格局，且创新要素配置效率的提升主要来自纯技术效率的推动，我国创新要素配置效率的区域差异呈缩小趋势。从创新要素配置的动态效率分解内部驱动力来看，我国创新要素配置效率主要来源于追赶效应，创新效应和领先效应对我国创新要素配置效率增强贡献度较小甚至起到了拖累作用。创新环境对创新要素配置效率增强具有较为显著的影响，其中经济发展水平、交通发展水平、创新氛围、金融发展水平、环境规制对创新要素配置效率具有显著的正向促进作用，能源消耗强度对创新要素配置效率具有显著的负向影响。

第五，优化创新要素配置水平、加快数字化政府建设、完善数字金融体系、促进创新要素空间流动均能有效强化创新要素存量配置对经济高质量发展的正向影响，挖掘信息创新要素与经济高质量发展的耦合潜力、重视创新要素配置与经济高质量发展协同建设、推动创新要素配置与经济高质量发展同步提高均能有效提升二者耦合程度，构建创新发展格局、强化数字技术应用、发展数字经济、优化创新环境培育良性创新生态系统均能有效增强创新要素配置效率，从创新要素增量提质层面推动经济高质量发展。

8.2 研究的不足与未来展望

本书在借鉴现有文献研究的基础上，对创新要素配置推动经济高质量发展的机制展开了研究，探讨了创新要素配置系统与经济高质量发展系统的耦合特征，运用内生经济增长理论分析了创新要素作用于经济高质量发展的内在机理，并从实践层面估算了我国创新要素存量、测度了创新要素对经济高质量发展的贡献程度、检验了创新要素配置对经济高质量发展的影响程度和空间溢出效应、创新要素配置影响经济高质量发展的综合效率并探究了影响因素等。但在实际研究中，囿于数据可得性，尤其是有关信息创新要素中数据要素的数据，使本书对创新要素配置和经济高质量发展系统的指标体系设计可能不够全面细致，对现有研究的解释可能也不够全面和完善，随着数据尤其是数字经济测度数据的获取成为可能，希望今后能就以下问题进行更为深入的探讨。

（1）对创新要素配置和经济高质量发展的指标体系设计更为全面合理，尤其是对各创新要素存量进行更精确的核算，如采用生产性资本存量核算创新要素存量，使测算得到的创新要素对经济高质量发展的贡献度更为精确合理。

（2）本书采用生产函数方法将重新核算的国内生产总值作为衡量经济高质量发展的产出，仅从单一层面测度了创新要素投入对经济高质量发展的贡献程度，而经济高质量发展本身是多层面的综合发展，探讨使用更为合理的方法测度创新要素对经济高质量发展在新发展理念层面的贡献度成为本书进一步研究的主要内容。

（3）在实证研究方面，仍然存在诸多不完善的地方，下一步可从微观角度选择更详细的数据、运用更合理的计量方法以得出更细致的结果。

（4）本书对创新要素配置影响经济高质量发展的研究仅从创新要素配置水平层面进行了考虑，为创新要素配置影响经济高质量发展的研究奠定了基础，但创新要素配置影响经济高质量发展是一个较复杂的过程，如创新要素配置方式、结构等是如何影响经济高质量发展的，均是本书后续研究的关键。

综上所述，本书旨在通过理论分析、核算测度与计量研究解析创新要素配置作用于经济高质量发展的内在机理和影响程度，并针对实证和测算结果提出政策建议。

参考文献

［1］白俊红，蒋伏心．协同创新、空间关联与区域创新绩效［J］．经济研究，2015，50（7）：174-187．

［2］边雅静，沈利生．人力资本对我国东西部经济增长影响的实证分析［J］．数量经济技术经济研究，2004（12）：19-24．

［3］蔡跃洲，陈楠．新技术革命下人工智能与高质量增长、高质量就业［J］．数量经济技术经济研究，2019，36（5）：3-22．

［4］蔡跃洲，马文君．数据要素对高质量发展影响与数据流动制约［J］．数量经济技术经济研究，2021，38（3）：64-83．

［5］蔡跃洲，张钧南．信息通信技术对中国经济增长的替代效应与渗透效应［J］．经济研究，2015，50（12）：100-114．

［6］曹颢，尤建新，卢锐，等．我国科技金融发展指数实证研究［J］．中国管理科学，2011，19（3）：134-140．

［7］曹麦．中国经济增长质量测度——基于转型升级的视角［J］．调研世界，2017（3）：61-64．

［8］陈斌开，张川川．人力资本和中国城市住房价格［J］．中国社会科学，2016（5）：43-64+205．

［9］陈兵．创新要素的生态化配置研究［J］．社会科学论坛（学术研究卷），2007（2）：18-21．

［10］陈昌兵．可变折旧率估计及资本存量测算［J］．经济研究，2014，49（12）：72-85．

［11］陈创练，朱晓琳，高锡蓉．中国城市劳动和资本要素配置效率动态演进及其作用机理——基于经济增长理论的 Malmquist 指数和 Prodest 生产函数法［J］．经济问题探索，2020（12）：89-95．

［12］陈刚．技术资本、要素资本结构与企业发展［D］．山东：中国海洋大学，2011．

［13］陈国生，杨凤鸣，陈晓亮，等．基于 Bootstrap-DEA 方法的中国科技资源配置效率空间差异研究［J］．经济地理，2014，34（11）：36-42.

［14］陈景华，陈姚，陈敏敏．中国经济高质量发展水平、区域差异及分布动态演进［J］．数量经济技术经济研究，2020，37（12）：108-126.

［15］陈明华，刘华军，孙亚男．中国五大城市群金融发展的空间差异及分布动态：2003—2013 年［J］．数量经济技术经济研究，2016，33（7）：130-144.

［16］陈诗一，陈登科．中国资源配置效率动态演化——纳入能源要素的新视角［J］．中国社会科学，2017（4）：67-83，206-207.

［17］陈婷玉．中国制造业在世界创新网络中的多维定位与融入路径研究［J］．数量经济技术经济研究，2019（11）：60-80.

［18］陈小亮，刘玲君，肖争艳，等．生产部门通缩与全局性通缩影响因素的差异性研究——机器学习方法的新视角［J］．中国工业经济，2021（7）：26-44.

［19］陈心颖．人口集聚对区域劳动生产率的异质性影响［J］．人口研究，2015，39（1）：85-95.

［20］谌莹，张捷．碳排放、绿色全要素生产率和经济增长［J］．数量经济技术经济研究，2016，33（8）：47-63.

［21］程虹，李丹丹．中国质量出现转折——我国质量总体状况与发展趋势分析［J］．宏观质量研究，2014，2（2）：28-37.

［22］程惠芳，陆嘉俊．知识资本对工业企业全要素生产率影响的实证分析［J］．经济研究，2014，49（5）：174-187.

［23］程名望，贾晓佳，仇焕广．中国经济增长（1978—2015）：灵感还是汗水？［J］．经济研究，2019，54（7）：30-46.

［24］邓宗兵，何若帆，陈钲，等．中国八大综合经济区生态文明发展的区域差异及收敛性研究［J］．数量经济技术经济研究，2020，37（6）：3-25.

［25］董直庆，胡晟明．创新要素空间错配及其创新效率损失：模型分解与中国证据［J］．华东师范大学学报（哲学社会科学版），2020，52（1）：162-178，200.

［26］段姗，蒋泰维，张洁音，等．区域企业技术创新发展评价研究——浙江省、11 个设区市及各行业企业技术创新评价指标体系分析［J］．中国软科学，2014（5）：85-96.

［27］范斐，杜德斌，李恒，等．中国地级以上城市科技资源配置效率的时空格局［J］．地理学报，2013，68（10）：1331-1343.

［28］范合君，吴婷．中国数字化程度测度与指标体系构建［J］．首都经济贸易大学学报，2020，22（4）：3-12.

［29］方远平，谢蔓．创新要素的空间分布及其对区域创新产出的影响——基于中国省域的 ESDA-GWR 分析［J］．经济地理，2012（9）：10-16.

［30］房汉廷，郭戎．上市公司科技板块分析报告［M］．北京：经济管理出版社，2005.

［31］丰晓旭，朱春辉，岳鸿飞．四川省产业绿色增长测度——基于全省 21 个市（州）的城市面板数据分析［J］．财经科学，2017（9）：72-83.

［32］冯南平，周元元，司家兰，等．我国区域创新要素集聚水平及发展重点分析［J］．华东经济管理，2016，30（9）：80-87.

［33］冯俏彬，贾康．我国供给侧改革的背景、理论模型与实施路径［J］．经济学动态，2017（7）：35-43.

［34］冯志军，陈伟．中国高技术产业研发创新效率研究——基于资源约束型两阶段 DEA 模型的新视角［J］．系统工程理论与实践，2014，34（5）：1202-1212.

［35］付文飙．推动质量提升和质量变革助力广东实现高质量发展［J］．广东经济，2018（5）：6-13.

［36］付允，刘怡君．指标体系有效性的 RST 评价方法及应用［J］．管理评论，2009，21（7）：91-95，112.

［37］傅晓霞，吴利学．技术差距、创新路径与经济赶超——基于后发国家的内生技术进步模型［J］．经济研究，2013，48（6）：19-32.

［38］高敏雪，李静萍，许健．国民经济核算原理与中国实践（第 4 版）［M］．北京：中国人民大学出版社，2018.

［39］高沛星，王修华．我国农村金融排斥的区域差异与影响因素——基于省际数据的实证分析［J］．农业技术经济，2011（4）：93-102.

［40］葛鹏飞，韩永楠，武宵旭．中国创新与经济发展的耦合协调性测度与评价［J］．数量经济技术经济研究，2020，37（10）：101-117.

［41］郭海红，刘新民．中国农业绿色全要素生产率的时空分异及收敛性［J］．数量经济技术经济研究，2021，38（10）：65-84.

[42] 郭凯明，潘珊，颜色．新型基础设施投资与产业结构转型升级 [J]．中国工业经济，2020（3）：63-80.

[43] 郭芸，范柏乃，龙剑．我国区域高质量发展的实际测度与时空演变特征研究 [J]．数量经济技术经济研究，2020，37（10）：118-132.

[44] 国家统计信息中心．中国各地区信息化水平测算与比较研究 [J]．统计研究，2001（2）：3-11.

[45] 韩江波．创新驱动经济高质量发展：要素配置机理与战略选择 [J]．当代经济管理，2019，41（8）：6-14.

[46] 韩君，张慧楠．中国经济高质量发展背景下区域能源消费的测度 [J]．数量经济技术经济研究，2019，36（7）：42-61.

[47] 韩先锋，宋文飞，李勃昕．互联网能成为中国区域创新效率提升的新动能吗 [J]．中国工业经济，2019（7）：119-136.

[48] 何喜军，魏国丹，张婷婷．区域要素禀赋与制造业协同发展度评价与实证研究 [J]．中国软科学，2016（12）：163-171.

[49] 贺晓宇，沈坤荣．现代化经济体系、全要素生产率与高质量发展 [J]．上海经济研究，2018（6）：25-34.

[50] 焦高乐，严明义．技术进步的来源、方向与工业节能减排 [J]．统计与信息论坛，2017，32（4）：81-86.

[51] 金碚．关于"高质量发展"的经济学研究 [J]．中国工业经济，2018（4）：5-18.

[52] 康梅．投资增长模式下经济增长因素分解与经济增长质量 [J]．数量经济技术经济研究，2006（2）：153-160.

[53] 雷鸣，周国华．技术要素自由流动及相应策略研究 [J]．江西财经大学学报，2013（5）：35-41.

[54] 雷燕燕．中国旅游业碳排放效率时空演化与影响因素研究 [D]．甘肃：兰州大学，2021.

[55] 李斌，刘琳．湖南省信息化对经济增长贡献的实证研究 [J]．经济地理，2009，29（10）：1685-1690.

[56] 李海峥，贾娜，张晓蓓，等．中国人力资本的区域分布及发展动态 [J]．经济研究，2013，48（7）：49-62.

[57] 李海峥，梁赟玲，Barbara F，等．中国人力资本测度与指数构建

［J］．经济研究，2010，45（8）：42-54.

［58］李华，董艳玲．中国经济高质量发展水平及差异探源——基于包容性绿色全要素生产率视角的考察［J］．财经研究，2021，47（8）：4-18.

［59］李金昌，史龙梅，徐蔼婷．高质量发展评价指标体系探讨［J］．统计研究，2019，36（1）：4-14.

［60］李敬，陈澍，万广华，等．中国区域经济增长的空间关联及其解释——基于网络分析方法［J］．经济研究，2014（11）：4-16.

［61］李静萍．数据资产核算研究［J］．统计研究，2020，37（11）：3-14.

［62］李琳，牛婷玉．基于 SNA 的区域创新产出空间关联网络结构演变［J］．经济地理，2017，37（9）：19-25，61.

［63］李萌，张佑林，张国平．中国人力资本区际分布差异实证研究［J］．教育与经济，2007（1）：12-17.

［64］李培楠，赵兰香，万劲波．创新要素对产业创新绩效的影响——基于中国制造业和高技术产业数据的实证分析［J］．科学学研究，2014，32（4）：604-612.

［65］李荣富，傅懿兵，王萍．安徽省市域经济增长质量动态模糊综合评价——基于改进的 AHP-FCE 集成模型［J］．安徽农业大学学报（社会科学版），2014，23（1）：54-61.

［66］李荣杰，张磊，赵领娣．中国清洁能源使用、要素配置结构与碳生产率增长——基于引入能源和人力资本的生产函数［J］．资源科学，2016，38（4）：645-657.

［67］李松龄．技术要素市场化配置改革的理论逻辑与制度选择［J］．湖南财政经济学院学报，2021，37（3）：14-24.

［68］李万，常静，王敏杰，等．创新 3.0 与创新生态系统［J］．科学学研究，2014，32（12）：1761-1770.

［69］李晓峰，卢紫薇．珠三角地区创新要素配置效率评价——基于超越对数生产函数的分析［J］．改革，2021（6）：97-111.

［70］李旭辉，朱启贵．基于"五位一体"总布局的省域经济社会发展综合评价体系研究［J］．中央财经大学学报，2018（9）：107-117，128.

［71］梁婧，张庆华，龚六堂．城市规模与劳动生产率：中国城市规模是否过小？——基于中国城市数据的研究［J］．经济学（季刊），2015，14（3）：

1053-1072.

［72］廖重斌．环境与经济协调发展的定量评判及其分类体系——以珠江三角洲城市群为例［J］．热带地理，1999（2）：76-82．

［73］林伯强，刘泓汛．对外贸易是否有利于提高能源环境效率——以中国工业行业为例［J］．经济研究，2015，50（9）：127-141．

［74］凌永辉，刘志彪．内需主导型全球价值链的概念、特征与政策启示［J］．经济学家，2020（6）：26-34．

［75］刘凤朝，徐茜，韩姝颖，等．全球创新资源的分布特征与空间差异——基于 OECD 数据的分析［J］．研究与发展管理，2011，23（1）：11-16，30．

［76］刘华军，刘传明，孙亚男．中国能源消费的空间关联网络结构特征及其效应研究［J］．中国工业经济，2015（5）：83-95．

［77］刘继生，陈彦光．分形城市引力模型的一般形式和应用方法——关于城市体系空间作用的引力理论探讨［J］．地理科学，2000（6）：528-533．

［78］刘佳，宋秋月．中国旅游产业绿色创新效率的空间网络结构与形成机制［J］．中国人口·资源与环境，2018，28（8）：127-137．

［79］刘兰剑，葛贝贝．创新效率视角下高技术产业空间关联网络及其影响因素研究［J］．研究与发展管理，2019（6）：37-49．

［80］刘世锦，韩阳，王大伟．基于投入产出架构的新冠肺炎疫情冲击路径分析与应对政策［J］．管理世界，2020，36（5）：1-12，51，263．

［81］刘树成，张晓晶．中国经济持续高增长的特点和地区间经济差异的缩小［J］．经济研究，2007，42（10）：17-31．

［82］刘思明，张世瑾，朱惠东．国家创新驱动力测度及其经济高质量发展效应研究［J］．数量经济技术经济研究，2019，36（4）：3-23．

［83］刘惟蓝．建立开发区高质量发展的指标体系［J］．群众，2018（10）：41-42．

［84］刘亚建．我国经济增长效率分析［J］．思想战线，2002（4）：30-33．

［85］刘云霞，赵昱焜，曾五一．关于中国全要素生产率测度的研究——基于一阶差分对数模型和有效资本存量的再测算［J］．统计研究，2021，38（12）：77-88．

［86］刘忠璐．互联网金融对商业银行风险承担的影响研究［J］．财贸经

济, 2016 (4): 71-85, 115.

[87] 卢奇. 技术要素在知识经济增长中的作用 [J]. 武汉理工大学学报 (信息与管理工程版), 2005 (3): 132-135.

[88] 卢新海, 杨喜, 陈泽秀. 中国城市土地绿色利用效率测度及其时空演变特征 [J]. 中国人口·资源与环境, 2020, 30 (8): 83-91.

[89] 鲁继通. 我国高质量发展指标体系初探 [J]. 中国经贸导刊 (中), 2018, 903 (20): 6-9.

[90] 陆凤芝, 黄永兴, 徐鹏. 中国普惠金融的省域差异及影响因素 [J]. 金融经济学研究, 2017, 32 (1): 111-120.

[91] 逯进, 周惠民. 中国省域人力资本与经济增长耦合关系的实证分析 [J]. 数量经济技术经济研究, 2013, 30 (9): 3-19, 36.

[92] 吕海萍. 创新要素空间流动及其对区域创新绩效的影响研究 [D]. 浙江: 浙江工业大学, 2019.

[93] 吕鲲. 基于生态学视角的产业创新生态系统形成、运行与演化研究 [D]. 吉林: 吉林大学, 2019.

[94] 吕忠伟, 李峻浩. R&D 空间溢出对区域经济增长的作用研究 [J]. 统计研究, 2008 (3): 27-34.

[95] 罗德明, 李晔, 史晋川. 要素市场扭曲、资源错置与生产率 [J]. 经济研究, 2012, 47 (3): 4-14, 39.

[96] 罗福凯. 要素资本平衡表: 一种新的内部资产负债表 [J]. 中国工业经济, 2010 (2): 89-99.

[97] 罗仲伟, 李先军, 宋翔, 等. 从"赋权"到"赋能"的企业组织结构演进——基于韩都衣舍案例的研究 [J]. 中国工业经济, 2017 (9): 174-192.

[98] 马茹, 罗晖, 王宏伟, 等. 中国区域经济高质量发展评价指标体系及测度研究 [J]. 中国软科学, 2019 (7): 60-67.

[99] 马艳. 要素市场扭曲、出口与企业技术创新 [J]. 西安石油大学学报 (社会科学版), 2019, 28 (4): 6-14.

[100] 马玉林, 马运鹏. 中国科技资源配置效率的区域差异及收敛性研究 [J]. 数量经济技术经济研究, 2021, 38 (8): 83-103.

[101] 欧伟强, 朱斌. 四维理论模型下主流与新流创新要素优化配置研究 [J]. 科技进步与对策, 2018, 35 (18): 34-41.

[102] 欧阳志刚，陈普．要素禀赋、地方工业行业发展与行业选择［J］．经济研究，2020，55（1）：82-98.

[103] 潘文卿．中国的区域关联与经济增长的空间溢出效应［J］．经济研究，2012（1）：55-66.

[104] 潘雄锋，张维维．基于空间效应视角的中国区域创新收敛性分析［J］．管理工程学报，2013，27（1）：62-63，67.

[105] 戚湧，郭逸．基于SFA方法的科技资源市场配置效率评价［J］．科研管理，2015，36（3）：84-91.

[106] 戚湧，张明，李太生．基于Malmquist指数的江苏创新资源整合共享效率评价［J］．中国软科学，2013（10）：101-110.

[107] 钱锡红，杨永福，徐万里．企业网络位置、吸收能力与创新绩效——一个交互效应模型［J］．管理世界，2010（5）：118-129.

[108] 钱雪亚．人力资本水平统计估算［J］．统计研究，2012，29（8）：74-82.

[109] 乔红芳，沈利生．中国人力资本存量的再估算：1978—2011年［J］．上海经济研究，2015（7）：36-45.

[110] 邵汉华，周磊，刘耀彬．中国创新发展的空间关联网络结构及驱动因素［J］．科学学研究，2018，36（11）：2055-2069.

[111] 师博，任保平．中国省际经济高质量发展的测度与分析［J］．经济问题，2018（4）：1-6.

[112] 施炳展，金祥义．注意力配置、互联网搜索与国际贸易［J］．经济研究，2019，54（11）：71-86.

[113] 史丹．中国能源效率的地区差异与节能潜力分析［J］．中国工业经济，2006（10）：49-58.

[114] 史修松，赵曙东，吴福象．中国区域创新效率及其空间差异研究［J］．数量经济技术经济研究，2009，26（3）：45-55.

[115] 宋旭光，赵雨涵．中国区域创新空间关联及其影响因素研究［J］．数量经济技术经济研究，2018，35（7）：23-41.

[116] 宋旭光，左马华青．工业机器人投入、劳动力供给与劳动生产率［J］．改革，2019（9）：45-54.

[117] 孙畅，吴芬．中国高端服务业与先进制造业匹配发展的空间分异及收

敛性 [J]. 数量经济技术经济研究, 2020, 37 (12): 3-24.

[118] 孙菁, 周红根, 李欣先. 技术资本非效率配置: 融资约束抑或代理冲突? ——来自我国沪深 A 股制造业上市公司经验证据 [J]. 经济问题, 2016 (6): 54-59.

[119] 孙培蕾, 郭泽华. 经济高质量发展空间差异与影响因素分析 [J]. 统计与决策, 2021, 37 (16): 123-125.

[120] 唐荣, 黄抒田. 产业政策、资源配置与制造业升级: 基于价值链的视角 [J]. 经济学家, 2021 (1): 63-72.

[121] 唐未兵, 傅元海, 王展祥. 技术创新、技术引进与经济增长方式转变 [J]. 经济研究, 2014, 49 (7): 31-43.

[122] 陶长琪, 彭永樟. 从要素驱动到创新驱动: 制度质量视角下的经济增长动力转换与路径选择 [J]. 数量经济技术经济研究, 2018, 35 (7): 3-21.

[123] 陶长琪, 徐茉. 经济高质量发展视阈下中国创新要素配置水平的测度 [J]. 数量经济技术经济研究, 2021, 38 (3): 3-22.

[124] 陶晓丽, 王海芸, 黄露, 等. 高端创新要素市场化配置模式研究 [J]. 中国科技论坛, 2017 (5): 5-11.

[125] 田侃, 倪红福, 李罗伟. 中国无形资产测算及其作用分析 [J]. 中国工业经济, 2016 (3): 5-19.

[126] 宛群超, 袁凌. 创新要素流动与高技术产业创新能力 [J]. 科研管理, 2021, 42 (12): 80-87.

[127] 汪同三. 深入理解我国经济转向高质量发展 [J]. 共产党人, 2018 (13): 12-14.

[128] 王蓓, 陆大道. 科技资源空间配置研究进展 [J]. 经济地理, 2011, 31 (5): 712-718.

[129] 王达. 美国互联网金融的发展及其影响 [J]. 世界经济研究, 2014 (12): 41-46, 85.

[130] 王恩旭, 武春友. 基于超效率 DEA 模型的中国省际生态效率时空差异研究 [J]. 管理学报, 2011, 8 (3): 443-450.

[131] 王积业. 关于提高经济增长质量的宏观思考 [J]. 宏观经济研究, 2000 (1): 11-17.

[132] 王家庭, 李艳旭, 马洪福, 等. 中国制造业劳动生产率增长动能转

换：资本驱动还是技术驱动［J］. 中国工业经济, 2019（5）: 99-117.

［133］王群伟, 周鹏, 周德群. 生产技术异质性、二氧化碳排放与绩效损失——基于共同前沿的国际比较［J］. 科研管理, 2014, 35（10）: 41-48.

［134］王文静, 高敏雪. 中国产学合作模式下的知识存量研究［J］. 数量经济技术经济研究, 2019, 36（4）: 139-154.

［135］王欣亮, 刘飞. 创新要素空间配置促进产业结构升级路径研究［J］. 经济体制改革, 2018（6）: 51-56.

［136］王亚菲, 王春云. 中国行业层面研究与试验发展资本存量核算［J］. 数量经济技术经济研究, 20 18, 35（1）: 94-110.

［137］王一鸣. 大力推动我国经济高质量发展［J］. 人民论坛, 2018,（9）: 32-34.

［138］王钺, 刘秉镰. 创新要素的流动为何如此重要？——基于全要素生产率的视角［J］. 中国软科学, 2017（8）: 91-101.

［139］魏敏, 李书昊. 新时代中国经济高质量发展水平的测度研究［J］. 数量经济技术经济研究, 2018, 35（11）: 3-20.

［140］魏秀梅, 潘爱玲. 供给侧改革背景下技术资本优化配置与对策创新［J］. 经济问题, 2017（3）: 74-79.

［141］魏亚平, 贾志慧. 创新型城市创新驱动要素评价研究［J］. 科技管理研究, 2014, 34（19）: 1-5, 20.

［142］武义青. 基于线性函数的生产率测定方法［J］. 数量经济技术经济研究, 1995（6）: 21, 55-58.

［143］肖攀, 李连友, 唐李伟, 等. 中国城市环境全要素生产率及其影响因素分析［J］. 管理学报, 2013, 10（11）: 1681-1689.

［144］肖仁桥, 陈忠卫, 钱丽. 异质性技术视角下中国高技术制造业创新效率研究［J］. 管理科学, 2018, 31（1）: 48-68.

［145］谢伏瞻. 新中国 70 年经济与经济学发展［J］. 中国社会科学, 2019（10）: 5-22, 204-205.

［146］谢康, 夏正豪, 肖静华. 大数据成为现实生产要素的企业实现机制: 产品创新视角［J］. 中国工业经济, 2020（5）: 42-60.

［147］谢康, 肖静华, 周先波, 等. 中国工业化与信息化融合质量: 理论与实证［J］. 经济研究, 2012, 47（1）: 4-16, 30.

［148］谢平，邹传伟．互联网金融模式研究［J］．金融研究，2012（12）：11-22.

［149］徐林明，李美娟，欧忠辉，等．基于虚拟最劣解 TOPSIS 和灰关联度的动态评价方法［J］．系统科学与数学，2019，39（3）：365-377.

［150］徐晔，赵金凤．中国创新要素配置与经济高质量耦合发展的测度［J］．数量经济技术经济研究，2021，38（10）：46-64.

［151］徐振宇．社会网络分析在经济学领域的应用进展［J］．经济学动态，2013（10）：61-72.

［152］许宪春，张钟文，胡亚茹．数据资产统计与核算问题研究［J］．管理世界，2022，38（2）：2，16-30.

［153］许秀梅．技术资本、人力资本如何提升公司绩效？——来自大样本的多视角分析［J］．科研管理，2017，38（5）：64-76.

［154］亚当·斯密．国民财富的性质和原因的研究［M］．杨敬年，译．西安：陕西人民出版社，2001.

［155］闫雪凌，朱博楷，马超．工业机器人使用与制造业就业：来自中国的证据［J］．统计研究，2020，37（1）：74-87.

［156］杨恺钧，刘健露，毛博伟．大气污染下中国工业全要素能源效率研究［J］．软科学，2018，32（6）：49-52，77.

［157］杨汝岱，陈斌开，朱诗娥．基于社会网络视角的农户民间借贷需求行为研究［J］．经济研究，2011，46（11）：116-129.

［158］杨先明，田永晓，马娜．环境约束下中国地区能源全要素效率及其影响因素［J］．中国人口·资源与环境，2016，26（12）：147-156.

［159］杨耀武，张平．中国经济高质量发展的逻辑、测度与治理［J］．经济研究，2021，56（1）：26-42.

［160］于洋，朱建平，郭华生．新战略背景下城市经济发展状况测度研究——基于融合社会网络的实证分析［J］．统计研究，2021，38（3）：30-43.

［161］余泳泽，刘大勇．创新要素集聚与科技创新的空间外溢效应［J］．科研管理，2013，34（1）：46-54.

［162］余泳泽．创新要素集聚、政府支持与科技创新效率——基于省域数据的空间面板计量分析［J］．经济评论，2011（2）：93-101.

［163］俞安军，韩士专，张顺超．利用 C-D 函数测算中国经济增长的质量

及方式［J］. 统计与决策，2007（24）：48-49.

［164］原毅军，谢荣辉. FDI、环境规制与中国工业绿色全要素生产率增长——基于 Luenberger 指数的实证研究［J］. 国际贸易问题，2015（8）：84-93.

［165］曾五一，赵昱焜. 关于中国总固定资本存量数据的重新估算［J］. 厦门大学学报（哲学社会科学版），2019（2）：49-59.

［166］张萃. 外来人力资本、文化多样性与中国城市创新［J］. 世界经济，2019，42（11）：172-192.

［167］张杰. 中国制造业要素配置效率的测算、变化机制与政府干预效应［J］. 统计研究，2016，33（3）：72-79.

［168］张军扩，侯永志，刘培林，等. 高质量发展的目标要求和战略路径［J］. 管理世界，2019，35（7）：1-7.

［169］张竣喃，逯进，周惠民. 技术创新、产业结构与金融发展的耦合效应研究——基于中国省域数据的实证分析［J］. 管理评论，2020，32（11）：112-127.

［170］张琼，张钟文. 我国人力资本变迁 70 年：人口转型与教育提升的双重视角［J］. 统计研究，2021，38（11）：47-59.

［171］张新杰. 中国区域经济发展与制度创新的实证研究［J］. 经济理论与经济管理，2009（1）：35-38.

［172］张延平，李明生. 我国区域人才结构优化与产业结构升级的协调适配度评价研究［J］. 中国软科学，2011（3）：177-192.

［173］张怡康. 建立经济高质量发展体系初探［J］. 统计与管理，2018（4）：126-128.

［174］张玉喜，张倩. 区域科技金融生态系统的动态综合评价［J］. 科学学研究，2018，36（11）：1963-1974.

［175］张战仁. 中国创新发展的区域关联及空间溢出效应研究——基于中国经济创新转型视角的实证分析［J］. 科学学研究，2013，31（9）：1391-1398.

［176］张之光，蔡建峰. 信息技术资本、替代性与中国经济增长——基于局部调整模型的分析［J］. 数量经济技术经济研究，2012，29（9）：71-81，150.

［177］张子珍，杜甜，于佳伟. 科技资源配置效率影响因素测度及其优化分析［J］. 经济问题，2020，（8）：20-27.

［178］赵春雨，王平，安树伟. 生产率增长、要素重置与中国经济增长质量

研究文献述评［J］．经济问题探索，2012（11）：155-160.

［179］赵增耀，周晶晶，沈能．金融发展与区域创新效率影响的实证研究——基于开放度的中介效应［J］．科学学研究，2016，34（9）：1408-1416.

［180］郑江淮，荆晶．技术差距与中国工业技术进步方向的变迁［J］．经济研究，2021，56（7）：24-40.

［181］郑世林，杨梦俊．中国省际无形资本存量估算：2000—2016年［J］．管理世界，2020，36（9）：67-82，110.

［182］郑世林，张美晨．科技进步对中国经济增长的贡献率估计：1990—2017年［J］．世界经济，2019，42（10）：73-97.

［183］郑万腾，赵红岩，范宏．数字金融发展对区域创新的激励效应研究［J］．科研管理，2021，42（4）：138-146.

［184］周文韬，杨汝岱，侯新烁．高铁网络、区位优势与区域创新［J］．经济评论，2021（4）：75-95.

［185］周璇，陶长琪．要素空间集聚、制度质量对全要素生产率的影响研究［J］．系统工程理论与实践，2019，39（4）：1051-1066.

［186］周游，吴钢．新中国地方财政支出的空间关联及其解释——基于复杂网络分析方法［J］．统计研究，2021，38（1）：79-91.

［187］周云波，武鹏，余泳泽．中国区域农村人力资本的估算及其时空特征［J］．中国人口·资源与环境，2010，20（9）：165-170.

［188］朱平芳，徐伟民．政府的科技激励政策对大中型工业企业R&D投入及其专利产出的影响——上海市的实证研究［J］．经济研究，2003（6）：45-53，94.

［189］朱子云．中国经济增长质量的变动趋势与提升动能分析［J］．数量经济技术经济研究，2019，36（5）：23-43.

［190］卓乘风，邓峰．创新要素流动与区域创新绩效——空间视角下政府调节作用的非线性检验［J］．科学学与科学技术管理，2017，38（7）：15-26.

［191］邹薇，袁飞兰．劳动收入份额、总需求与劳动生产率［J］．中国工业经济，2018（2）：5-23.

［192］左鹏飞，姜奇平，陈静．互联网发展、城镇化与我国产业结构转型升级［J］．数量经济技术经济研究，2020，37（7）：71-91.

［193］Acemoglu D，Johnson S，Robinson J A．Reversal of Fortune：Geography and Institutions in the Making of the Modern World Income Distribution [J]. Quarterly Journal of Economics, 2002, 117 (4): 1231-1294.

[194] Acemoglu D. Labor and Capital Augmenting Technical Change [J]. Journal of the European Economic Association, 2003, 1 (1): 1-37.

[195] Aghion P, Howitt P. Capital, Innovation, and Growth Accounting [J]. Oxford Review of Economic Policy, 2007, 23 (1): 79-93.

[196] Agrawal A, Gans J S, Goldfarb A. Prediction, Judgment, and Complexity: A Theory of Decision Mking and Artificial Intelligence [R]. Rotman School of Management Working Paper, 2018.

[197] Almeida P, Kogut B. Localization of Knowledge and the Mobility of Engineers in Regional Networks [J]. Management Science, 1999, 45 (7): 905-917.

[198] Anderson N, West M A. The Team Climate Inventory: Development of the Tci and Its Applications in Teambuilding for Innovativeness [J]. European Journal of Work and Organizational Psychology, 1996, 5 (1): 53-66.

[199] Antras P, Helpman E. Global sourcing [J]. Journal of Political Economy, 2004, 112 (3): 552-580.

[200] Arrow K J. The Economic Implication of Learning by Doing [J]. Review of Economics and Statistics, 1962, 29 (3): 155-173.

[201] Battese G E, Rao P D S, O'Donnell C J. A Meta-frontier Production Function for Estimation of Technical Efficiencies and Technology Gaps for Firms Operating under Different Technologies [J]. Journal of Productivity Analysis, 2004, 21 (1): 91-103.

[202] Becker G. Human Capital, 2nd Edition [M]. New York: Columbia University Press, 1964.

[203] Bergemann D, Bonatti A. The Economics of Social Data: An Introduction [R]. Cowles Foundation Discussion Paper, 2019: 2171.

[204] Berger A N, Udell G F. The Economics of Small Business Finance: The Role of Private Equity and Debt Market in the Financial Growth Ccle [J]. Journal of Banking and Finance, 2010 (22): 613-667.

[205] Bernard A B, Moxnes A, Saito Y U. Production Networks, Geography, and Firm Performance [J]. Journal of Political Economy, 2019, 127 (2):

639-688.

[206] Bessarabov A M, Kulov N N, Kvasyuk A V. Systems Analysis of Innovation Resources in Industrial Chemical Science (1990—2010) [J]. Theoretical Foundations of Chemical Engineering, 2012, 46 (6): 609-617.

[207] Blazek J. Regional Innovation Systems and Global Production Networks: Two Views on the Source of Competitiveness in the Present-day World? [J]. Geografie, 2012, 117 (2): 209-233.

[208] Brandt L, Biesebroeck J V, Zhang Y. Creative Accounting or Creative Destruction? Firm-level Productivity Growth in Chinese Manufacturing [J]. Journal of Development Economics, 2012, 97 (2): 339-351.

[209] Breiman L. Random forest [J]. Machine Learning, 2001, 45 (1): 5-32.

[210] Caselli F, Ciccone A. The Human Capital Stock: A Generalized Approach: Comment [J]. American Economic Review, 2019, 109 (3): 1155-1174.

[211] Cassar A, Nicolini R. Spillovers and Growth in a Local Interaction Model [J]. Annals of Regional Science, 2008, 42 (2): 291-306.

[212] Chadefaux T. Early Warning Signals for War in the News [J]. Journal of Peace Research, 2014, 51 (1): 5-18.

[213] Chung Y, Fare R. Productivity and Undesirable Outputs: A Directional Distance Function Approach [J]. Microeconomics, 1997, 51 (3): 229-240.

[214] Ciccone A. Agglomeration effects in Europe [J]. Social Science Electronic Publishing, 2000, 46 (2): 213-227.

[215] Clayton T, Dal B M, Haskel J. An Innovation Index Based on Knowledge Capital Investment: Definition and Results for the UK Market Sector [R]. CEPR Discussion Papers, 2009: 4021.

[216] Cobb C W, Douglas P H. A Theory of Production [J]. American Economic Review, 1928 (18): 139-165.

[217] Cong L W, Xie D, Zhang L. Knowledge Accumulation, Privacy, and Growth in a Data Economy [J]. Management Science, 2021, 67 (10): 6480-6492.

[218] Cooper W W, Seiford L M, Tone K. Data Envelopment Analysis: A Comprehensive Text with Models, Applications, References and DEA-Solver Software

[M]. Dordrecht: Kluwer Academic Publishers, 2007.

[219] Corrado C, Hulten C, Sichel D. Intangible Capital and US Economic Growth [J]. Review of Income and Wealth, 2009, 55 (3): 661-685.

[220] Corrado C, Hulten C, Sichel D. Measuring Capital and Technology: An Expanded Framework [J]. Social Science Electronic Publishing, 2005, 45: 11-46.

[221] Crepon B, Duguet E. Research and Development, Competition and Innovation Pseudo-maximum Likelihood and Simulated Maximum Likelihood Methods Applied to Count Data Models with Heterogeneity [J]. Journal of Econometrics, 1997, 79 (2): 355-378.

[222] Dagum C. A New Approach to the Decomposition of the Gini Income Inequality Ratio [J]. Empirical Economics, 1997, 22 (4): 515-531.

[223] Denison E F, Institution B. Accounting for United States Economic Growth, 1929—1969 [M]. Washington, D. C.: Brookings Institution, 1974.

[224] Denison E F. The Sources of Economic Growth in the US and the Alternatives before US [J]. Committee for Economic Development, 1962, 72 (288): 545-552.

[225] Diebolt C, Hippe R. The Long-run Impact of Human Capital on Innovation and Economic Development in the Regions of Europe [J]. Applied Economics, 2019, 51 (4): 542-563.

[226] Duarte M, Restuccia D. The Role of the Structural Transformation in Aggregate Productivity [J]. Quarterly Journal of Economics, 2010, 125 (1): 129-173.

[227] Elhorst J P. Spatial Econometrics: From Cross-sectional Data to Spatial Panels [M]. Berlin: Spring, 2014.

[228] Ertur C, Koch W. Growth, Technological Interdependence and Spatial Externalities: Theory and Evidence [J]. Journal of Applied Econometrics, 2007, 22 (6): 1033-1062.

[229] Eswaran M, Kotwal A. The Role of the Service Sector in the Process of Industrialization [J]. Journal of Development Economics, 2002, 68 (2): 401-420.

[230] Fafchamps M, Minten B. Social Capital and Agricultural Trade [J]. American Journal of Agricultural Economics, 2001, 83 (3): 680-685.

[231] Fall F S, Akim A M, Wassongma H. DEA and SFA Research on the Efficiency of Microfinance Institutions: A Meta-analysis [J]. World Development, 2018, 107 (7): 176-188.

[232] Farboodi M, Veldkamp L. A Growth Model of the Data Economy [R]. NBER Working Papers, 2021: 28427.

[233] Florez R E, Blind K. Data Portability Effects on Data-driven Innovation of Online Platforms: Analyzing Spotify [J]. Telecommunications Policy, 2020, 44 (9): 102-126.

[234] Freeman L C. The Development of Social Network Analysis [M]. Vancouver: Empirical Press, 2004.

[235] Ghasemaghaei M, Calic G. Assessing the Impact of Big Data on Firm Innovation Performance: Big Data is not always Better Cata [J]. Journal of Business Research, 2020, 108 (1): 147-162.

[236] Goldfarb A, Tucker C. Digital Economics [J]. Journal of Economic Literature, 2019, 57 (1): 3-43.

[237] Gopinath M, Pick D, Li Y. An Empirical Analysis of Productivity Growth and Industrial Concentration in US Manufacturing [J]. Applied Economics, 2004, 36 (1): 1-7.

[238] Gordon R J. Why has Economic Growth Slowed when Innovation Appears to be Accelerating? [R]. NBER Working Paper, 2018: 24554.

[239] Granstrand O, Holgersson M. Innovation Ecosystems: A Conceptual Review and a New Definition [J]. Technovation, 2020 (90): 102098.

[240] Hall A. Projecting Regional Change [J]. Science, 2014, 346 (6216): 1461-1462.

[241] Hashimoto A, Haneda S. Measuring the Change in R&D Efficiency of the Japanese Pharmaceutical Industry [J]. Research Policy, 2008, 37 (10): 1829-1836.

[242] Heimans J, Timms H. Understanding "New Power" [J]. Harvard Business Review, 2014, 92 (12): 48-56.

[243] Honma S, Hu J L. Total-factor Energy Efficiency of Regions in Japan [J]. Energy Policy, 2008, 36 (2): 821-833.

［244］Hottenrott H, Peters B. Innovative Capability and Financing Constraints for Innovation: More Money, More Innovation? ［J］. Review of Economics and Statistics, 2012, 94 (4): 1126-1142.

［245］Hsieh C, Klenow P. Misallocation and Manufacturing TFP in China and India ［J］. Quarterly Journal of Economics, 2009, 124 (4): 1403-1448.

［246］Hu J, Lio M, Yeh F, et al. Environment-adjusted Regional Energy Efficiency in Taiwan ［J］. Applied Energy, 2011, 88 (8): 2893-2899.

［247］Hu J, Wang S. Total-factor Energy Efficiency of Regions in China ［J］. Energy Policy, 2006, 34 (17): 3206-3217.

［248］Hulten C R. On the "importance" of Productivity Change ［J］. The American Economic Review, 1979, 69 (1): 126-136.

［249］Innocenti N, Capone F, Lazzeretti L. Knowledge Networks and Industrial Structure for Regional Innovation: An Analysis of Patents Collaborations in Italy ［J］. Papers in Regional Science, 2020, 99 (1): 55-72.

［250］Jones C I, Tonetti C. Nonrivalry and the economics of data ［J］. American Economic Review, 2020, 110 (9): 2819-2858.

［251］Kaasa A. Culture as a Possible Factor of Innovation: Evidence from the European Union and Neighbouring Countries ［M］. Wiesbaden: Springer, 2013.

［252］Kamps C. New Estimates of Government Net Capital Stocks for 22 OECD Countries, 1960—2001 ［J］. IMF Staff Papers, 2006, 53 (1): 120-150.

［253］Keller W. Geographic Localization of International Technology Diffusion ［J］. The American Economic Review, 2002, 92 (1): 120-142.

［254］Kendrick J W. The Formation and Stocks of Total Capital ［J］. The Journal of Finance, 1976, 33 (2): 685-687.

［255］Krugman P. The Myth of Asia's Miracle ［J］. Foreign Affairs, 1994, 73 (6): 62-78.

［256］Li H, LiangY, Fraumeni B M, et al. Human Capital in China, 1985—2008 ［J］. Review of Income and Wealth, 2013, 59 (2): 212-234.

［257］Liu C, Gao X, Ma W, et al. Research on Regional Differences and Influencing Factors of Green Technology Innovation Efficiency of China's High-tech Industry ［J］. Journal of Computational and Applied Mathematics, 2020, 369 (1): 112597.

［258］ Liu Y, Shen J F. Spatial Patterns and Determinants of Skilled Internal Migration in China, 2000—2005 ［J］. Papers in Regional Science, 2014, 93 （4）: 749-771.

［259］ Lucas R E. On the Mechanics of Economic Development ［J］. Journal of Monetary Economics, 1988, 22 （1）: 3-42.

［260］ Maggioni M A, Uberti T E. Inter-regional Knowledge Flows in Europe: An Econometric Analysis ［M］. Cheltenham: Applied Evolutionary Economics and Economic Geography, 2007.

［261］ Mankiw G N, Romer D, Weil D N. A Contribution to the Empirics of Economic Growth ［J］. The Quarterly Journal of Economics, 1992, 107 （2）: 407-437.

［262］ Marshall A. Principles of Economics ［M］. London: Macmillan, 1890.

［263］ Mcgrattan E R, Prescott E C. Openness, Technology Capital, and Development ［J］. Journal of Economic Theory, 2009, 144 （6）: 2454-2476.

［264］ Mehrara M, Fazaeli A A, Fazaeli A R. The Relationship between Health Expenditures and Economic Growth in Middle East & North ［J］. International Journal of Business Management & Economic Research, 2012, 3 （1）: 425-428.

［265］ Müller O, Fay M, Vom B J. The Effect of Big Data and Analytics on Firm Performance: An Econometric Analysis Considering Industry Characteristics ［J］. Journal of Management Information Systems, 2018, 35 （2）: 488-509.

［266］ OECD. The Well-being of Nations: The Role of Human and Social Capital ［M］. Paris: Centre for Educational Research and Innovation, 2001.

［267］ O'Donnell C J, Rao P D S, Battese G E. Metafrontier Frameworks for the Study of Firm-level Efficiencies and Technology Ratios ［J］. Empirical Economics, 2008, 34 （2）: 231-255.

［268］ Pastor J T, Lovell K C A. A Global Malmquist Productivity Index ［J］. Economics Letters, 2005, 88 （2）: 266-271.

［269］ Porter M E. America's Green Strategy ［J］. Scientific American, 1991, 264 （4）: 193-246.

［270］ Quah D. Galton's Fallacy and Tests of the Convergence Hypothesis ［J］. Scandinavian Journal of Economics, 1993, 95 （4）: 427-443.

［271］ Rees A. Information Networks in Labor Markets ［J］. American Economic Review, 1966, 56 (1/2): 559-566.

[272] Restuccia D, Rogerson R. Special Issue: Misallocation and Productivity [J]. Review of Economic Dynamics, 2013, 41 (9): 302-316.

[273] Romer P M. Endogenous Technological Change [J]. Journal of Political Economy, 1990, 98 (5): 71-102.

[274] Romer P. M. Increasing Returns and Long-run Growth [J]. Journal of Political Economy, 1986, 94 (5): 1002-1037.

[275] Schultz T. Investment in Human Capital [J]. American Economic Review, 1961, 51 (1): 1-17.

[276] Schumpeter J A. Theory of Economic Development [M]. Cambridge: Harvard University Press, 1934.

[277] Sharma S, Thomas V J. Inter-country R&D Efficiency Analysis: An Application of Data Envelopment Analysis [J]. Scientometrics, 2008, 76 (3): 483-501.

[278] Solow R M. A Contribution to the Theory of Economic Growth [J]. The Quarterly Journal of Economics, 1956, 70 (1): 65-94.

[279] Solow R M. Technical Change and the Aggregate Production function [J]. Review of Economics and Statistics, 1957, 39 (3): 312-320.

[280] Spelta A, Araújo T. The Topology of Cross-Border Exposures: Beyond the Minimal Spanning Tree Approach [J]. Physica A, 2012, 391 (22): 5572-5583.

[281] Tansley A G. The Use and Abuse of Vegetation Concepts and Terms [J]. Ecology, 1935, 16 (3): 284-307.

[282] Tone K, Tsutsui M. An Epsilon-based Measure of Efficiency in DEA-A third Pole of Technical Efficiency [J]. European Journal of Operational Research, 2010, 207 (3): 1554-1563.

[283] Tone K. A Slacks-based Measure of Efficiency in Data Envelopment Analysis [J]. European Journal of Operational Research, 2001, 130 (3): 498-509.

[284] Trevor H, Robert T, Jerome F. The Elements of Statistical Learning: Data Mining, Inference and Prediction (Second Edition) [M]. Berlin: Springer, 2016.

[285] Uzawa H. Optimum Technical Change in an Aggregative Model of Economic Growth [J]. International Economic Review, 1965, 6 (1): 18-31.

［286］ Veldkamp L. Data and the Aggregate Economy ［C］. Annual Meeting Plenary, Society for Economic Dynamics, 2019.

［287］ Venables A J. Equilibrium Locations of Vertically Linked Industries ［J］. International Economic Review, 1996, 37 (2): 341-359.

［288］ Vezzoso S. Competition Policy in Transition: Exploring Data Portability's Roles ［J］. Journal of European Competition Law & Practice, 2021, 12 (5): 357-369.

［289］ Wang J, Yang L. Does Factor Endowment Allocation Improve Technological Innovation Performance? An Empirical Study on the Yangtze River Delta Region ［J］. Science of The Total Environment, 2020 (716): 137107.

［290］ Wendy L, Makoto N, Kazufumi Y. Value of Data: There's no such Thing as a Free Lunch in the Digital Economy ［R］. Research Institute of Economy, Trade and Industry, https: //EconPapers. repec. org/RePEc: eti: dpaper: 19022, 2019.

［291］ Young A. Gold into Base Metals, Productivity Growth in the People's Republic of China during the Reform Period ［J］. Journal of Political Economy, 2003, 111 (6): 1220-1261.

［292］ Zamanian G R, Shahabinejad V, Yaghoubi M. Application of DEA and SFA on the Measurement of Agricultural Technical Efficiency in MENA Countries ［J］. International Journal of Applied Operational Research, 2013, 3 (2): 43-51.

附　录

附表 1　2009~2019 年人力创新要素与经济高质量发展耦合度

省份	2009 年	2010 年	2011 年	2012 年	2013 年	2014 年	2015 年	2016 年	2017 年	2018 年	2019 年
北京	0.7362	0.7450	0.7491	0.7542	0.7613	0.7711	0.7716	0.7804	0.7913	0.7921	0.8121
天津	0.6481	0.6509	0.6529	0.6597	0.6681	0.6735	0.6815	0.6804	0.6764	0.6748	0.6814
河北	0.6546	0.6614	0.6636	0.6699	0.6756	0.6809	0.6877	0.6985	0.7057	0.7135	0.7205
山西	0.6221	0.6263	0.6263	0.6332	0.6371	0.6382	0.6437	0.6587	0.6628	0.6694	0.6705
内蒙古	0.5944	0.5960	0.5988	0.6041	0.6130	0.6174	0.6208	0.6376	0.6483	0.6514	0.6527
辽宁	0.6730	0.6796	0.6797	0.6861	0.6951	0.6969	0.6868	0.6962	0.6997	0.6984	0.6999
吉林	0.6415	0.6416	0.6393	0.6405	0.6385	0.6467	0.6503	0.6604	0.6608	0.6648	0.6742
黑龙江	0.6486	0.6507	0.6519	0.6579	0.6635	0.6687	0.6712	0.6763	0.6805	0.6857	0.6849
上海	0.6936	0.7029	0.7058	0.7085	0.7139	0.7203	0.7227	0.7324	0.7385	0.7414	0.7566
江苏	0.7036	0.7170	0.7286	0.7460	0.7605	0.7811	0.7915	0.8108	0.8199	0.8272	0.8469
浙江	0.6815	0.6918	0.6993	0.7087	0.7237	0.7333	0.7492	0.7631	0.7695	0.7793	0.7939
安徽	0.6536	0.6621	0.6619	0.6697	0.6775	0.6896	0.6945	0.7050	0.7154	0.7218	0.7322
福建	0.6452	0.6500	0.6551	0.6604	0.6664	0.6908	0.6758	0.6814	0.6871	0.6920	0.6991
江西	0.6385	0.6428	0.6450	0.6524	0.6570	0.6614	0.6694	0.6778	0.6870	0.6951	0.7077
山东	0.6975	0.7077	0.7154	0.7279	0.7399	0.7473	0.7535	0.7662	0.7762	0.7776	0.7784
河南	0.6665	0.6739	0.6793	0.6878	0.6991	0.7041	0.7135	0.7261	0.7348	0.7425	0.7483
湖北	0.6593	0.6645	0.6682	0.6757	0.6859	0.6954	0.7047	0.7165	0.7229	0.7295	0.7392
湖南	0.6615	0.6682	0.6727	0.6805	0.6883	0.6968	0.7088	0.7197	0.7256	0.7285	0.7392
广东	0.7094	0.7233	0.7342	0.7445	0.7538	0.7650	0.7778	0.7993	0.8177	0.8618	0.8812
广西	0.6250	0.6287	0.6402	0.6429	0.6481	0.6516	0.6579	0.6675	0.6738	0.6778	0.6838
海南	0.6022	0.6057	0.6053	0.6062	0.6087	0.6109	0.6129	0.6157	0.6171	0.6165	0.6205
重庆	0.6146	0.6266	0.6375	0.6342	0.6428	0.6530	0.6627	0.6745	0.6792	0.6817	0.6877
四川	0.6683	0.6750	0.6840	0.6927	0.6999	0.7068	0.7145	0.7239	0.7316	0.7362	0.7410
贵州	0.5422	0.5530	0.5649	0.5786	0.5906	0.6050	0.6179	0.6428	0.6474	0.6552	0.6638

续表

省份	2009 年	2010 年	2011 年	2012 年	2013 年	2014 年	2015 年	2016 年	2017 年	2018 年	2019 年
云南	0.6184	0.6234	0.6243	0.6318	0.6373	0.6440	0.6490	0.6553	0.6672	0.6720	0.6783
陕西	0.6350	0.6419	0.6433	0.6272	0.6350	0.6412	0.6482	0.6653	0.6733	0.6807	0.6938
甘肃	0.5929	0.5944	0.5939	0.6006	0.6042	0.6072	0.6105	0.6312	0.6337	0.6383	0.6451
青海	0.5774	0.5786	0.5778	0.5805	0.5826	0.5840	0.5870	0.5981	0.6014	0.6054	0.6074
宁夏	0.5734	0.5772	0.5582	0.5615	0.5668	0.5710	0.5758	0.5871	0.5960	0.6019	0.6029
新疆	0.6094	0.6143	0.6117	0.6152	0.6205	0.6221	0.6271	0.6387	0.6411	0.6471	0.6520

附表 2　2009~2019 年资本创新要素与经济高质量发展耦合度

省份	2009 年	2010 年	2011 年	2012 年	2013 年	2014 年	2015 年	2016 年	2017 年	2018 年	2019 年
北京	0.7270	0.7383	0.7526	0.7627	0.7761	0.7932	0.7996	0.8162	0.8347	0.8404	0.8681
天津	0.6623	0.6680	0.6750	0.6874	0.7050	0.7178	0.7277	0.7294	0.7226	0.7171	0.7221
河北	0.6083	0.6106	0.6118	0.6151	0.6174	0.6197	0.6228	0.6296	0.6333	0.6379	0.6436
山西	0.5879	0.5901	0.5912	0.5962	0.6003	0.6021	0.6050	0.6147	0.6170	0.6204	0.6218
内蒙古	0.5767	0.5777	0.5795	0.5828	0.5890	0.5919	0.5934	0.6056	0.6126	0.6144	0.6153
辽宁	0.6488	0.6534	0.6572	0.6646	0.6742	0.6775	0.6704	0.6771	0.6801	0.6857	0.6897
吉林	0.6173	0.6157	0.6147	0.6167	0.6146	0.6185	0.6205	0.6272	0.6273	0.6278	0.6356
黑龙江	0.6191	0.6206	0.6241	0.6287	0.6355	0.6418	0.6461	0.6549	0.6576	0.6626	0.6632
上海	0.7057	0.7163	0.7252	0.7311	0.7395	0.7509	0.7556	0.7710	0.7823	0.7855	0.8022
江苏	0.6828	0.6938	0.7069	0.7236	0.7391	0.7596	0.7749	0.7969	0.8084	0.8143	0.8307
浙江	0.6596	0.6683	0.6772	0.6862	0.6991	0.7085	0.7219	0.7348	0.7420	0.7536	0.7715
安徽	0.6219	0.6252	0.6274	0.6326	0.6386	0.6457	0.6510	0.6614	0.6698	0.6756	0.6864
福建	0.6166	0.6197	0.6234	0.6265	0.6296	0.6327	0.6367	0.6434	0.6503	0.6573	0.6667
江西	0.6121	0.6142	0.6157	0.6185	0.6210	0.6238	0.6275	0.6330	0.6388	0.6450	0.6555
山东	0.6281	0.6337	0.6396	0.6475	0.6567	0.6632	0.6702	0.6786	0.6870	0.6903	0.6961
河南	0.6078	0.6115	0.6151	0.6198	0.6256	0.6284	0.6332	0.6412	0.6481	0.6532	0.6614
湖北	0.6304	0.6350	0.6389	0.6438	0.6512	0.6586	0.6657	0.6752	0.6828	0.6898	0.7056
湖南	0.6252	0.6282	0.6315	0.6354	0.6389	0.6419	0.6464	0.6518	0.6544	0.6577	0.6699
广东	0.6684	0.6796	0.6916	0.7022	0.7152	0.7281	0.7451	0.7711	0.7934	0.8369	0.8586
广西	0.5948	0.5948	0.6030	0.6040	0.6063	0.6077	0.6100	0.6154	0.6188	0.6202	0.6222
海南	0.6066	0.6083	0.6081	0.6086	0.6104	0.6109	0.6126	0.6146	0.6150	0.6129	0.6156
重庆	0.6226	0.6327	0.6403	0.6335	0.6378	0.6423	0.6472	0.6564	0.6619	0.6640	0.6703

省份	2009 年	2010 年	2011 年	2012 年	2013 年	2014 年	2015 年	2016 年	2017 年	2018 年	2019 年
四川	0.6447	0.6483	0.6573	0.6605	0.6663	0.6705	0.6752	0.6819	0.6866	0.6891	0.6945
贵州	0.5325	0.5411	0.5508	0.5601	0.5672	0.5767	0.5860	0.6039	0.6063	0.6120	0.6175
云南	0.5946	0.5954	0.5951	0.5990	0.6012	0.6039	0.6058	0.6085	0.6138	0.6165	0.6186
陕西	0.6123	0.6177	0.6208	0.6064	0.6123	0.6188	0.6248	0.6370	0.6417	0.6481	0.6613
甘肃	0.5794	0.5792	0.5787	0.5834	0.5855	0.5867	0.5887	0.6049	0.6056	0.6077	0.6114
青海	0.5839	0.5840	0.5829	0.5849	0.5865	0.5872	0.5894	0.6002	0.6019	0.6050	0.6063
宁夏	0.5785	0.5814	0.5620	0.5650	0.5699	0.5731	0.5783	0.5890	0.5970	0.6031	0.6047
新疆	0.5862	0.5890	0.5860	0.5882	0.5921	0.5924	0.5957	0.6039	0.6049	0.6083	0.6107

附表 3　2009~2019 年技术创新要素与经济高质量发展耦合度

省份	2009 年	2010 年	2011 年	2012 年	2013 年	2014 年	2015 年	2016 年	2017 年	2018 年	2019 年
北京	0.7276	0.7449	0.7586	0.7606	0.7695	0.7751	0.7794	0.7890	0.8048	0.8055	0.8268
天津	0.6851	0.6980	0.6986	0.7085	0.7206	0.7246	0.7226	0.7156	0.7043	0.6991	0.6964
河北	0.6044	0.6068	0.6080	0.6114	0.6164	0.6209	0.6254	0.6359	0.6421	0.6459	0.6467
山西	0.5827	0.5859	0.5861	0.5897	0.5946	0.5983	0.6020	0.6143	0.6189	0.6235	0.6237
内蒙古	0.5701	0.5717	0.5746	0.5778	0.5849	0.5889	0.5913	0.6058	0.6141	0.6165	0.6159
辽宁	0.6655	0.6744	0.6670	0.6646	0.6666	0.6667	0.6568	0.6606	0.6613	0.6634	0.6613
吉林	0.6260	0.6266	0.6238	0.6239	0.6233	0.6264	0.6281	0.6380	0.6365	0.6368	0.6408
黑龙江	0.6060	0.6080	0.6105	0.6143	0.6180	0.6220	0.6242	0.6301	0.6333	0.6407	0.6409
上海	0.7474	0.7711	0.7785	0.7804	0.7911	0.7995	0.7977	0.8098	0.8177	0.8170	0.8300
江苏	0.7387	0.7591	0.7719	0.7931	0.8025	0.8126	0.8246	0.8375	0.8388	0.8372	0.8407
浙江	0.6802	0.6935	0.6945	0.6966	0.7163	0.7208	0.7324	0.7440	0.7526	0.7639	0.7711
安徽	0.6190	0.6248	0.6253	0.6280	0.6335	0.6394	0.6486	0.6598	0.6641	0.6695	0.6729
福建	0.6507	0.6581	0.6543	0.6509	0.6552	0.6556	0.6562	0.6732	0.6822	0.6871	0.6874
江西	0.6040	0.6066	0.6083	0.6112	0.6158	0.6198	0.6239	0.6305	0.6374	0.6433	0.6474
山东	0.6517	0.6632	0.6635	0.6672	0.6755	0.6811	0.6887	0.6993	0.7076	0.7103	0.7098
河南	0.6187	0.6228	0.6237	0.6240	0.6289	0.6320	0.6375	0.6469	0.6555	0.6588	0.6564
湖北	0.6209	0.6242	0.6287	0.6340	0.6409	0.6486	0.6557	0.6674	0.6754	0.6827	0.6876
湖南	0.6180	0.6225	0.6253	0.6281	0.6349	0.6405	0.6471	0.6563	0.6649	0.6667	0.6707
广东	0.7078	0.7276	0.7268	0.7309	0.7504	0.7614	0.7789	0.8057	0.8259	0.8717	0.8885
广西	0.5938	0.5946	0.6029	0.6032	0.6063	0.6088	0.6123	0.6194	0.6241	0.6257	0.6261

续表

省份	2009 年	2010 年	2011 年	2012 年	2013 年	2014 年	2015 年	2016 年	2017 年	2018 年	2019 年
海南	0.6052	0.6078	0.6064	0.6056	0.6175	0.6167	0.6171	0.6186	0.6195	0.6178	0.6187
重庆	0.6706	0.6871	0.7004	0.6984	0.7044	0.7104	0.7093	0.7176	0.7234	0.7240	0.7153
四川	0.6318	0.6394	0.6428	0.6437	0.6462	0.6490	0.6544	0.6643	0.6695	0.6739	0.6748
贵州	0.5292	0.5383	0.5479	0.5572	0.5654	0.5758	0.5856	0.6048	0.6083	0.6113	0.6156
云南	0.5894	0.5908	0.5897	0.5926	0.5961	0.6001	0.6052	0.6092	0.6155	0.6179	0.6195
陕西	0.6117	0.6187	0.6197	0.6036	0.6083	0.6146	0.6208	0.6359	0.6421	0.6483	0.6561
甘肃	0.5764	0.5767	0.5745	0.5779	0.5811	0.5833	0.5856	0.6026	0.6040	0.6056	0.6083
青海	0.5769	0.5774	0.5765	0.5782	0.5801	0.5817	0.5847	0.5966	0.5991	0.6030	0.6028
宁夏	0.5727	0.5760	0.5576	0.5606	0.5673	0.5710	0.5758	0.5873	0.5960	0.6015	0.6022
新疆	0.5794	0.5824	0.5805	0.5841	0.5890	0.5903	0.5938	0.6030	0.6053	0.6090	0.6103

附表 4 2009~2019 年信息创新要素与经济高质量发展耦合度

省份	2009 年	2010 年	2011 年	2012 年	2013 年	2014 年	2015 年	2016 年	2017 年	2018 年	2019 年
北京	0.7123	0.7205	0.7288	0.7386	0.7504	0.7655	0.7783	0.7962	0.8144	0.8321	0.8638
天津	0.6807	0.6934	0.7053	0.7223	0.7357	0.7366	0.7496	0.7624	0.7699	0.7898	0.8166
河北	0.6029	0.6131	0.6229	0.6416	0.6515	0.6590	0.6727	0.6962	0.7125	0.7345	0.7543
山西	0.5898	0.5986	0.6036	0.6197	0.6300	0.6353	0.6458	0.6696	0.6892	0.7105	0.7254
内蒙古	0.5777	0.5868	0.5945	0.6064	0.6196	0.6253	0.6340	0.6609	0.6873	0.7086	0.7256
辽宁	0.6309	0.6455	0.6535	0.6651	0.6801	0.6856	0.6861	0.7046	0.7202	0.7403	0.7556
吉林	0.6094	0.6166	0.6216	0.6327	0.6377	0.6485	0.6593	0.6821	0.6982	0.7176	0.7442
黑龙江	0.5961	0.6057	0.6136	0.6343	0.6472	0.6520	0.6586	0.6782	0.6980	0.7220	0.7369
上海	0.7317	0.7441	0.7515	0.7621	0.7712	0.7760	0.7814	0.8091	0.8260	0.8404	0.8721
江苏	0.6445	0.6627	0.6757	0.7035	0.7154	0.7301	0.7493	0.7781	0.7979	0.8242	0.8567
浙江	0.6708	0.6841	0.6947	0.7172	0.7293	0.7402	0.7649	0.7861	0.8023	0.8298	0.8625
安徽	0.5910	0.6014	0.6123	0.6297	0.6419	0.6517	0.6723	0.6971	0.7216	0.7467	0.7737
福建	0.6481	0.6597	0.6724	0.6873	0.6939	0.6976	0.7090	0.7287	0.7521	0.7672	0.7871
江西	0.5874	0.5939	0.6052	0.6226	0.6331	0.6411	0.6615	0.6848	0.7072	0.7343	0.7657
山东	0.6221	0.6350	0.6460	0.6614	0.6847	0.6902	0.7052	0.7288	0.7514	0.7708	0.7865
河南	0.5914	0.6016	0.6105	0.6262	0.6412	0.6503	0.6715	0.6975	0.7163	0.7400	0.7596
湖北	0.6031	0.6163	0.6249	0.6393	0.6490	0.6578	0.6736	0.6962	0.7167	0.7455	0.7732
湖南	0.5962	0.6061	0.6147	0.6305	0.6404	0.6503	0.6670	0.6923	0.7120	0.7329	0.7616

省份	2009 年	2010 年	2011 年	2012 年	2013 年	2014 年	2015 年	2016 年	2017 年	2018 年	2019 年
广东	0.6709	0.6824	0.6950	0.7124	0.7264	0.7363	0.7514	0.7780	0.7987	0.8595	0.8967
广西	0.5827	0.5894	0.6052	0.6192	0.6275	0.6345	0.6470	0.6657	0.6848	0.7056	0.7268
海南	0.6131	0.6254	0.6325	0.6448	0.6531	0.6576	0.6702	0.6852	0.7048	0.7202	0.7430
重庆	0.6014	0.6167	0.6310	0.6377	0.6492	0.6596	0.6768	0.6996	0.7217	0.7410	0.7628
四川	0.5916	0.6021	0.6138	0.6280	0.6394	0.6499	0.6687	0.6895	0.7074	0.7285	0.7477
贵州	0.5206	0.5334	0.5491	0.5654	0.5786	0.5931	0.6142	0.6495	0.6663	0.6885	0.7123
云南	0.5754	0.5828	0.5886	0.6014	0.6125	0.6201	0.6330	0.6475	0.6716	0.6934	0.7100
陕西	0.5958	0.6103	0.6187	0.6128	0.6217	0.6284	0.6395	0.6658	0.6867	0.7087	0.7341
甘肃	0.5646	0.5713	0.5763	0.5887	0.5982	0.6030	0.6137	0.6469	0.6653	0.6846	0.7019
青海	0.5874	0.5960	0.6006	0.6119	0.6194	0.6232	0.6338	0.6573	0.6771	0.6992	0.7156
宁夏	0.5769	0.5888	0.5749	0.5877	0.5978	0.6057	0.6185	0.6431	0.6694	0.6951	0.7116
新疆	0.5853	0.6020	0.6039	0.6146	0.6250	0.6270	0.6403	0.6589	0.6722	0.6934	0.7053

附表 5　2009~2019 年制度创新要素与经济高质量发展耦合度

省份	2009 年	2010 年	2011 年	2012 年	2013 年	2014 年	2015 年	2016 年	2017 年	2018 年	2019 年
北京	0.7634	0.7679	0.7707	0.7807	0.8017	0.8166	0.8273	0.8399	0.8632	0.8680	0.8875
天津	0.7525	0.7597	0.7786	0.7996	0.8254	0.8438	0.8746	0.8737	0.8667	0.8656	0.8751
河北	0.6733	0.6768	0.6824	0.6857	0.7018	0.7087	0.7207	0.7363	0.7529	0.7533	0.7629
山西	0.6160	0.6350	0.6437	0.6532	0.6703	0.6776	0.6903	0.7145	0.7290	0.7350	0.7429
内蒙古	0.6139	0.6244	0.6270	0.6324	0.6551	0.6664	0.6771	0.7053	0.7318	0.7335	0.7392
辽宁	0.6904	0.7046	0.7065	0.7144	0.7368	0.7443	0.7360	0.7461	0.7566	0.7660	0.7694
吉林	0.6815	0.6806	0.6819	0.6820	0.6907	0.7059	0.7200	0.7360	0.7461	0.7500	0.7649
黑龙江	0.6670	0.6674	0.6741	0.6801	0.6978	0.7107	0.7244	0.7356	0.7477	0.7588	0.7589
上海	0.7796	0.7948	0.8067	0.8133	0.8401	0.8597	0.8699	0.8883	0.9143	0.9194	0.9350
江苏	0.7382	0.7484	0.7607	0.7739	0.7963	0.8144	0.8312	0.8480	0.8637	0.8672	0.8801
浙江	0.7480	0.7557	0.7646	0.7739	0.8005	0.8151	0.8377	0.8527	0.8698	0.8830	0.8960
安徽	0.6927	0.6981	0.7016	0.7077	0.7276	0.7452	0.7576	0.7716	0.7902	0.7980	0.8073
福建	0.7095	0.7182	0.7308	0.7389	0.7509	0.7589	0.7700	0.7775	0.7918	0.7980	0.8065
江西	0.6813	0.6863	0.6915	0.6966	0.7128	0.7251	0.7381	0.7519	0.7744	0.7812	0.7983
山东	0.6968	0.7027	0.7071	0.7141	0.7448	0.7543	0.7676	0.7814	0.8001	0.8025	0.8043
河南	0.6739	0.6820	0.6901	0.6872	0.7101	0.7204	0.7340	0.7480	0.7603	0.7659	0.7711

续表

省份	2009 年	2010 年	2011 年	2012 年	2013 年	2014 年	2015 年	2016 年	2017 年	2018 年	2019 年
湖北	0.6729	0.6813	0.6878	0.6968	0.7183	0.7330	0.7476	0.7619	0.7777	0.7877	0.7985
湖南	0.6805	0.6893	0.6988	0.7038	0.7194	0.7339	0.7515	0.7642	0.7718	0.7737	0.7864
广东	0.7315	0.7366	0.7502	0.7621	0.7780	0.7903	0.8055	0.8219	0.8464	0.8930	0.9097
广西	0.6429	0.6488	0.6675	0.6676	0.6863	0.6958	0.7095	0.7239	0.7398	0.7443	0.7514
海南	0.6863	0.7048	0.7101	0.7129	0.7349	0.7436	0.7574	0.7618	0.7708	0.7677	0.7763
重庆	0.6697	0.6829	0.7043	0.6922	0.7167	0.7359	0.7567	0.7739	0.7879	0.7842	0.7914
四川	0.6778	0.6843	0.6920	0.6996	0.7149	0.7239	0.7365	0.7463	0.7583	0.7634	0.7670
贵州	0.5435	0.5613	0.5744	0.5926	0.6138	0.6352	0.6583	0.6951	0.7092	0.7210	0.7322
云南	0.6503	0.6551	0.6534	0.6490	0.6691	0.6816	0.6935	0.6998	0.7172	0.7233	0.7292
陕西	0.6473	0.6644	0.6713	0.6524	0.6658	0.6773	0.6897	0.7128	0.7250	0.7367	0.7511
甘肃	0.5996	0.6011	0.5991	0.6078	0.6314	0.6444	0.6580	0.6907	0.7032	0.7084	0.7184
青海	0.6068	0.6258	0.6219	0.6262	0.6492	0.6589	0.6736	0.6964	0.7104	0.7227	0.7303
宁夏	0.6160	0.6295	0.6040	0.6125	0.6295	0.6396	0.6552	0.6755	0.6994	0.7115	0.7191
新疆	0.6031	0.6230	0.6242	0.6240	0.6503	0.6581	0.6745	0.6922	0.7022	0.7130	0.7224

后　记

自 2017 年"高质量发展"一词提出以来，经济高质量发展一直是社会各界关注的热点话题。经济增长理论将创新要素视作经济高质量发展的动力源泉，但创新要素是通过何种机制推动经济高质量发展的，还有待进一步探索，而本书是我进行初步探索后的想法与成果。

怀着对学术真理的追求，不断地在经济学领域中探寻，在陶长琪教授指导下完成了第一篇经济学学术论文——《数据资源生态化配置效率的空间网络结构及影响因素》，紧接着完成了第二篇——《创新要素配置与经济高质量耦合发展的测度》，并发表在《数量经济技术经济研究》与《数量经济研究》期刊中，在此也特别感谢上述两个刊物。正是这两篇经济学学术论文的成功发表，使我树立了从事经济学领域研究的信心！在此期间，我有幸参与到陶长琪教授的国家社会科学基金重大招标项目《高质量发展视阈下创新要素配置的测度与评价研究》（19ZDA121）。这成为我博士学习生涯的重要转折。通过深入参与项目研究，不仅提升了自身的学术研究能力，更成功地实现了从图论研究到经济学研究的跨越。

本书是在我的博士学位论文的基础上完成的，也是国家社会科学基金重大招标项目《高质量发展视阈下创新要素配置的测度与评价研究》（19ZDA121）的部分研究成果。我的博士学位论文从选题、构思到写作，在每个方面的小小改进都凝聚着恩师陶长琪教授所倾注的大量心血。虽然我没有扎实的经济学基础理论功底，但在恩师孜孜不倦、耐心讲解与循序渐近的引领下，我开启了经济学之旅，打开了经济学学术殿堂的大门，领略其博大精深。恩师持之以恒、永不懈怠的治学态度，一丝不苟、精益求精的学术精神及宽广如海、豁达厚实的处事胸襟在潜移默化中影响着我，使我受益终身。同时，非常感谢恩师徐晔教授在生活上的指点迷津、亲切关怀，她的关怀备至、开朗温暖让我感到自己身上洒满了阳光。得遇良师，吾之大幸。在此，对两位恩师的谆谆教诲与悉心指导致以最崇高的敬意！

在我的求学、学术研究和工作过程中，有幸得到许多人给予的鼓励与帮助。感谢我的硕士导师徐保根教授，是他引领我、鼓励我，让我鼓起勇气继续攀登学术的高峰；感谢江西财经大学的罗世华教授、盛积良教授、胡平波教授、余达锦教授，华侨大学的赵昕东教授与南昌大学的彭继增教授，他们在我的博士学位论文开题、预答辩和答辩中提出了宝贵的写作、修改意见和建议；感谢厦门大学的傅十和教授、中国社会科学院的李金华教授、南开大学的张晓峒教授；等等，他们在不同场合的不同观点给予了我学术上的启发；同时，也要感谢我的师兄（姐）师弟（妹）们及曾经与我一起并肩学习的同学们；感谢陈小玲院长、金本清书记，在我初到单位时工作和生活上给予的支持和帮助；感谢师兄凌和良副教授、车金星副教授以及南昌工程学院的其他同事们。在此，一并向他们致以最真挚的感谢！

亲人之爱，无言胜有声。特别感谢我的爱人和女儿，是他们给了我爱的港湾，与我一起默默体会着读书期间的各种滋味。我的爱人无怨无悔伴我一路走来，工作育儿两不误，在繁重的工作与家庭生活中还要抽出时间帮我整理数据；我的女儿正在茁壮成长，但小小年龄的她能够理解我没有足够时间陪伴她。感谢父母的理解和支持，因为紧张的学业、工作而少了与父母的团聚，他们却毫无怨言。在家人的默默支持下，我有了更多的时间和精力从事学术研究，也正是因为有了家庭这个坚强的后盾，我有了更多的责任与动力去勇往直前。在此，衷心祝愿父母健康长寿，祝愿所有的亲朋好友平安喜乐！

本书是我博士学习成果的结晶，短暂的博士学习使研究还存在很多没有展开的细节，我将会在未来研究中对后续问题做进一步探索。由于个人学术水平、精力有限，书中难免存在许多不足之处，恳请读者批评指正。

感恩遇见！感谢成长！感激生活！未来可期！

赵金凤

2022 年 10 月于南昌